应用型人才培养规划教材·经济管理系列

国际商务礼仪

（第2版）

International Business Etiquette

吕彦云 ◎ 主 编

崔月慧 李慧男 高 鹤 何悦桐 ◎ 副主编

清华大学出版社

北 京

内 容 简 介

随着经济全球化的发展,国际商务合作日益频繁,在业务往来中树立良好形象、恰当运用礼仪知识、提高社交礼仪能力,会对业务产生事半功倍的效果。本书共九章,具体包括绪论、国际商务礼仪形象、国际商务应酬礼仪、国际商务办公礼仪、国际商务会议礼仪、国际商务仪式礼仪、国际商务餐饮礼仪、国际商务位次礼仪、国际商务礼仪危机方面的内容。本书既注重理论知识的阐述,又重视情境实践的设计,突出了操作性和实用性,在内容上注意吸收国内外相关行业的新观点和新资料。本书对提高商务人士在商务活动中的礼仪素养和树立良好形象具有一定的指导意义。

本书是一本涉及面广并且实用性较强的国际商务礼仪指导用书,既适合高等院校国际经济与贸易和国际商务管理专业作为教材使用,也可以作为商务人士提高自身礼仪修养的参考用书。

本书封面贴有清华大学出版社防伪标签,无标签者不得销售。
版权所有,侵权必究。举报:010-62782989,beiqinquan@tup.tsinghua.edu.cn。

图书在版编目(CIP)数据

国际商务礼仪/吕彦云主编. —2版. —北京:清华大学出版社,2020.2(2024.8重印)
应用型人才培养规划教材·经济管理系列
ISBN 978-7-302-54931-4

Ⅰ.①国… Ⅱ.①吕… Ⅲ.①国际商务-礼仪-高等学校-教材 Ⅳ.①F718

中国版本图书馆CIP数据核字(2020)第025173号

责任编辑:邓　婷
封面设计:刘　超
版式设计:文森时代
责任校对:马军令
责任印制:刘海龙

出版发行:清华大学出版社
网　　址:https://www.tup.com.cn,https://www.wqxuetang.com
地　　址:北京清华大学学研大厦A座　邮　编:100084
社 总 机:010-83470000　邮　购:010-62786544
投稿与读者服务:010-62776969,c-service@tup.tsinghua.edu.cn
质量反馈:010-62772015,zhiliang@tup.tsinghua.edu.cn
印 装 者:三河市天利华印刷装订有限公司
经　　销:全国新华书店
开　　本:185mm×260mm　印　张:15.5　字　数:384千字
版　　次:2012年1月第1版　2020年4月第2版　印　次:2024年8月第8次印刷
定　　价:45.00元

产品编号:080773-01

前　言 | Foreword

中国是礼仪之邦，孔子曰："不学礼，无以立。"礼仪是立身之本，是人们行走社会的通行证。在日益频繁的国际商务交往中，国际商务礼仪已经成为世界各国商务活动中普遍遵循的行为规范和准则，也是我们中国人在国际交往活动中应当遵守的礼仪规范。如今我国经济总量已成为世界第二，我国的各行各业都要走向世界，为适应当今社会的需要，不但从事商务活动的业内人士需要掌握国际商务礼仪，而且普通人也要学习和了解国际商务礼仪。

本书旨在普及国际商务礼仪知识，提高人们在商务活动中的礼仪素养，不但可作为高等院校国际经济与贸易、国际关系等相关专业的教材，而且对商务人士的国际商务活动也有一定的指导意义。

全书共九章，包括绪论、国际商务礼仪形象、国际商务应酬礼仪、国际商务办公礼仪、国际商务会议礼仪、国际商务仪式礼仪、国际商务餐饮礼仪、国际商务位次礼仪、国际商务礼仪危机方面的内容。本书在第1版内容的基础上进行了调整，在第二章国际商务礼仪形象的举止礼仪中新增了微笑礼仪；在第四章国际商务办公礼仪中新增了办公室礼仪；在第九章国际商务礼仪危机中新增了国际商务礼仪危机的处理原则和处理措施。为了便于读者学习，笔者根据多年的课堂教学经验，在参阅大量资料的基础上，在每章具有操作性的环节上均配有图片及文字说明；为了便于学习者更好地掌握礼仪环节，每章后均配有习题，并在开篇用相关的商务礼仪故事作为案例导入，以加深印象，具有针对性强、具体生动、实用有效等特色。本书在第1版内容的基础上更新了部分章节的礼仪小故事，在每章内容中增加了知识链接、礼仪箴言、礼仪训练等，并更新了课后练习中的案例。本书插图大部分由长春工业大学艺术设计学院王丽娜同学绘制，吕彦云也绘制了一部分插图。吕彦云负责第一章、第二章和第九章的编写，崔月慧负责第三章、第四章的编写，李慧男负责第五章、第六章的编写，高鹤负责第七章的编写，何悦桐负责第八章的编写。全书由吕彦云负责统稿。

本书的出版得到了清华大学出版社编辑的指导与大力支持，在此表示衷心感谢！

由于作者水平有限，书中难免会有不妥之处，恳请各位专家、同行以及广大读者不吝赐教。

编　者

目 录 | Contents

第一章 绪论 ·· 1
    思考题 ·· 6
    案例分析 ··· 6

第二章 国际商务礼仪形象 ··· 7
    第一节 言谈礼仪 ·· 7
    第二节 举止礼仪 ·· 20
    第三节 着装礼仪 ·· 34
    第四节 仪容礼仪 ·· 47
    练习题 ··· 54
    礼仪训练 ·· 55
    案例分析 ·· 56

第三章 国际商务应酬礼仪 ··· 57
    第一节 见面礼仪 ·· 57
    第二节 介绍礼仪 ·· 64
    第三节 名片使用礼仪 ··· 70
    第四节 拜访礼仪 ·· 74
    第五节 接待礼仪 ·· 79
    第六节 商务馈赠礼仪 ··· 86
    练习题 ··· 91
    礼仪训练 ·· 94
    案例分析 ·· 94

第四章 国际商务办公礼仪 ··· 95
    第一节 办公室礼仪 ··· 95
    第二节 电话礼仪 ·· 98
    第三节 手机礼仪 ·· 104
    第四节 网络通信礼仪 ··· 107
    第五节 商务信函礼仪 ··· 110
    练习题 ··· 136
    礼仪训练 ·· 137
    案例分析 ·· 137

第五章 国际商务会议礼仪 ·· 139
    第一节 商务洽谈礼仪 ··· 139

第二节　商务会展礼仪 …… 146
第三节　商务年会礼仪 …… 151
练习题 …… 156
礼仪训练 …… 157
案例分析 …… 157

第六章　国际商务仪式礼仪 …… 159

第一节　开业仪式礼仪 …… 159
第二节　剪彩仪式礼仪 …… 166
第三节　交接仪式礼仪 …… 169
练习题 …… 172
礼仪训练 …… 172
案例分析 …… 173

第七章　国际商务餐饮礼仪 …… 175

第一节　商务工作餐 …… 175
第二节　商务宴请 …… 179
第三节　中西餐及自助餐礼仪 …… 186
练习题 …… 196
礼仪训练 …… 196
案例分析 …… 196

第八章　国际商务位次礼仪 …… 199

第一节　行进中的位次排列礼仪 …… 199
第二节　乘车的位次礼仪 …… 201
第三节　会客与谈判的位次排列礼仪 …… 205
第四节　会议与宴会的位次排列礼仪 …… 208
第五节　签字仪式与旗帜礼仪 …… 213
练习题 …… 216
礼仪训练 …… 217
案例分析 …… 217

第九章　国际商务礼仪危机 …… 219

第一节　国际商务礼仪危机概述 …… 219
第二节　主要贸易伙伴国家的礼俗 …… 221
第三节　国际商务礼仪危机处理 …… 236
练习题 …… 239
礼仪训练 …… 239
案例分析 …… 239

参考文献 …… 241

第一章 绪　论

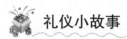 礼仪小故事

　　春节期间某公司王经理与家人到新加坡度假，路遇合作的伙伴——新加坡某公司李经理，见面时，王经理热情地向李经理行拱手礼寒暄道："恭喜发财。"李经理表情微微不快，寒暄而去。王经理感到莫名其妙，你知道为什么吗？

　　原来，在新加坡，"恭喜发财"这句话有教唆别人发横财之嫌，他们认为这句话是在挑逗、煽动他人做对社会和他人有害的事，所以十分忌讳别人拿这句话"祝福"自己。

　　这个小故事说明即使向外国友人表达亲切友好也要"入乡随俗"，如果不了解对方的习俗，会在无意间做出令对方"不可容忍"的事，从而影响交往。

一、礼仪的概念及功能

（一）礼仪的概念

　　要真正了解礼仪的概念，就有必要首先明确礼仪的基本含义。在我国，古代礼和仪是分开使用的，各有其意。

　　在《古代汉语词典》中，礼的解释主要有：① 祭神祀祖。《管子·幼官》："将以礼上帝。"《史记·孝武本纪》："又置寿宫、北宫，张羽旗，设供具，以礼神君。" ② 表示恭敬，以礼相待。《战国策·秦策二》："甘茂，贤人也……好为王臣……今王何以礼之？"《史记·周本纪》："王以上卿礼管仲。" ③ 礼节、仪式等道德规范。《礼记·曲礼上》："夫礼者，所以定亲疏、决嫌疑、别同异、明是非也……行修言道，礼之质也。"（质：根本）《后汉书·卓茂传》："律设大法，礼顺人情。" ④ 礼制，法度。《荀子·王霸》："出若入若，天下莫不平均，莫不治辨，是百王之所同也，而礼法之大分也。"（若：如此。大分：总纲）有礼的人。《左传·定公四年》："无敖礼，无骄能。"（敖：傲慢）⑤ 礼物。《晋书·陆纳传》："及受礼，唯酒一斗，鹿肉一样，坐客愕然。" ⑥ 书名，指《周礼》《仪礼》《礼记》，合称"三礼"。

　　仪在《古代汉语词典》中的解释主要有：① 容貌，仪表。《吕氏春秋·先己》："《诗》曰：'淑人君子，其仪不忒。'"陆机的《日出东南隅行》："窈窕多容仪，婉媚巧笑言。" ② 法度，准则。《管子·法禁》："君之置其仪也不一，则下之倍法而立私理者必多矣。"何晏的《景福殿赋》："椒房之列，是准是仪。" ③ 礼仪。《史记·礼书》："余至大行礼官，观三代损益，乃知缘人情而制礼，依人性而作仪，其所由来尚矣。" ④ 礼物。《太平广记》卷四五一引《广异记》："每至端午及佳节，悉有赠仪相送。" ⑤ 仪器。《后汉书·顺帝本纪》："史官始作候风地动铜仪。" ⑥ 配偶。《诗经·鄘风·柏舟》："髧彼两髦，实维我仪。" ⑦ 察，望。《吕氏春秋·处方》："今夫射者仪毫而失墙，画者仪发而易貌，言审本也。" ⑧ 倾向，向往。

《汉书·孝宣许皇后传》:"公卿议更立皇后,皆心仪霍将军女。"[1]

在《现代汉语词典》中,礼仪解释为礼节和仪式。礼节:表示尊敬、祝颂、哀悼之类的各种惯用形式,如鞠躬、握手、献花圈、献哈达、鸣礼炮等。仪式:举行典礼的程序、形式。[2]

从古代把"礼仪"二字分开解释到现代"礼仪"的解释可以得出:礼仪是人类社会交往的产物,是人们在交往活动中逐步形成的并为人们所普遍认同和遵从的行为模式和社会规范。礼仪主要由礼节、礼貌、礼宾、仪表、仪态、仪式等表现形式组成,是人们所遵从的一种言行举止规范。

广义地说,礼仪是人们在工作、生活中所要遵循的礼节,它是一种约定俗成的规范,是为维系社会正常生活而要求人们共同遵守的最起码的道德标准,是人们在长期的共同生活和相互交往中逐渐形成的并以风俗、习惯和传统等方式固定下来的准则。

(二)礼仪的功能

在现代社会中,礼仪已被社会各界高度重视,它已经渗透到我们的日常生活中,并时刻发挥着作用。

1. 具有提高自身修养和约束的功能

礼仪是人们所遵从的一种言行举止规范,从礼仪的表现形式来看,通过一个人对礼仪运用的程度,可以反映一个人的自身修养水平,看出其教养的高低、文明的程度和道德的水准。一个彬彬有礼、言谈有致,具有优雅风度和良好形象的人,会受到人们的尊重,反映他有很高的教养。因此,学习礼仪有助于提高个人的修养。

礼仪既然是人们在社会交往活动中逐步形成的,并为人们所普遍认同和遵从的行为模式和社会规范,生活在这种礼仪环境中的人,就都会受到礼仪的约束,因此礼仪作为人们所遵从的一种言行举止规范,自然而然地会对人们的社会行为具有约束作用。

2. 具有沟通协调、改善人际关系的功能

由于每个人的社会地位及背景不同,性格、职业、年龄等的差异使人们在交往中经常表现出不同的价值取向。礼仪作为社会交往的规范和准则,可以很好地协调人们之间的相互关系,促进人际之间的沟通。

现代社会人们通过各种方式进行交往,建立友谊,拓展交际范围,调节生活,增加对彼此的了解。运用礼仪,可以使人们在交际活动中充满自信,向交往对象表达自己的尊重与友好的感情,增进彼此之间的了解与信任,帮助其交际成功,促使其形成良好的人际关系。

3. 具有维护社会秩序、促进社会和谐的功能

在和谐社会里,人们必须有正常的社会秩序做保证,每个人的行为都必须遵守一定的社会生活准则和规范。礼仪约束着人们的动机和态度,规范着人们的行为方式,协调着人与人之间的关系。社会的和谐和稳定运行、社会秩序的有条不紊、人际关系的协调融洽,都依赖于人们共同遵守礼仪的规范。因此,礼仪具有维护社会秩序、促进社会和谐的功能。

---

[1] 古代汉语词典[M]. 北京:商务印书馆,2002.
[2] 现代汉语词典[M]. 北京:商务印书馆,2005.

二、国际商务礼仪的概念及特征

（一）国际商务礼仪的概念

随着人类社会的不断发展与进步，国际商务往来越来越频繁。在长期的国际商务往来中，逐渐形成了国际上通用的商务礼仪。国际商务礼仪是指公司、企业的从业人员以及其他一切从事经济活动的人士，在各种国际商务往来活动中所应遵守的礼仪与规范。

（二）国际商务礼仪的特征

1. 国际性和商业性

国际商务礼仪是在国际商务往来活动中逐渐形成的礼仪规范，国际商务往来活动包括商务谈判、商务会见以及各种商务仪式，它发生在国与国之间与经济相关联的领域，其商务往来活动的目的是建立在各国、各企业或公司自己的经济利益基础之上的，因而，具有国际性和商业性。

2. 传承性

礼仪是人类社会文明的积累，是人类在社会交往应酬中逐渐形成的具有自己民族特色的礼节和仪式。在人类社会发展的历程中，这些礼节和仪式代代相传，并随着社会的发展而不断丰富。

现在世界流行的国际商务礼仪，是在古代、近代国际礼仪的基础上，在国际商务往来活动中经过去粗取精而形成的，国际商务礼仪仍然处在不断发展和完善的过程中。国际商务礼仪的传承性，一方面表现为取其精华、去其糟粕；另一方面，在不断丰富自己的同时，也会将其中优秀精华的部分留传给人类的未来社会。

3. 共同性

国际商务礼仪是世界各国商业人士普遍认同的礼节和仪式，尽管世界各国、各地区、各民族都有其各具特色的礼仪，礼仪的表现形式也各不相同，但是，国际商务礼仪在世界各国、各地区的商务交往中都是通用的。不论在世界任何地方，也不论任何民族和宗教信仰，在国际商务活动中都要共同遵守礼仪和行为规范，并发挥一定的制约作用。

4. 时效性

国际商务礼仪随着社会自身的发展而不断发展完善，随着世界经济全球化和信息化的到来，一方面，电子信息的飞速发展、电子商务的兴起，使众多商务活动出现新特点和新问题，要求国际商务礼仪有所变化，新的内容要补充进来，与时代同步，以适应新形势下新的要求；另一方面，由于世界经济全球化的速度加快，各国、各地区、各民族之间的商务往来日益密切，各自的礼仪也相互影响、相互渗透，国际商务礼仪不断地被赋予新的内容，取长补短，这是社会的进步、历史的必然。这就使国际商务礼仪具有相对的时效性。

三、国际商务礼仪的原则

国际商务礼仪的原则是指国际商务往来中要共同遵守的最基本的原则，在国际商务往来中只有遵守国际商务礼仪的原则，按照国际商务礼仪的规则去处理双方的关系，才可以更好地进行商务沟通，达到事半功倍的效果。

（一）互相尊重、不卑不亢的原则

孔子曰："礼者，敬人也。"这是对礼仪的高度概括，是指在交际活动中对他人表示尊重和敬意。在国际商务往来活动中，不管是到别的国家，还是在自己的国家，对待他国的文化传统、宗教信仰、风俗习惯都要给予应有的尊重。任何国家都是平等的，应相互尊重。但是，在尊重他人的同时也要自尊自爱，在国际商务往来中言行举止要自然得体、不卑不亢。

在国际商务往来中，商务人员代表的不仅仅是企业或公司的形象，更代表着整个国家、整个民族的形象。因此，商务人员既不能在外国大公司面前畏惧自卑、卑躬屈膝、自轻自贱，也不能在弱小国家的企业面前高傲自负、盛气凌人、恃强凌弱，对任何商务交往对象都要一视同仁，给予同等程度的礼遇。

在国际商务往来过程中，商务人员要做到：既要彬彬有礼，又不能低三下四；既要热情大方，又不能轻浮谄媚；既要虚心学习国外同人的长处，又不能崇洋媚外丧失人格。不要为了眼前的经济利益而丧失尊严，要做到互相尊重，不卑不亢。

（二）遵时守约的原则

遵时守约的原则，其核心在于信守承诺，信守承诺是国际商务往来中的重要礼仪原则。早在古代人们就非常重视承诺，孔子曰："人而无信，不知其可也。"（《论语·为政》）也就是说，讲究信义是一个人应有的品德和处世立足之本。信守承诺在国际商业行为中表现为信守合同、遵守合约，违背合约要按照约定实施处罚。在商务往来中，是否遵守承诺直接关系商家的信誉，关系企业的命运。因此，商务人员一方面要谨慎承诺，不要草率行事、信口开河；另一方面要重视承诺，已经做出的承诺，就要言而有信，如约而行。在万不得已造成失约时，绝对不允许推诿、避而不谈，或者对失约之事加以否认，要如实解释，坦诚致歉，对因此给对方造成的损失，要主动承担责任并给予补偿。

遵守时间是信守承诺的一种具体表现，一个不懂得遵守时间的人，在商务活动中是难以遵守其个人承诺的。时间就是生命，时间就是金钱，遵守时间就是要求商务人员应具有严格的时间观念。在国际商务活动中，对于一切与时间相关的约定，一定要一丝不苟，严格按照约定执行。对于双方有约在先的交往时间，轻易不要改动，不能无故推迟。如果因特殊原因，需要变更时间或取消约定，应尽快向对方通报，切忌让对方空等。

（三）入乡随俗的原则

早在《礼记·曲礼上》中就有"入竟而问禁，入国而问俗，入门而问讳"之说，这里的"竟"，应为"境"，作地方、区域解。这句话的意思是，到一个地方要问那里的禁忌，到一个国家要问那里的民俗，到陌生人家里，要问人家的忌讳。也就是说，不管你走到哪里，都要了解和遵守那里的禁忌，要"入乡随俗"。

世界上各个国家和民族在长期的历史发展过程中，都形成了本国和本民族独特的文化、风俗和习惯。在国际商务往来活动中，要了解对方的风俗习惯，要尊重对方的衣食住行、言谈举止、待人接物等各方面所特有的讲究和禁忌。千万不要自以为是，做出不尊重他人习俗的事。当身为东道主时，要"主随客便"；而当做客他国时，则又要"客随主便"，只有这样才会自然得体、落落大方，在对方眼里彬彬有礼，才能增进理解，建立友谊，从而加强相互之间的商务往来。

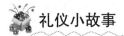 **礼仪小故事**

以色列总理用"鞋"招待安倍，外交失礼有多可怕

2018年5月2日，日本首相安倍晋三与以色列总理内塔尼亚胡会面，双方达成了多项合作，内塔尼亚胡还在官邸设宴招待安倍夫妇。但仔细一看菜品，竟有一道甜点用鞋形餐具盛放着，不仅日本人急了，以色列媒体也认为安倍被冒犯了。《以色列时报》指出，按照日本的文化，鞋子要脱在玄关外，放上餐桌是怎么回事？一名日本外交官也指出，世界上没有一种文化允许将鞋子放在餐桌上，他为安倍所遭受的待遇感到生气。

制作这道甜点的是以色列名厨莫伊（Segev Moshe），曾为内塔尼亚胡与特朗普的会面准备菜品且颇受赞赏，他的发言人解释这并不是真正的鞋，而是国际知名工业设计师 Tom Dixon 设计的金属雕塑。对此网友表示，这是一个很严谨的场合，不管了解不了解别国文化，把鞋子放上餐桌就是不对。虽然消息人士指出，安倍夫妇很享受这顿晚餐，甚至邀请莫伊前往日本烹饪，但两国媒体仍认为这是外交失礼。

资料来源：以色列总理用"鞋"招待安倍，外交失礼有多可怕．[EB/OL]．（2018-05-09）[2019-04-01]．http://dy.163.com/v2/article/detail/DHC87PSG0512830U.html．

（四）互利互惠的原则

互利互惠的原则是指在相互间的经济、贸易合作中，应根据双方的需求，依照公平合理的价格，互通有无，使双方都有利可得，在相互合作中实现利益的最大化，达到"双赢"以及共同发展的目的。

国际商务往来的最终目的就是为了获得经济利益，双方都希望能以较少的成本支出取得最大的成果。但是，一旦无限制地满足自己的利益，对方无利可图或亏损就会退出交易，会使自己到手的利益丧失殆尽。互利互惠的原则就是要求在与客商生意往来过程中，商务人员不应只考虑本企业、公司的利益，而不顾及客商的利益。不强制别国，也不可接受不平等条款。

互利互惠的原则要求一方面不可因为对方国家不够强大和富有就强人所难，以大欺小，只要对方有诚意，都必须一视同仁；另一方面不可因为对方国家经济实力较强，投资力度较大，就一味地阿谀奉承，甚至为一时小利，接受对方不合理的要求。对某些外商利用垄断地位抬价或压价，我们必须据理力争。

互利互惠的原则不等于均等获利，任何交易都有最低利益界限，有其临界值。因此，商务人士在国际商务往来中，要寻找本企业、公司与客商双方利益的共同点，在满足对方利益的基础上获得企业、公司自己的利益，这样才能有助于企业同外界建立良好的业务往来关系。互利互惠原则是维持长期业务关系的保障。

（五）尊卑有序的原则

早在我国西汉时期《礼记·乐记下》中就记载有"所以示后世有尊卑长幼之序也"，

指尊卑之间有严格的顺序。在国际商务往来中,位置的左右有尊卑之分,凡是需要确定和排列具体位置时都要尊卑有序。我国的传统做法是"以左为尊"。但是,国际惯例讲究以右为大、为上、为尊,以左为小、为下、为卑。因此,在国际商务往来中,商务人员虽然要注意"内外有别",但仍然要按照国际惯例的要求,坚持"以右为尊"。位次排列礼仪我们将在后面具体介绍。

1. 什么是礼仪?礼仪有哪些功能?
2. 简述国际商务礼仪的概念和特征。
3. 试述国际商务礼仪的原则。

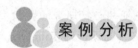

有一家乡镇企业在广交会上与德国外商结识,外商对其产品非常感兴趣,决定到该企业考察,考察结果比较满意,决定草签合约。这 消息被上级得知,这是该镇第一次与外商签约,镇领导决定参加。本以为大功告成,没想到在第二天的签字仪式上却出了意外。该厂长等候镇领导一起到达签字地点,但镇领导有事迟到了,比双方约定的时间晚了 30 分钟。等他们走进签字大厅时,德方人员早已到达,正在恭候他们的到来。厂长请德方经理上台签字,德方经理却决定取消签约,搞得镇领导莫名其妙。

分析与思考:

德方为什么取消签约?

第二章　国际商务礼仪形象

学习目标

1. 了解不同国家的称呼与问候礼仪；掌握必备的言谈礼仪。
2. 了解标准的举止礼仪要求；掌握正确的站、坐、行、蹲等姿态；熟悉女士的上、下车礼仪；学会恰当的手势引导礼仪。
3. 了解TPO国际着装原则；掌握正确的商务着装要求；熟悉男士西装与女士套裙的穿着要领。
4. 了解不同脸型的化妆技巧以及脸型与发型的搭配技巧；掌握不同商务场合的仪容礼仪；熟悉首饰佩戴要求。

第一节　言谈礼仪

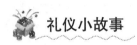 礼仪小故事

礼貌带来的成功

王欢是一名应届毕业生，刚毕业的她整天奔波在找工作的路途中。一次，她接到一个面试通知，是应聘行政客服一职。她准时来到该公司参加面试。由于对这项工作的极度渴望，她在考官面前显得太过紧张，有些发挥失常了，就在她从考官眼中看出拒绝的意思并心灰意冷时，一位中年男士走进办公室和考官耳语了几句。在他离开时，她听到人事主管小声说了句"经理慢走"。王欢灵光一闪，赶忙起身，毕恭毕敬地对他说："经理您好，您慢走！"她看到经理眼中有些许诧异，然后他笑着对自己点了点头。

第二天，王欢接到了录用通知，她顺利地进入了这家公司的客服部。后来主管告诉她，本来根据她那天的表现，是打算刷掉她的。但就是因为她对经理那句礼貌的称呼，让人事部门觉得她对行政客服工作还是能够胜任的，所以对她的印象有所改观，给了她这份工作。

资料来源：朱力. 商务礼仪[M]. 北京：清华大学出版社，2016：56.

交谈是人们交流思想的手段和联结感情的桥梁。在国际商务活动中通过与不同国家的各方面人士交谈，可以获得各方最新的信息情报，从而开阔视野、宣传自己、拓展业务。但是交谈不能随心所欲，中国有句古话讲得好："良言一句三冬暖，恶语伤人六月寒。"交谈时要讲究礼仪规范和技巧，交谈第一步首先要称呼、问候对方。

一、称呼与问候礼仪

（一）称呼的礼仪

在国际商务活动中，商务往来的双方必须面对面地接触才能有效地交流与沟通，进行贸易洽谈。最初见面时如何称呼对方，直接反映了称呼者的知识水平和礼仪修养。礼貌得体的称呼体现出对对方的尊重，缩短了双方的心理距离，为进一步的交往打下良好的基础。

礼貌得体的称呼首先要了解对方的姓名，但这远远不够，还要知道对方的称呼习惯，按照称呼的礼仪规范正确、恰当而礼貌地称呼对方。

在国际商务往来中，不同国家社会制度不同，语言、风俗习惯不同，在称呼方面也有很大差别。

一般情况下，可以称普通男子为先生（Mister），对女子称女士（Madam），对已婚女子称夫人（Mistress），未婚女子统称小姐（Miss）。对于不了解婚姻情况的女子，称小姐是一个比较安全的办法，不但对未婚的女孩可以称呼，即使单身的老太太也可以称小姐。对戴结婚戒指的年纪稍大的女子可称夫人。在称呼先生、太太或小姐时，可以带上被称呼者的姓名，或者只带上姓，但不能单独带名而不带姓。还可以在这些称呼前冠以职称、职衔等，如"市长先生""上校先生""玛丽小姐""秘书小姐"等。

在西方国家，有职称和头衔的人，喜欢他人称呼自己的职称和头衔，不喜欢称其为"先生"。因为"先生"是用来称呼社会上一般人士，或在学术界没有职称、学位者的。如果是用"先生"称呼，而不用职衔称呼，就有涉嫌贬低之意。对于具有博士学位的教授，在较正式场合和书面语言中最好同时称呼其姓名、职称和学位。"Doctor"是对医生的尊称，但是"Doctor"一词单独使用时，必须是对那些获得医学博士学位的医生，或者是对拥有博士学位的其他学者的称呼。称呼没有博士学位的医生，应该在"Doctor"的后面加上其姓氏。对军人一般称军衔，或军衔加先生，知道姓名的可冠以姓与名。如"上校先生""库克少校""中尉先生"等。有的国家对将军、元帅等高级军官称"阁下"。对教会中的神职人员，一般可称教会的职称，或姓名加职称，或职称加先生。如"福特神父""传教士先生""牧师先生"等。有时主教以上的神职人员也可称"阁下"。正式的场合，要称神职的全称。

在君主制国家，按习惯称国王、皇后为"陛下"，称王子、公主、亲王等为"殿下"。西方社会君主制的国家对有爵位的人士，称呼他们的爵位或阁下，贵族爵位（Peerages）分为公爵（Duke）、侯爵（Marquis 或 Marquess）、伯爵（Earl）、子爵（Viscount）和男爵（Baron）五个等级。侯爵、伯爵、子爵和男爵都可以称为"Lord"（勋爵）。直接称呼时，都可称"Your Lordship"。间接提及时可用"Lord+姓"或"Lord+地名"。对其夫人可以称"Lady"（夫人），即用"Lady+丈夫的姓或丈夫勋称中的地名"。如没有称呼其爵位，就会被认为是对他们的不敬，甚至视为羞辱。在国际商务往来中，君主制的国家的称呼是不同的，必须加以重视；处理不当将影响商务交往。

对地位高的官方人士，一般为部长以上的高级官员，按国家情况称"阁下"。如"总统阁下""主席先生阁下""总理阁下""部长阁下""大使先生阁下"等。但美国、墨西哥、德国等国没有称"阁下"的习惯，因此，在这些国家可称先生。对有地位的女士可称夫人。

对有高级官衔的妇女，如女部长、女大使等也称阁下。如是当面称呼，可用第二人称"Your Excellency"。在美国，人们常把直呼自己的名字视为一种亲切的表现。

有同志相称的国家，对各种人员均可称同志，有职衔的可加职衔。如"大使同志""秘书同志"等，或姓名加同志。在我国，不论对何种职业、年龄、地位的人都可称作"同志"。但要注意，与港、澳、台地区的朋友见面时一般不用此称呼。

对服务人员一般可称服务员，如知道姓名的可单独称名字。但现在很多国家越来越多地称服务员为"先生""夫人""小姐"。

在我国，称呼他人的亲属要用敬称。一般可在称呼前加"令"字，如"令尊""令堂""令郎""令爱"等。对其长辈，也可加"尊"字，"尊叔""尊祖父"等。对有身份者或长者，可用"先生"相称，也可在"先生"前冠以姓氏。对德高望重的长者，可在其姓氏后加"老"或"公"，如"郭老""夏公"，以示尊敬。为了表示庄重、尊敬，可按职业相称，如"李老师""师傅"，也可以职务、职称、学衔相称，如"张经理""李处长""田厂长""赵教授""刘博士"等。对外人称呼自己的亲属，要用谦称，称自己长辈和年龄大于自己的亲属，可加"家"字，如"家父""家兄"等。称辈分低或年龄小于自己的亲属，可加"舍"字，如"舍妹""舍侄"等。对自己的子女，可称"小儿""小女"。

在国际商务往来中，很多商业活动是众多人士参加，商业人员往往需要在同一时间与多人同时交往。这时既要注意在称呼对方时面面俱到，更要注意称呼对方要分清主次，具体做法如下。

（1）由近而远。以对方距离自己的远近来进行，即先称呼距离自己最近者，然后依次称呼距离自己较远者。

（2）由尊而卑。由其地位较高者开始，自高而低，依顺序进行。

（3）由疏而亲。首先称呼其中与自己关系生疏者，然后再称呼其中与自己关系亲近者。

（4）统一称呼。在商务酒会、庆典等大型场合，不便一一称呼时，可采用统一称呼对方的方式。例如，以"诸位""各位来宾""女士们、先生们"等方式直接称呼对方。

值得注意的是，在商界人们喜欢"泛尊称"，即对成年人可将男性称为"先生"，将女性称为"小姐""夫人""女士"，对已婚女性称为"夫人"，对未婚者或不了解其婚否的女性可称"小姐"。对不了解其婚否的女性，亦可称为"女士"。

（二）问候礼仪

在国际商务活动中，商业人士见面要主动打招呼问好，行问候礼。问候礼是指在与他人相见时，以专用的语言或动作向他人询安问好。它是向对方表示善意的一种常规的致意形式。问候礼的表现形式在以后章节介绍，下文主要介绍问候语。

在国际商务活动中，问候外方人士的常规内容就是"你好！"或加上具体的时间限制，如"早上好！""晚上好！"等。

虽然同是"你好！"不同国家对不同的人问候是有区别的，如与英美等国家朋友初次见面时，可用"How do you do?"熟人可用"How are you?"有时直接用"Hi"或"Hello"来打招呼。

在不同的国家，人们问候他人的具体内容往往各有不同，如在以畜牧业为主的西亚和非洲国家,习惯以"牲口好吗?"作为问候语。在我国有"你上哪儿?"年龄大的人还习惯以"吃饭了吗?"表示关心,但是,这不适用于问候外国人,因为他会以为要干涉他的私事,或请他吃饭。

需要注意的是,在商务外交场合,问候是有顺序的,通常由双方之中地位较低的一方首先问候地位较高的一方,即"位低者先行",主人首先问候客人,晚辈首先问候长辈,职务低者先问候职务高者。

(三)寒暄礼仪

寒暄属于非正式交谈,是双方见面时以相互问候为内容的应酬谈话,其目的是增进感情,向对方表示敬意,或借此向对方表示愿与其结交之意。寒暄是向对方表示关怀的一种行为,寒暄的内容与方法是否得当,是决定一个人人际关系好坏的基础。在商务活动中,恰到好处的寒暄是建立商务交往的基石。

寒暄时需要注意以下细节。

(1)要以真诚、热情、有礼貌、尊重、友好为前提条件。

(2)寒暄的内容可长可短,但要简洁,要讲究分寸,要因人、因时、因地而异,要适可而止。

例如,跟初次见面的人寒暄,最标准的说法是:"您好!""很高兴能认识您""见到您非常荣幸"。比较文雅一些的话,可以说"久仰",或者说"幸会"。跟熟人见面,寒暄用语可以具体一些,如"好久没见了,家人都好吧?"

寒暄时可以用赞美表扬的语言引起对方的兴趣,拉近距离,产生共鸣。如"我早就拜读过您的大作……""在管理上您是一位行家,我要向您学习……"

二、交谈礼仪

"诸葛亮舌战群儒"的故事,至今广为流传,人们津津乐道诸葛亮的智慧和能言善辩的本领,这说明了口才的重要。在国际商务往来中,要求商务人员要有敏捷的逻辑思维能力,善于准确清晰地运用语言来表达自己的观点,通过礼貌文雅的谈吐和巧妙、得体的提问与回答来树立良好的商务形象。

(一)礼貌文雅的商业用语

商业人员在商务交谈中使用礼貌用语是对交谈对象的尊重,是商务往来中最基本的礼节。文雅用词不等于过分咬文嚼字,而是不许讲脏话、粗话、黄话和怪话。

商务人员经常用的礼貌用语是"请""谢谢""再见"。需要他人帮助和协助时要用"请"字,如不用,便会给人傲慢无礼和目中无人的感觉。"谢谢"是感谢语,是向交往对象表达本人的感激之意,获得帮助、得到支持时,商务人员均应说声"谢谢"。"再见"是与他人告别时的一种交际惯例,是对对方尊重与惜别之意。

下面是常用的礼貌文雅用语。

初次见面:"久仰"　　　许久不见:"久违"　　　向人祝贺:"恭喜"

等待客人："恭候"	探望别人："拜访"	陪伴朋友："奉陪"
客人到来："光临"	与客道别："再来"	起身作别："告辞"
中途先走："失陪"	请人别送："请留步"	送客出门："慢走"
请人批评："请指教"	请人指点："请赐教"	赞人见解："高见"
请人帮助："劳驾"	托人办事："拜托"	麻烦别人："打扰"
求人谅解："包涵"	归还东西："奉还"	

需要注意的有以下几点。

（1）在商务活动中，由于某种原因给他人造成不便，或妨碍、打扰对方，以及未能充分满足对方的需求时，商务人员一般向对方说"对不起""抱歉"之类的道歉用语以表示自己的歉意，并请求得到对方的谅解，这在我国是最普遍的礼仪用语。但是在英语中"对不起"有多种表达形式，如"Excuse me""I'm sorry""Sorry""My apology"，虽然都是"对不起"，但含义和用途却不同。"Sorry"比较口语话，几乎在任何场合下都可以使用，但是"I'm sorry"却是"道歉"的意思，是因为犯了错误，如"I'm sorry, I'm late"是"对不起，我迟到了"时正式的道歉。"I'm sorry"还有一个特殊的用法，是表示遗憾和难过，如"I'm sorry to hear of your precious cat's death."（知道你心爱的猫咪死了，我很难过。）"Excuse me"是一种礼貌的语言形式，是因为有事不得不麻烦别人，要打扰别人和仅仅想吸引人注意，或所做的事将会给别人带来不便的时候，而不是犯了错误。如向别人问路的时候要先说"Excuse me"，意思和"打扰一下，劳驾"差不多。"My apology"意思是"我道歉"，通常用在非常严肃的场合。

（2）谦虚是中国人的传统美德，表现为尊人卑己，在与他人交谈涉及自己时一般用自谦的语言来回答。例如，把精心准备的酒宴说成是"准备不够充分""略备薄酒""粗茶淡饭"，旁人称道自己的衣服很漂亮有品位，回答时往往说"你过奖了，我不太会打扮""水平有限"等以示谦虚。但是在外国人眼里这是虚伪，是对对方艺术鉴赏水准的否定。因此与外商交谈时要谦虚有度，不必过谦，过分谦虚不仅是自己的事，还涉及对交往对象的认同和评价的问题，要善于肯定自我。像上面的谈话回答一声"谢谢！"或再说出衣服的品牌是非常理想的回答。

（3）在商务场合，尤其是在客商面前，商务人员要控制好自己的语气，语气反映人的思想感情，再好的词语也要通过语气体现出来。因此商务人员要时刻表现出热情、亲切、和蔼、友善、耐心，切忌语气急躁、生硬。

（4）礼貌文雅的同时要有气节，在国际商务往来中，为了维护国家、民族以及企业的形象与利益，必然会有争论，这就要求商务人员在"守礼"的同时，说话也要有力度、有气节，要据理力争，也就是所谓的"先礼后兵"。商务人员在争辩中，要有理有节。

（二）商务用语要准确、清晰

语言是人类彼此间交流的基本工具，是进行思维和传递信息的工具。商务语言是商业人士用来表达意愿、情感，传送各类商业信息，进行商务交流的工具。因此，商务用语要准确、清晰。

商务用语要准确，就是要使你的口头表达合乎语言规范。说话的内容准确、简单、明了，能让人了解你所要传达的信息。在国际商务往来中，与外商交往，他们来自不同的国家，语言不同，汉语中有一部分词语虽然语音相同，但差别很大，如"订金"与"定金"虽然发音相同，但有很大的差别，而翻译成英语却是不同的单词。同理，英语及其他国家的语言一词也有多种含义，如不注意容易产生错误，导致失去商业良机，严重时导致经济损失。这就要求商务人员一是商务用语要准确，二是在与外商和翻译沟通时必须强调和注意。尤其是在国际商务往来中，用英语交流比较多，要求商务人员在掌握外贸术语的同时还要掌握英语中缩略语、缩略词和技术词汇等本行业的专业术语。

商务人员在说话时要吐字清晰，尽量将每个词都说清楚、说正确。语音要清晰，发音要标准，要求使用普通话，说话时语速要适中，不要过快，也不要过慢。说话过快，尤其是与外商交流时，外商会反应不过来；说话过慢，又易使人急不可耐。在商务交谈中，应注意根据对方是否能理解你的讲话，控制和调整说话的速度。声音不要过高、过细，切忌声音平平，恰到好处地抑扬顿挫能吸引听众。

（三）幽默风趣的交谈

幽默风趣的话语是人际关系的润滑剂，可以调节气氛，使人感到轻松愉快。在商务交谈中幽默风趣的话语能调节气氛、化解疑虑、消除隔阂、缩短距离。如在一次买卖交易谈判中，中外双方就某个问题已讨论了两个星期，仍不见结果。这时，中方人员幽默地说："瞧，我们双方至今还没有谈出结果，如果奥运会设立拔河比赛项目的话，我想我们肯定是并列冠军，还有可能载入吉尼斯世界纪录大全，我敢保证，谁也打不破这一纪录。"听到这话，所有谈判者都开怀大笑，气氛顿时松弛下来。所以说，在商务言语沟通过程中，幽默风趣的交谈是一个有效手段。

（四）委婉含蓄的回答与巧妙的提问

在商务交往中商业信息的传递有的需要直来直去，但更多的内容，尤其是涉及商业机密的不能回答，但直接拒绝又会影响感情，这时，就需要委婉而含蓄地回答。如询问产量、产值一类涉及工厂机密的信息时，可以含蓄地回答"有多大生产能力，就生产多少""董事会让我们生产多少，就生产多少""能卖出去多少产品，就能创造多大产值""今年和去年创造的产值，往往不尽相同"。

问答是语言沟通中最常用的要素，在商务交往中，为了获得所需要的回答，就要讲究提问的技巧，只有你问得巧，才能得到你所要的信息和答案。例如，日本在第二次世界大战结束时有许多商店因人手奇缺，想减少送货任务，有的商店就将问话顺序进行了调整，将"是您自己拿回去呢，还是给您送回去"改为"是给您送回去呢，还是您自己带回去"，结果顾客听到后一种问法，大都说"我自己拿回去吧"，大奏奇效。

此外，在交谈中，有些事情也需要含蓄表达。如在谈话时要去洗手间，不便直接说"我去一下厕所"，应说"对不起，我出去一下"，这是比较容易让人接受的说法。

（五）交谈要有度

1. 话题选择要有度

商务交流是双边或多边的活动，话题的选择要有度。如果所有参加交谈的人对某个话题达成共识，那它就可以成为共同讨论的对象。一般而言，比较安全的闲谈话题有天气、交通、体育、无争议的新闻、旅游、环境问题、文学、艺术、共同的经历等；有些话题应尽量避免，尤其是国际商务交流话题的选择更应重视，如敏感的政治问题、宗教问题、一些私人问题等，应尽量避免。交谈时要观察周围人的反应，适可而止，商务人员不能只顾自己，在他人面前夸夸其谈，说个不停。应尽量照顾好每一位参与者，调动每个人参与的积极性，尽可能让每位参与者都有话可说，不要冷落在场的任何人。

选择话题时，要事先了解交谈对象的情况。平时要了解时事，要注意观察周围的变化，到一个新城市时，要读当地的报纸，了解当地的情况。

2. 交谈时间要有度

商务交谈也受时间限制，普通场合的谈话，最好在30分钟以内结束，最长不能超过1个小时。交谈中每人的每次发言，在3～5分钟为宜。

3. 交谈距离要有度

与他人交谈过程中，有些人习惯与对方近距离"亲密"接触，认为这样才能让对方听得清楚，或者以此显示双方的熟识度。殊不知，这样做只会疏远你与对方的距离。说话距离过近常常会引起听者的反感，造成别扭与难堪。

心理学认为，人们在交际中有四种空间距离，即亲密距离、私人距离、社交距离和公众距离，如表2-1所示。

表2-1 人际交往的四种空间距离

空间距离	距 离	适用场合/人员
亲密距离	0～0.44米	父母、爱人、知心朋友
私人距离	0.46～0.76米	酒会交际（介于亲密距离与社交距离之间）
社交距离	1.2～2.1米（近范围） 2.1～3.7米（远范围）	企业内上、下级、同事，企业或国家领导人之间的谈判，工作招聘时的面谈，教授和大学生的论文答辩
公众距离	3.7～7.6米以上	开会、演讲/明显级别界限

因此，商务人员在与他人谈话时要特别注意掌握好空间距离，通常情况下，最适宜的谈话距离为50厘米。

4. 拒绝他人时也要掌握好拒绝的尺度和技巧

被拒绝是很让人尴尬和难堪的经历，所以，拒绝他人前要充分体谅对方的感受，拒绝时不要把话说绝，别让对方感到难为情。当然，也不要用语含糊，态度暧昧，拖泥带水，让对方摸不着头脑。这样既误事，又伤人。

例如，当有一位朋友不邀而至，贸然闯进了你的写字间，而你实在没有很长的时间与之周旋时，如果直接告知对方"来得不是时候"，就会使对方很尴尬。其实，只要使用委婉一些的语句，一样可以暗示对方尽早离去，而且还不至于使其难堪。可以在见面之初，一面真诚地对其表示欢迎，一面婉言相告："我本来要去参加公司的例会，可您这位稀客驾到，我岂敢怠慢。所以专门告假五分钟，特来跟您叙一叙。"这句话的"话外音"，乃是暗示对方"只能交谈五分钟"，但因表达得不失敬意，在对方的耳中就要中听多了。

三、说服礼仪

在国际商务活动中，让对方购买我方产品，或与我方建立合作关系，等等，都需要说服对方。如何说服对方需要掌握一定的说服技巧。

（一）信任是说服的基础

在商务交往中，说服对方首先要攻克对方的"心理防线"，中国古话讲"无商不奸""无利不起早"，商界是一个以盈利为目的的场合，因此，在商务交往中，人们往往因为担心上当受骗，会对你的诚意表示怀疑，产生戒心。要想说服他人，必须让对方信任你，信任是进行说服的基础。在商界一个诚实的人往往更容易获得他人的信任，我国有句俗语叫"王婆卖瓜，自卖自夸"，也就是说，商家在推销商品时总是夸奖自己的商品，只说优点，不谈缺点。这种做法有时并不能使人信服。但是向顾客介绍商品时，主动说出缺点，对方反而会感觉你诚实可信，从而被你说服。

（二）满足对方需求

满足需求是人行为动机的原动力，心理学观点认为，人的行为是由动机支配的，而动机是由需求产生的。人是有各种需求的，美国著名社会心理学家马斯洛的需求层次理论把人类需求划分为五个层次：生理需求、安全需求、社交需求、尊重需求和自我实现需求，依次由较低层次到较高层次排列。某一层次的需求相对满足了，就会向高一层次发展，追求更高层次的需求就成为驱使行为的动力。当这种需求达不到时，就会引起为追求它而产生的行为。所以想说服对方，就要了解对方的需求，激发对方的需求。

了解对方需求的最佳途径之一是倾听，通过倾听归纳、总结，得出其需求。最佳途径之二是提问，通过提问能发现对方的需求，但要考虑如何提问、怎样提问、什么时间提问，才能通过提问得知对方的需求。

引起对方需求的方法有很多，其中赞美是引起对方需求的最佳方法之一，巧妙赞美对方的优点，使对方得到一种心理上的满足，再说服对方，会得到很好的效果。

总之，要想说服对方，就要从对方的需求入手，只有满足对方的需求，才能说服对方。

（三）寻找共同点

人们在交往过程中，发现在与陌生人交往时，如果双方有共同的爱好和兴趣，就会有似曾相识的感觉，与对方有亲切感，会认同对方、信任对方，愿意与其进一步交流。

在国际商务交往中，要想说服对方，用双方共同感兴趣的问题作为沟通的桥梁，得到对方的认同是一条很好的途径。在国际商务交往中本来就有着共同的经济利益，在此基础上再寻找共同点，对方也容易被说服。

寻找共同点可以从双方合作上的共同点，双方在生活方面的共同点，双方兴趣、爱好上的共同点，双方共同熟悉的第三者等方面入手，或投其所好建立共同点。在双方共同点的基础上，相互之间也就有了一定的认同，从而也就容易说服对方。

（四）用事实说话

我国有句俗语"事实胜于雄辩"，意思是事情的真实情况比强有力的辩论更有说服力。在商务交往中，说服对方最好的方法就是用事实说话。在条件合适的情况下，提供有力的数据支持，甚至提供书面资料，旁征博引，运用具体情节和事例进行说服，更容易说服对方。

（五）一唱一和的说服方式

在商务谈判中常用一唱一和的说服方式，也叫红白脸对策。即两个人中一个人扮演"白脸"，他往往先出场，态度强硬，寸步不让，咄咄逼人，几乎没有商量的余地，令对方一筹莫展，即从心理上把对方压倒了。然后另一个人扮演"红脸"，是温和派上场，在谈判中态度温和，他提出了一个折中的方案，当然这个方案也就是他们谈判的目标方案，尽力撮合双方合作，对方也会认为折中方案非常好，二人一唱一和，使对方毫不犹豫地同意这个折中的方案。

此外，在说服对方时不要急于马上奏效，任何人要接受他人的建议，尤其是商务合作，都需要一个过程，要运用多种方式说服对方，不要只说自己的理由，要持之以恒。

四、演讲礼仪

演讲是指在公众场合就某问题或某事件发表自己见解的一种口语形式。借助有声语言和手势语言，面对广大听众说明事理、发表见解、抒发感情，从而达到感召听众的一种口语表达方式。它是以多数人为听众进行的讲话。

演讲具有一定的针对性、辩论性、鼓动性，与一般的交谈不同，演讲实际上就是当众进行的正式发言，要求演讲者具有一定的学识和气质。演讲贯穿于社会中的各个领域。在国际商务交往中，商业人士参加的各种庆典、酒会、交易会等都有演讲，作为商业人士需要掌握演讲礼仪。

（一）演讲前的准备

1. 演讲稿的准备

一篇好的演讲稿要具备如下的特点：一方面，要熟悉、了解听众，确定主题思想，一篇优秀的演讲稿只应有一条主线，一个主题；另一方面，要围绕主题搜集素材和资料，准备演讲稿，做适当的演练，等等。

2. 视听设备的准备

视听、音响的检查和准备是很重要的。若出现故障，必将影响演讲者和听众两方面的情绪。因此，应事先试用一下，以确定话筒的性能和效果如何。这个问题一般由主办单位准备，正式演讲前，要观察视听、音响的效果。

3. 心理准备

商务交往中，面对外商演讲，一定要有充分的思想准备。如对演讲缺乏信心、临时怯场，这样的心态必然影响演讲水平的发挥，导致演讲的失败，影响进一步商务交往。

4. 演讲者的服装

演讲者给听众的第一印象就是服装，这种先入为主的印象是非常重要的。服装首先要得体、整洁、美观，选择服装还要考虑不同的环境气氛。

女士在公开场合演讲时，所穿的衣饰要庄重简朴。白天，所戴首饰应仅限于朴素的耳环、项链，晚会上可以穿得稍微华丽一些。

男士在白天演讲时，宜穿一套西服，并配以一条花式保守的领带。至于晚宴约会，则必须和其他同桌的人穿着一样整齐。

演讲人的服装对于展示演讲者的风采，树立演讲者和听众的信心，都有十分重要的作用。

（二）进入会场礼仪

几位演讲者同时进入会场，不可在门口推托谦让，而应以原有的顺序进入会场。坐下前如有人陪同，要等陪同人指示座位，并应与其他演讲者同时落座，先入而坐有失礼节。如果先进入会场，被主持人发现时给调换座位，应马上服从，按指定座位坐好，并表示谢意。演讲开始时首先要介绍演讲人。

（三）介绍演讲人

演讲前，首先主持人到主席台，面向大家介绍演讲人。主持人提到名字时，演讲者应主动站起来，立直身体、面向听众，并微笑致意，估计听众可以认清再转身坐下。介绍词要短，几句说明身份的话就可以了，如果演讲人不太有名气，可以再多讲几句话，来说明他的背景，以及他的演讲理由。介绍最好不要超过3分钟。介绍完毕，主持人回座坐下来，静静地等到演讲结束。然后主持人起立与演讲人握手并表示感谢。

（四）演讲人的台上礼仪

走上讲台，走路时要自然、轻盈、稳健，头要正，上身要挺直，目视前方，余光看路。步幅不宜过大，步伐快慢有序，身体不偏不摇，双手自然摆动。

走上讲台后（会场无讲台的，一般要到麦克风旁边），面向听众站好，站位不但要考虑演讲时活动的方便，更要考虑听众观察演讲者的方便。正面扫视全场，用目光与听众进行交流，目光要落到每位听众的脸上，让听众感觉到你的目光。然后以诚恳的态度向听众敬礼，稳定之后，再开始演讲。

演讲完毕，要向听众敬礼，向主持人致意。如果听到掌声，应再次表示谢意，然后走下演讲台回到原座位。有时，演讲结束，演讲者可能由主持人陪同先行退场。听众出于礼貌，站起身来热烈鼓掌，这时演讲者同样也要热情回报，或鼓掌或招手致意，直至走出会场。

（五）演讲人的声音

演讲人的声音会直接影响演讲的效果。对演讲者的声音有以下几点基本要求。

1. 发音准确清楚

有的演讲者因为发音含糊不清而使人难以分辨所要表达的意思，影响演讲效果。

2. 语音清亮圆润

演讲者要有足够的音量，使坐在最后面的人也能听到。一般认为，声音低沉的男性较之声音高亢的男性，其信赖度较高，因为声音低沉会让人有种威严沉着的感觉。如果你的声音尖锐刺耳，就要练习发出低沉的声音，坚持下去，你会发现你的声音慢慢地变得洪亮圆润起来。

3. 语气要抑扬顿挫，有节奏

一般地，演讲时的讲话速度应比平时讲话速度更慢一些，句尾更清楚一些。在国外演讲的时候，语速应该比在国内演讲慢三分之一到二分之一，即使有翻译也应慢一些。同时要尽量避免使用难以翻译的专业术语和缩略语，如果无法避免，就应该事先将每个术语的准确含义告诉译员。演讲中要抑扬顿挫，学会运用轻音和重音，使演讲富有生气和色彩。

（六）演讲人的手势

演讲者的动作要把握分寸，做到端庄与潇洒的和谐统一。演讲者的手势是随着演讲的内容表现出来的。一般地，手向上、向前、向内往往表达希望、成功、肯定等积极意义的内容；手向下、向后、向外往往表达批判、蔑视、否定等消极意义的内容。如果不需要手势，尽量使你的手不动，双手相握放在身前或身后，或者就放松在两边。避免重复同一动作，不要胡乱地挥动双臂，以防给演讲带来不利的影响。

（七）演讲的时间

最佳的演讲效果是在听众觉得尚未满足、还想听下去的时候结束话题。国际商务演讲需要借助翻译的时候，要考虑到需要较充裕的时间，把翻译的时间计算进去。国际会议的发言时间一般是 10 分钟，各种仪式上不得不安排的演讲，最好不要超过 5 分钟。为欢迎国宾、公事团体举行的正式晚宴上，无论是主人还是客人的演讲，一般安排在 15 分钟左右。

（八）演讲者要具有善用讲稿的能力

演讲者要具有脱稿的能力，但是不要背讲稿，如果需要，可以将主要内容的标题简短地写在小纸条上，演讲时对纸条快速地一瞥，可以触发你的思维。许多演讲都需要引证一些必不可少的数据和其他材料，否则很容易给人造成一种论据缺乏力量的感觉。听众看到演讲人在看事先准备好的材料的时候，也会集中注意力来听。

五、聆听礼仪

（一）聆听的意义

在国际商务交往中，通过聆听能够更多地了解对方，能学到更多的东西，倾听能使紧张的关系得到缓和，可以增进人与人之间的相互关系，避免一些不必要的纠纷。聆听可以让人获得智慧和尊重，赢得真情和信任。聆听是一项技巧，懂得聆听，有时比会说更重要。莫里斯说过："要做一个善于辞令的人只有一种办法，就是学会听人家说话。"聆听要做到听到、听清楚、听明白，耳到、眼到、心到、脑到的"听"，才是真正的聆听。

（二）不善聆听的表现及解决办法

在商务交往中，聆听对商业人士非常重要，但是有的人却不善于聆听，下面就是不善于聆听的表现和解决办法。

1. 神情恍惚、爱走神

在商务交往中，尤其是商务谈判，经过长时间的谈判或交谈，会消耗大量的体力和脑力，导致走神，出现神情恍惚不能控制自己的现象。

解决办法：要有耐心强迫自己集中注意力。

与思绪不集中的人讲话时，尽量用短句子，多问些问题，尽量使讲话富有吸引力。

2. 缺乏自信、畏惧技术

在国际商务交往中，有些合作项目专业化很强，技术性很高。有的人觉得太难或过于专业而干脆横下心不听了，甚至要放弃合作；或对手强大，带着焦虑、恐惧的情绪进行交流，因为紧张缺乏自信，导致似听非听、胡思乱想。

解决办法：告诫自己可以理解信息内容，然后把注意力集中在信息上而不是总想着它有多困难。或者使身体前倾、精力集中，礼貌注视对方，努力倾听，这样既可以迫使自己不去想别的事情，又可以显示自信。

和这类人讲话时，应该使用简单的语言和短句子，使谈话富有吸引力，并用实际演示和图片辅助讲解难点；或者面带微笑鼓励对方倾听讲话。

3. 只顾自己夸夸其谈

只顾自己夸夸其谈的人，只热衷于自己说话而不顾别人是否有话要说，即使别人在讲话，他也没注意听对方讲的内容，而是一心想他自己要发表的言论，这是典型的不听别人讲话的人。

解决办法：树立轮流说话的意识。

和这类人讲话时，应既不失礼貌，又观点明确。可以使用这样的语句，如"这很有意思，可我的看法不同""请让我讲完""我刚才想说的是"，或者干脆不和这类人争辩，洗耳恭听即可。

4. 专爱挑毛病

专爱挑毛病的人带着挑刺、批判的态度听别人讲话，为的是从中挑毛病。他从对方的话语中搜集信息只是为了反驳讲话的人，鸡蛋里挑骨头。这是律师在法庭上的拿手戏，在商务谈判上，是为了挑剔对方的缺点，是为了动摇对方的耐心和信心，从而使自己处在主动的谈判地位上而采用的方法，可是在其他场合，则是在考验人们的耐心。

解决办法：尽量找出与别人的共同点。

和这类人讲话可以问他："您为什么这么说？"

（三）提高聆听效率

在国际商务交往中，聆听对商业人员非常重要，这就要求商务人员要掌握聆听技巧，提高聆听效率。

1. 要心胸开阔，不要戴"有色眼镜"

在国际商务交往中，交往双方来自不同的国家，你的价值观念、信仰、理解方法、期望和推测都会成为妨碍你聆听对方讲话的"有色眼镜"。不要以自己的意志去判断对方，要抛弃那些先入为主的观念。此时，你应以追求双赢为目的，考虑如何理解和运用讲话人所提供的信息。讲话人所用的言辞以及性别、文化差异等都可能增加你聆听时的难度。他的非语言信号和语调也会成为影响交流的潜在因素。即便讲话人的表达缺乏条理，你也要继续听下去，并尽量控制住自己的反应。此时，你的主要任务是领会讲话人的观点，这样才能正确地理解对方讲话所传递的信息，准确把握讲话者的重点。

2. 要有良好的心理状态，耐心倾听

从心理学上讲，人的注意力并不总是稳定、持久的，它会受到各种因素的干扰。要想认真倾听对方讲话，必须要有良好的心理状态，善于控制自己的注意力，克服各种干扰，要专注，始终使自己的思维跟上讲话者的思路。

用心倾听是对对方的尊重和欣赏。对方感受到这份诚意，才能一吐为快。

聆听时，应该将身体稍稍靠前，倾向对方，以表示聆听的兴趣。同时，自己要全神贯注、一心一意地听，心无旁骛地接收和分析信息。

3. 进行激励式倾听

倾听对方讲话，要约束自己、控制言行，有时为了让对方知道我们在听，在对方说话的过程中，偶尔的提问或提示是对讲话人的鼓励。偶尔的提问或提示一是能激励对方讲话，二是可以澄清谈话内容，有助于提高聆听效率。

澄清问题的方法有："还有哪些方面需要考虑的呢？""你能详细说明一下你刚才所讲的是什么意思吗？""我可能没有听懂，你能否再讲具体一点？"这些都是为了要求对方提供信息而问的，而不是对谈话人所讲的内容进行评论。

如果某人有口吃的毛病或特殊的口音，就必须如实地告诉他你是否听懂了他说的话，这一点非常重要。讲话者总希望和你交流，希望被人理解。你不妨改变说法，重复一遍你没有听得太清楚的词句，以证实自己的理解是否正确。

为了鼓励讲话人，可以采用以下方法进行提问或评论："你提出了好几条建议，你认为哪一条最好呢？""快跟我说说吧"等；通过自己所听到的内容提示和鼓励讲话人继续说下去，如"我明白了""这很有趣，请接着说""真的！"等。

4. 及时给予反馈

及时给予反馈是提高聆听效率的有效途径之一，及时给予反馈是指用自己的语言复述对讲话人所表达的思想与感情的理解。给讲话人以反馈，从而完成聆听的全过程，并告诉他其信息已被听到并理解了，通过反馈提高聆听效率。

反馈的方式主要有：逐字逐句地重复讲话人的话；用自己的语言解释讲话人的意思；如果合适的话可对听到的内容做笔记。

上帝之所以给了我们"两只耳朵一张嘴"，就是为了让我们少说多听。倾听可以让谈判变得快乐，倾听可以让谈判变得轻松，倾听可以让你的商务合作伙伴更信任你。

第二节 举止礼仪

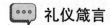
礼仪小故事

李丽和王娜是同窗好友,李丽不拘小节,大大咧咧,而王娜却端庄文雅。某公司在招聘秘书,李丽(见图 2-1(b))和王娜(见图 2-1(a))前去应聘,面试时,两人在现场就座(见图 2-1),接受考官问话,她们的条件基本一样,面试后,王娜被录取,你知道为什么吗?如果你是负责人,你会录取哪一位?

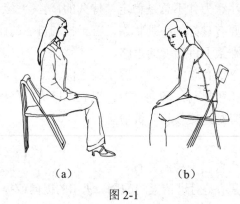

图 2-1

在商务交往中,举止优雅、风度潇洒的人,常常给人们留下深刻的印象。人们也愿意与其交往。一个人优雅、得体的举止,是日常生活中长期熏陶的结果,不是为了某种场合硬装出来的。这就要求我们平常要有意识地训练自己的举止,从最基本的举止行为做起。

一、微笑礼仪

礼仪箴言

名人话微笑

只有在你的微笑里,我才有呼吸。

——狄更斯

真正值钱的是不花一文的微笑。

——查尔斯·史考伯

忘记了它而微笑,远胜于记住它而愁苦。

——罗西塔

生活就是面对真实的微笑,就是越过障碍注视未来。

——雨果

美是力量,微笑是它的剑。

——里德

当他微笑时，世界爱了他；当他大笑时，世界怕了他。

——泰戈尔

点评：名人的话语诠释了微笑的力量。对于商务人士而言，与形形色色的人相处时，微笑无疑能助商务活动成功一臂之力。

微笑是一种愉快心情的反映，它发自于内心，是通过人的面部表情：双唇轻启、牙齿半露、眉梢上推、脸部肌肉平缓向上向后舒展而带来的一种效果。微笑是人的一种表情，是人类美好情感的流露，是一种特殊的语言——"情绪语言"，是一种全世界通用的语言，是人际交往中最基本、最常用的礼仪。

微笑，渗透着情感，是一种内心活动的自然流露，来自人的内心深处。微笑是人们对某种事物给予肯定以后的内在心路历程，是人们对美好事物表达愉悦情感的心灵外露和积极情绪的展现。微笑可以表示对他人的理解、关心和爱，是礼貌与修养的外在表现和谦恭、友善、含蓄、自信的反映。

（一）微笑的标准

微笑包含以下三方面标准。

1. 面部表情标准

面部表情和蔼可亲，伴随微笑自然地露出6～8颗牙齿，嘴角微微上翘；微笑注重"微"字，笑的幅度不宜过大。微笑要求口眼结合，嘴唇、眼神含笑，微笑时要真诚、甜美、亲切、善意、充满爱心。

需要强调的是：微笑是一种个性化表情，中国的礼仪习惯是笑不露齿。每个人都有各自的生理和心理特点，展现出的美丽笑容也大相径庭。有的人开朗、热情，笑时露出一排漂亮的牙齿；有的人内向、含蓄，笑时轻轻抿起嘴唇；有的人成熟、大方，笑时眼睛会说话。

2. 眼睛眼神标准

眼睛礼貌正视，面对他人目光友善，眼神柔和，亲切坦然，眼睛和蔼有神，自然流露真诚。

需要强调的是：不要将目光聚集在人的脸上的某个部位，而要用眼睛注视于他脸部的三角部位，即以双眼为上线，嘴为下顶角，也就是双眼和嘴之间；精神饱满，保持慈祥的、神采奕奕的眼光，再辅之以微笑和蔼的面部表情；眼神要有交流，要迎着他的眼神进行目光交流，传递你的敬意。

3. 声音语态标准

声音要清晰柔和、细腻圆滑，语速适中，富有甜美悦耳的感染力；语调平和，语音厚重温和；控制音量适中，让对方听得清楚，但声音不能过大；说话态度诚恳，语句流畅，语气不卑不亢。

（二）微笑的作用

美国著名交际大师卡耐基指出："行为胜于言论，对人微笑就是向人表明'我喜欢你，你使我快乐，我喜欢见到你'。"

1. 微笑能传递情感、增加信任、建立良好的交往关系

微笑是人际交往中最基本、最常用的礼仪，贯穿于各种礼仪活动过程中。微笑是人类传达感情最好的方式，"此时无声胜有声"，在人与人交往时通过微笑彼此表达出友好和敬意，通过微笑与交往对象建立起友好的沟通渠道和良好的关系。

当与人见面握手时，如果伴以亲切的微笑，能增加信任，放松，会瞬间拉近彼此的距离。在交往中，微笑能够表现出善意、尊重和友好。在各种场合恰当地运用微笑，可以起到传递情感、沟通心灵、征服对方的积极心理效应。

2. 微笑能给人良好的第一印象

第一印象又称首因效应、首次效应或者优先效应，是指人们第一次与某物或某人相接触时会留下深刻的印象。第一印象作用最强，持续的时间也长，比以后得到的信息对于事物整个印象产生的作用更强。

心理学研究发现，与一个人初次会面，45秒内就能产生第一印象。这种先入为主的第一印象是人的普遍的主观性倾向，会直接影响到以后的一系列行为。实验心理学研究表明，外界信息输入大脑时的顺序，在决定认知效果的作用上是不容忽视的。第一印象主要是依靠性别、年龄、体态、姿势、谈吐、面部表情、衣着打扮等来判断一个人的内在素养和个性特征。而初次见面时面带微笑，就可能获得热情、善良、友好、诚挚的第一印象。与人相见，在最初的几十秒钟，我们能做什么呢？最重要的也是最简单的就是微笑，通过微笑给人留下良好的第一印象。

3. 微笑能促使人际交往顺利进行

当你对别人微笑时，其实就在传递一种快乐积极的信号，意味着你对他表示"我很高兴认识你"。对方就会和你产生共鸣，体会到你的快乐，更愿意和你接近。微笑通过温馨、亲切的表情，能有效地缩短沟通双方的距离，给对方留下美好的心理感受，从而形成融洽的交往氛围，能促使人际交往顺利进行。

4. 微笑可以有效地化解交往矛盾

微笑具有化干戈为玉帛的作用。俗话说"伸手不打笑脸人"，在社会交往中，朋友与同事之间，难免会产生误会、矛盾与隔阂，发生不愉快，如何解决？这就要看当事者的态度了，再深的矛盾，当面对微笑时，也有可能强行压制下去。面对一张微笑着的脸，再大的怒火也会在不知不觉间熄灭。一个人的微笑就像温暖的春风般可以化解严冬的冰冻。在一般情况下，当人与人之间产生纠葛时，一方若能以微笑面对另一方，往往就不会进一步激化矛盾了。

5. 微笑能产生经济效益

在企业经营中，微笑是一种天然资源，它给人留下的是宽厚、谦和、亲切的印象，表达出来的是对顾客的理解、关爱和尊重。微笑不需要投资，但微笑的价值是无限的，微笑可以增加利润，微笑更能创造成功和奇迹。尤其是服务行业微笑能产生巨大的经济效益。例如名声显赫于全球的美国希尔顿酒店，半个世纪以来，无论经济如何波动，它的生意长期火爆，财富增加直线攀升，稳坐世界酒店业"大哥大"地位。当有人探询其成功的秘诀时，希尔顿微笑着说："经营微笑。"微笑服务可以使顾客的需求得到最大限度的满足。顾客除物质上的需求外，也要求得到精神上、心理上的满足。

微笑服务是一种以心换心、宾客情绪、态度的配合，有利于服务工作的顺利进行。同时，在服务交往中，微笑也容易给服务人员自身带来热情、主动、自信等良好的情绪氛围，处在这一氛围中的服务人员，对其身心健康有利，心情愉快，工作效率也随之提高。

实践证明，诚招天下客，客从笑中来；笑脸增友谊，微笑出效益。

知识链接

微 笑 之 都

美国爱达荷州波卡特洛市有一项法令规定，全市居民都不得愁眉苦脸。如果触犯了法令，惩罚措施也是非常独特的：罚进"微笑站"接受学习微笑的教育，直到学会微笑才能离开。波卡特洛市推行这一法令已经大半个世纪了，微笑已经成了当地的典型标志，故该城有"微笑之都"的美称，每年都会举办"微笑节"。波卡特洛市居民们的幸福和快乐指数，在全美国是位居前列的。

（三）微笑的注意事项

1. 微笑不可假装

微笑要发自内心，发自内心的微笑才能亲切、自然大方，有亲和力，让人产生信任感，愿意与其交往，才能产生良好的效果。缺乏诚意、强装笑脸，是生硬的、虚假的微笑，使人感到虚伪，只能拉大双方的距离。

2. 微笑要适时、适地、适度

尽管微笑给人以一种亲切、和蔼、热情的感觉，但是在严肃庄重、悲痛伤感的场合，是不能微笑的，微笑要与周围的环境、气氛保持一致。即使是在应该表现出微笑的场合也要注意：微笑要恰当。不应为了展现微笑的表情，使笑容过于夸张。

虽然微笑是人们交往中最有吸引力、最有价值的面部表情，但也不能随心所欲，随便乱笑，想怎么笑就怎么笑，不加节制。例如，在餐厅吃饭时，坐在你对面的是你的一位朋友，你对她微微一笑，可能她会觉得你非常欢迎她与你共同进餐。但是，你吃一口饭对他笑笑，吃一口饭，抬头看见他，又笑笑，这样一次两次可以，如果次数多了，就会让对方心里发毛。

因此，微笑要适时、适地、适度、得体，才能充分表达友善、诚信、和蔼、融洽等美好的情感。

3. 微笑"四不要"

不要缺乏诚意、强装笑脸；不要露出笑容随即收起；不要仅为情绪左右而笑；不要把微笑只留给上级、朋友等少数人。

二、站姿礼仪

站姿是人最基本的举止，正确的站姿会给人以庄重大方、信心十足的印象。"站如松"

就是对站姿这种静态美的描述。优美的站姿，是培养仪态美的起点，是培养其他动态美的基础。

（一）正确的站姿

1. 标准站姿

（1）身体与地面垂直，抬头挺胸，收腹立腰，脊椎后背挺直，重心放在两个前脚掌。

（2）脖颈挺直、微收下颌、目光平视、面带微笑。

（3）双肩放松，人体有向上的感觉。

（4）双臂自然下垂于身体两侧，中指贴拢裤缝，两手自然放松。两腿并拢，两腿相靠站直，肌肉略有收缩感，脚跟靠紧，脚掌分开呈 V 字形，如图 2-2 所示。

2. 庄重严肃场合站姿

庄重严肃场合的站姿与标准站姿相同，不同的是面部表情严肃、庄重、自然。例如，参加升国旗仪式、参加遗体告别仪式等庄重严肃的场合。

男士站姿要求刚毅洒脱，女士站姿要求秀雅优美，亭亭玉立。庄重严肃场合男女站姿相同，其他场合其站姿是有差别的。

3. 男士站姿

身体立直，与标准站姿不同的是，两腿分开，两脚平行比肩宽略窄，右手搭在左手上贴于臀部，如图 2-3 所示。警卫、保安、门童等人员经常采用这种站姿。如果双脚并拢，就表示对来客的尊重。这种站姿显得干练，有威慑力，容易使人产生距离感，警卫人员采用这种站姿很能体现职能特点。

4. 女士站姿

身体立直，与标准站姿不同的是，右手搭在左手上，自然贴在腹部，身体斜侧 45°，左脚略向前，脚跟靠在右脚内侧成"丁"字步。这种站姿使女士看上去优雅端庄，如图 2-4 所示。

图 2-2　　　　　　图 2-3　　　　　　图 2-4

（二）站立时的注意事项

（1）在非正式场合，双足的位置较自由，既可以并之，也可以一前一后，自然成形。肌肉放松，但应保持身体的挺直。

（2）穿礼服或旗袍，可以让双脚之间前后距离约 5 厘米，以一只脚为重心。
（3）向人问候或做介绍时，不论握手或鞠躬，重心应在中间，膝盖要挺直。
（4）双手不可以叉在腰间，也不可以抱在胸前。
（5）站立时千万不要歪脖、斜腰、挺腹、屈腿等，这些不美的姿态都会破坏自己的形象。
（6）与人交谈时，两臂可以随着谈话的内容做些适度的手势，但不可以过大。
（7）在正式场合，不宜将手插在裤袋里或交叉在胸前，更不要下意识地做些小动作。那样不但显得拘谨，给人缺乏自信和经验之感，而且也有失仪态。

总之，站姿应该自然、轻松、优美，不论呈何种姿势，改变的只是脚的位置和角度，而身体要保持绝对的端正挺拔。

三、优雅的坐姿

坐，是一种静态造型。坐姿不正确显得懒散无礼，而端庄优美的坐姿会给人以文雅、稳重、自然大方的美感。这是体态美的重要内容。

（一）坐姿的具体要领

腰背挺直，肩放松。女子两膝并拢，男子膝部可以分开一些，但不要过于大，一般不超过肩宽。落座后，不要把椅子坐满，坐椅子前部的二分之一或三分之二即可，不要紧靠椅背。结合具体情况，应注意以下几点。

1. 入座的基本要求

入座时，人走到座位前，转身背对，从容地慢慢坐下，要轻要稳，然后把双脚跟合拢。女子入座时要用手把裙子拢一下再坐。起立时，右脚先收后半步，而后站起，向前走一步，再转身走出去，如图 2-5 所示。

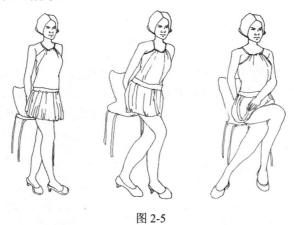

图 2-5

2. 男子坐姿

男子入座时，重心要垂直向下，腰部挺起，上身垂直，大腿与小腿基本呈直角，两脚平落地面，双目平视，嘴唇微闭，微收下颌，手放在双膝或扶手上，如图 2-6 所示，这就是我们常说的坐如钟。

图 2-6

3. 女子坐姿

女子入座时,要颈直目平,双手相交自然放在腹部,或两手重叠静放在腿上。女子坐姿有以下几种。

(1)双腿垂直式,正式场合最实用,如图 2-7 所示。

(2)双腿叠放式,超短裙忌用,如图 2-8 所示。

(3)双腿斜放式,可展现出女子优美的"S"形,如图 2-9 所示。

图 2-7　　　　　　　　图 2-8　　　　　　　　图 2-9

(4)双腿交叉式,可两脚交叉置于一侧。适用于主席台上、办公桌后面、公交车上,注意膝部不要打开,不宜将交叉的双腿大幅度分开,或是向前分开,或直伸,如图 2-10 所示。

(5)双脚内收式,可两脚交叉置于一侧,注意向体内收脚,如图 2-11 所示。

图 2-10　　　　　　　　图 2-11

4. 其他细节

落座时要轻缓、端庄稳重。

坐沙发时,要防止身体深陷在里面。如果坐的是低沙发,背部靠沙发背。坐下后使你的膝盖高于腰部,你要把并拢的膝盖偏向你的谈话者,最好让大腿和上半身成直角。

坐较低的椅子时,可以两膝并拢靠紧,将膝盖朝向与自己谈话的人。坐高椅子时,双腿并拢不太好看,男性可以跷二郎腿,但不能将脚尖高高翘起对着别人;女性跷二郎腿时,要使双腿紧贴,脚尖朝下。

(二)坐姿的注意事项

(1)落座时不可以猛地砸进沙发,更不可以半躺半卧地埋在沙发里。忌猛起猛坐,弄得座椅乱响。

(2)落座后四肢摆放不宜太开,忌两脚外八和内八、脚尖朝天和上下抖动,如图2-12所示。

(3)女士要讲究坐相,就座时不能两腿分开,如图2-13所示。

图 2-12　　　　　　　　图 2-13

(4)跷腿坐已是非常不雅的坐姿,如果露出小腿,更是大损形象,如图2-14所示。

(5)很多男士都习惯离座后提裤子,殊不知这显得非常不雅,如图2-15所示。

图 2-14　　　　　　　　图 2-15

一种良好的坐姿,不仅是一种优美的无声语言,更能体现出一个人的内在修养,并能从侧面反映出一个人的精神状态、工作状态。

四、正确的走姿

（一）走姿的具体要领

（1）走路步履要自然、轻盈、稳健，胸要挺，头要抬，肩放松，两眼平视，面带微笑，微收下颌，重心稍前倾，人体有向上的感觉。步幅要适当，前脚的脚跟与后脚的脚尖相距一脚长。

（2）男性有阳刚之美，步伐频率每分钟约100步，步幅（前后脚之间的距离）约25厘米；双臂前后自然摆动，摆幅以30°～35°为宜，如图2-16所示。

（3）女性步伐频率每分钟约90步，步幅约20厘米。步伐轻盈、柔软、玲珑、贤淑，显得秀丽柔媚，如图2-17所示。

图 2-16

图 2-17

（二）走姿的注意事项

（1）注意步位，两脚的理想行走线迹是一条直线。年轻女士迈步时，脚内侧踩一条线（"一"字步）；男子和中老年妇女则走两条平行线（平行步）。

（2）行走时应使身体保持挺直，忌左顾右盼，左摇右摆。

（3）与人告辞时，为了表示对在场其他人的敬意，可采用后退法。其标准的做法是：目视他人，双脚轻擦地面，向后小步幅地退三四步，然后先转身，后扭头，轻轻地离去。切忌立即扭头便走，给人以后背。

（4）在楼道、走廊等道路狭窄之处需要为他人让行时，应采用侧行步，即面向对方，双肩一前一后，侧身慢行。这样做，是为了对人表示"礼让三先"（三先即先慢、先让、先停），也是意在避免与人争抢道路，发生身体碰撞或将自己的背部正对着对方。

（5）穿西装要注意挺拔，保持后背平正，两腿立直，走路的步幅可略大些，手臂放松，伸直摆动，行走时男子不要晃肩，女子肩胯都不要左右摇动。

（6）穿旗袍就要走出女性柔美的风韵，要求身体挺拔，胸微含，下颌微收，忌塌腰撅臀，穿着旗袍无论是配以平底鞋还是高跟鞋，走路的幅度都不宜大，两脚跟前后要走在一条线上，脚尖略外开，呈"柳叶步"，手臂在体侧摆动，幅度也不宜过大，肩胯部可随着脚步和身体重心的转移稍左右摆动。

五、蹲姿

蹲是由站立的姿势转变为两腿弯曲和身体高度下降的姿势。蹲姿其实只是人们在比较特殊的情况下所采用的一种暂时性的体态。另外，在行进中拾起掉在地上的东西时，一般是习惯弯腰将其捡起，而这从仪态美的角度看，是很不雅观的。美丽的取物姿态，实际上是美丽的蹲姿，即先要靠近你想拾取的物品，让物品在你的右前方，然后蹲下，下蹲时上身保持垂直，略低头，眼睛看着要拾取的物品，双膝一高一低，可以使下蹲的姿态保持稳重，然后从容地完成拾取动作，如图2-18所示。

（一）正确的蹲姿

1. 高低式蹲姿

下蹲时，重心下移，双腿不并在一起，而是左脚在前，右脚稍后，左脚完全着地踏实，小腿基本上垂直于地面；右脚掌着地，脚跟提起，右膝低于左膝，右膝内侧可靠于左小腿的内侧，形成左膝高右膝低的姿态，臀部向下，基本上用右腿支撑身体。两腿之间可有适当的距离，但不宜过大。男性在选用这一方式时往往更为方便，如图2-19所示。

2. 交叉式蹲姿

下蹲时，重心下移，右脚在前，左脚在后。左腿在下，右腿在上，二者交叉重叠，左膝由后面伸向右侧。右小腿垂直于地面，全脚着地。左脚跟抬起，脚掌着地。两腿前后靠紧，合力支撑身体。臀部向下，上身稍前倾。其特点是造型优美典雅，通常适用于女性，尤其是穿短裙的人员，如图2-20所示。

3. 半蹲式蹲姿

在下蹲时，上身稍许弯下，但不宜与下肢构成直角或锐角；臀部向下而不是撅起；双膝略为弯曲，其角度根据需要可大可小，但一般均应为钝角；身体的重心应放在一条腿上，两腿之间不要分开过大。身体半立半蹲，在行进之中临时采用。

4. 半跪式蹲姿

半跪式蹲姿又叫单跪式蹲姿。下蹲之后，改为一腿单膝着地，臀部坐在脚跟之上，而以其脚尖着地；另外一条腿则应当全脚着地，小腿垂直于地面（或大腿与地面平行，小腿紧贴大腿，脚尖着地）；双膝应同时向外，双腿应尽力靠拢。表现为双腿一蹲一跪，多用于下蹲时间较长，或者为了用力方便而采用的蹲姿，如图2-21所示。

图2-18

图2-19

图2-20

图2-21

(二) 蹲姿的注意事项

（1）女士无论采用哪种蹲姿，都要切记将双腿靠紧，臀部向下，上身挺直，使重心下移。

（2）蹲下来的时候，速度要缓慢，不要过快，切忌突然下蹲。

（3）要考虑与他人的距离，不要离人太近。在下蹲时，应和身边的人保持一定的距离。和他人同时下蹲时，要考虑身边人跟你的距离，以防彼此"迎头相撞"或发生其他误会。

（4）方位要得当。在他人身边下蹲时，最好是和他人侧身相向。正对他人，或者背对他人下蹲，是有失礼貌的行为。

（5）不要蹲在凳子或椅子上。有些人有蹲在凳子或椅子上的生活习惯，在公共场合这是不礼貌的行为。

（6）下蹲时一定不要有弯腰、臀部向后撅起的动作；切忌两腿叉开，两腿展开平衡下蹲，露出内衣裤等不雅的动作，以免影响你的姿态美。

（7）女士穿短裙照相时应注意，下蹲时将双腿靠拢，一腿平蹲，另一条腿向下尽量靠紧，同时双手抹平裙子并遮挡双腿间可能露出的缝隙。这样做，既可以有效地防止走光，又能使人展现出很好的仪态。

（8）弯腰拾物：简便的弯腰拾取姿态，可能比下蹲迅速。但你要注意两点：一是采取半蹲姿态；二是穿低领上装时，一手要护着胸口。

蹲姿是常见的一种姿态，如站久了，累了一般都会用蹲姿缓解一下。蹲的姿势和坐的姿势不同，但都是由站姿或走姿变化而来的相对处于静态的体位。

六、坐车礼仪

（一）女士的上车礼仪

高雅而大方是在重要场合女宾所应体现出来的气质。女士的上车礼仪如下。

（1）右手轻轻扶住车门，身体微微侧转与车门平行。

（2）重心放在左脚，右脚先迈入车内，左手轻轻扶住车门稳定身体，如图2-22所示。

（3）重心往右移（往车内转移），臀部往内坐下，左手同时扶住车门边框支撑身体，并缓慢将左脚缩入车内，此时要注意膝盖确实并拢，如图2-23所示。

（4）双手撑住身体，移动身体到相应的位置坐好，如图2-24所示。

图2-22

图2-23

图2-24

(5) 女士如穿长裙，应在关上车门前将裙子弄好。

(6) 女士如果穿短裙，上车时应采用背入式，即打开车门上车时，背对车内臀部先坐下，如图 2-25 所示。

坐定后同时上身及头部入内，如图 2-26 所示。

然后再将并拢的双腿送进车内，如图 2-27 所示。

图 2-25　　　　　　　图 2-26　　　　　　　图 2-27

（二）女士的下车礼仪

下车必须在车辆到达停车地点并停稳后，同时女士的下车礼仪还要注意以下几个方面。

(1) 在车内观察车外的情况，确定下车的位置。打开车门，利用靠车内侧的手臂，先扶着前座的椅背以支撑身体。双膝合拢将靠近车门边的脚慢慢踏至车子边缘。下面是以左侧下车为例。

(2) 将车门边的左脚轻移至地面，利用车门边框轻微支撑起整个身体，右手抓住车内上方把手，并利用这股助力将身体提起。

(3) 右脚迈下车。如果觉得身体不好保持平衡的话，那么挺直脊背，右手撑在车座上。

(4) 臀部离开车座后，双腿略屈，双膝并拢，右手仍要扶紧车把手，整个身体优雅地离车。女士下车的基本原则就是"脚先头后"。

(5) 如果穿着的裙子有开叉，应将身体稍微前倾，让裙摆自然垂下，以避免不雅。注意裙子有没有皱折或扭曲。

(6) 如果穿着短裙下车，则下车时应正面朝车门，如图 2-28 所示。

双脚先着地，如图 2-29 所示，再将上体头部伸出车外，同时起立出来，如图 2-30 所示。

图 2-28　　　　　　　图 2-29　　　　　　　图 2-30

注意，下车时，要双脚同时着地，不可跨上跨下，有失大雅。基本原则就是"双膝并拢"。

(7) 如果是穿低胸服装外出，最好披一条围巾，这样可以在下车时避免尴尬，也可以利用钱包或手袋轻按胸前，或用手掇弄一下头发来避免走光，并保持身体稍直的姿势。

（三）男士的下车礼仪

女士上下车要求优雅，而男士则要求稳重潇洒。在整个下车过程中，要突出一个"稳"字。下面以左侧下车为例。

（1）车停稳后，左脚先踏出车外至地面踩稳，右手扶前座椅背，左手轻扶车门边缘以支撑身体。

（2）将身体重心转移至身体左边，然后伸出右脚站稳，并运用双手的力量撑起身体。

（3）双手借力重心转移至双脚，站起身，手扶车门，完成下车动作。男士下车的基本原则就是"脚先头后"，稳稳地站住。

七、恰当的手势

（一）手势引导礼仪

在社交活动中表示"请进""请随我来""这边请"等，根据社交礼仪的惯例有标准的规范。

（1）引领前，站立姿势，手放在腰部，面带微笑。

（2）引领时，身体前倾15°，转身45°，右手四指并拢、伸直，掌心向上，腕关节伸直，手腕成一条直线不能拐弯，手掌与前臂呈一条直线，掌握好手的高度，不能太高或太低，以右手掌尖微指被"请"之人，然后以之指明方向，如图2-31和图2-32所示。

图2-31

图2-32

（3）引领中，掌心向上，是为了表示虚心和待人的敬意；若是掌心向下，则有傲慢无礼之嫌。

（4）在引导过程中，女性的标准礼仪是手臂内收，然后手尖倾斜上推"请往里面走"，显得很优美；男性要体现出绅士风度，手势要夸张一点，手向外推，同时，站姿要标准，身体不能倾斜。

（二）手势动作的含义

手势动作是极富表现力的，但同一动作在不同的国家和地区可以表示不同的含义。作为商业人士，在国际交往中更应该注意。

1. 竖大拇指

中国人认为竖大拇指表示赞赏、夸奖,暗示某人真行。在北美表示支持和赞同,如"干得好!""OK!""棒极了!"等。

在英国,竖起大拇指是拦路要求搭车的意思。北美人也用竖起的大拇指表示要求搭便车。

在澳大利亚,如果大拇指上下摆动,这等于在辱骂对方。

在希腊,这种手势意味着"够了""滚开",是侮辱人的信号。将大拇指指向自己,是自夸的意思,而翘向别人,通常是看不起人的表示。

日本人则用大拇指表示"老爷子",用小拇指表示"情人"。

在尼日利亚等地,这个手势被认为非常粗鲁,因此必须避免这么做。

2. OK 手势

OK 手势在欧美通常表示同意,暗示赞成或欣赏对方的观点;在印度表示"正确";在泰国表示"没问题"。

在法国这个手势表示"零"或"毫无价值"。

在日本则表示"懂了"或"钱";在缅甸、韩国表示"金钱"。

在突尼斯表示"无用";在印尼表示"不成功";在地中海国家,常用它来影射同性恋。

在巴西用这种手势,对方是女性时会认为你在引诱她,而男性则理解为你在侮辱人。

3. V 手势

V 手势通常表示胜利,暗示对工作或某项活动充满信心。这种手势要求手心向外。若是手心向内,就变成侮辱人的信号了。

在美国,用食指和中指形成 V 字形,这差不多在全球都可以理解为示意"胜利"或者"和平"。

在英国,如果你伸出食指和中指形成 V 字形,手掌向着自己的脸,这代表辱骂对方的意思。

在欧洲大多数国家,做手背朝外、手心朝内的"V"形手势是表示让人"走开",在英国则指伤风败俗的事。

在中国,"V"形手势表示数目"2""第二""剪刀"。在非洲国家,"V"形手势一般表示两件事或两样东西。

4. "右手握拳伸出食指"手势

在我国,右手握拳伸出食指表示"一次"或"一",或是"提醒对方注意"的意思;在日本、韩国等国表示"只有一次"。

在法国是"请求,提出问题"的意思;在缅甸表示"拜托";在新加坡表示"最重要"。

在澳大利亚则表示"请再来一杯啤酒"。

5. 用手势表示数字

中国人伸出食指表示"1",欧美人则伸出大拇指表示"1";中国人伸出食指和中指表示"2",欧美人伸出大拇指和食指表示"2",并依次伸出中指、无名指和小拇指表示"3""4""5"。中国人用一只手的 5 个指头还可以表示 6~10 的数字,而欧美人表示 6~10 要用两只手,如展开一只手的五指,再加另一只手的拇指为"6",以此类推。在中国伸出食指指节前屈表示"9",日本人却用这个手势表示"偷窃"。中国人表示"10"的手势是将右手握成拳头,在英美等国则表示"祝好运",或示意与某人的关系密切。

6. 打招呼

在欧洲,人们相遇时习惯用手打招呼。正规的方式是伸出胳膊,手心向外,用手指上下摆动。美国人打招呼是整只手摆动。如果在欧洲,整只手摆动表示"不"或"没有"之意。在希腊,一个人摆动整只手就是对旁人的污辱,那将会造成不必要的麻烦。

（三）手势的注意事项

（1）通常手势的使用宜少不宜多,尤其不宜一种手势反复使用；使用手势时幅度不宜过大；同时不要下意识地滥用手势,不然会使对方误解,甚至会被认为缺乏教养。

（2）与人相处时不要以手势动作来"评论"人。在公共场合遇到不相识的人,不应当指指点点,尤其是不应当在其背后这样做。这种动作通常会被理解为对对方评头论足,是非常不友好的。

（3）根据常规,用带尖的锐器指别人也是不礼貌的。例如,把刀子递给别人时,不能用刀尖直指对方,而应把刀把（或刀子横着）向对方递过去。在餐桌上,用刀、叉或筷子指着别人让菜也是不够友善的。

（4）在社交场合不能用手挖耳鼻、剔牙、修指甲等。这些动作会被对方看作是对交往无兴趣、蔑视对方,是没有教养的表现。

（5）在大庭广众之下,双手乱动、乱摸、乱举、乱扶、乱放,或是咬指尖、折衣角、抬胳膊、抱大腿、挠脑袋等手姿,亦是应当禁止的不稳重的手姿。

第三节 着装礼仪

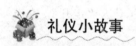
礼仪小故事

时髦穿着的代价

郑伟是一家大型国有企业的总经理。有一次,他获悉有一家著名的德国企业的董事长正在本市进行访问,并有寻求合作伙伴的意向。于是他想尽办法,请有关部门为双方牵线搭桥。让郑总经理欣喜若狂的是,对方也有兴趣同他的企业进行合作,而且希望尽快与他见面。到了双方会面的那一天,郑总经理对自己的形象刻意进行了一番修饰,他根据自己对时尚的理解,上穿夹克衫,下穿牛仔裤,头戴棒球帽,脚蹬旅游鞋。无疑,他希望自己能给对方留下精明能干、时尚新潮的印象。然而事与愿违,郑总经理自我感觉良好的时髦"行头",却偏偏坏了他的大事。

思考：郑总经理的错误在哪里？他的德国同行对此有何评价？

资料来源：朱力. 商务礼仪[M]. 北京：清华大学出版社,2016：13.

从上面的故事中可以看出,在国际商务交往中,着装对商业人士非常重要。莎士比亚曾经说过，"一个人的穿着打扮就是他教养、品位、地位的最真实的写照。"正确得体的着装，不仅能体现出个人较高的精神面貌和文化修养，给人留下良好的印象，而且还能够提高与人交往的能力。

一、着装的基本原则

（一）TPO 原则

TPO 原则是国际上通用的着装规范，TPO 在英语中是 Time（时间）、Place（地点）、Occasion（场合、仪式）三个单词开头字母的缩写。它是指人们在着装时，要注意时间、地点、场合，并与之相适应。

1. 着装"T"原则

着装"T"原则即着装要与时间相适应的原则，是指着装时应考虑季节的变化，在一天中各时段和特定的时间，如工作时间、娱乐时间、社交时间等，根据不同时间安排着装。

在西方，在不同的时间有不同的着装要求。男士在白天不能穿小礼服和晚礼服，在夜晚不能穿晨礼服；女士在日落前则不能穿过于裸露的礼服。

例如，白天工作时，女士应穿着正式套装，以体现专业性；晚上出席鸡尾酒会就须多加一些修饰，如换一双高跟鞋，戴上有光泽的佩饰，围一条漂亮的丝巾。

此外，着装要考虑季节气候的变化，还要顺应时代发展的主流和节奏，尤其是商业人士着装，不可以太超前，更不可以滞后。

2. 着装"P"原则

着装"P"原则即着装要与地点相适应的原则，是指根据不同国家、不同地区所处的地理位置、自然条件、人文环境的要求来安排着装。例如，纬度不同的地区衣服的颜色不同，在低纬地区气候炎热，应以浅颜色或冷色调为主，给人凉爽的感觉，同时，由于气温高，人体易出汗，在面料的选择上，宜用吸湿性好、透气性强的纯棉、纯麻和丝绸面料；高纬度地区气候在寒冷季节，应以深色或暖色调为主，给人温暖的感觉，同时，面料上多选用保暖性强的呢、绒等。不同的环境需要与之相协调的服装，例如，商业人士西装革履地步入金碧辉煌的高级酒店会产生一种人境两相宜的效果；同时还要根据当地人的着装习惯选择与之相适应的服装，例如，到西亚阿拉伯国家进行商务往来，女士着装需要格外注意，要"入乡随俗"。

3. 着装"O"原则

着装"O"原则即着装要与场合相适应的原则，是指着装要根据不同场合，如上班、社交、休闲及不同仪式等场合安排着装。

上班要穿得整洁、大方、美观，不可以过分妖艳，更不可以邋遢。夏季天气虽然炎热，但是在办公室女士不宜穿超短裙和吊带背心，男士则不能穿短裤和拖鞋。

社交场合服装要时髦、流行又不失高雅，在出席婚礼、宴会等重要场合时，女士既可以穿西装和中式服装，也可以穿旗袍和晚礼服，男士可以穿正规西装，但必须系领带。休闲游玩时，服装要舒适大方、随意、宽松，可穿易于吸汗的棉质 T 恤、衬衣、色彩柔和、不需熨烫的休闲服饰是游玩时最理想的选择。

着装"O"原则的实质就是要求人们的服饰与特定的场合和气氛相和谐,要选择与其相适宜的服饰款型与色彩,实现人景相融的最佳效应。

例如,1983年6月,美国前总统里根出访欧洲四国时,在庄重严肃的正式外交场合没有穿黑色礼服,反而穿了一套花格西装,西方舆论一片哗然,甚至有的新闻媒介评论里根自恃大国首脑,狂妄傲慢,没有给予欧洲伙伴应有的尊重和重视。

服饰与场合相适应的原则是人们约定俗成的惯例,它具有深厚的社会基础和人文意义。一定服饰所蕴含的信息内容必须与特定场合的气氛相吻合。例如,参加庄重的仪式或重要的典礼等重大社交活动,如果穿一套便服或打扮得花枝招展,会使公众感觉你没有诚意或缺乏教养,从一开始就对你失去信心,从而导致交往空间距离与心理距离的拉大和疏远。

(二)着装配色原则

任何一种颜色都是由三原色调配而来的,不同颜色的服装穿在不同的人身上会产生不同的效果。颜色是有含义的,不同场合服装颜色也应该不同。需要注意的是,同一种颜色在不同国家代表的含义不同,商业人士到不同国家进行商务往来,要注意选择服装颜色(不同国家对颜色的禁忌,我们将在第九章讲述)。

1. 颜色的象征含义

颜色的象征含义有以下几种。

(1)黑色:象征神秘、权威、静寂、高雅而富有理性,同时也意味着执着、冷漠。

(2)白色:象征纯洁、善良、神圣、明亮、高雅。白色上衣给人的感觉是做事干净利落,值得信任。

(3)大红:象征富有激情、炽热、奔放、活跃、自信、兴奋。同时也意味着会给人血腥、暴力、嫉妒的印象,不适合谈判与协商着装。

(4)粉红:象征温柔、甜美、浪漫,显得娇嫩、温存、热情,没有压力,可以软化攻击、安抚浮躁。

(5)紫色:象征高贵、优雅、华丽、浪漫、稳重。淡紫色的浪漫,带有高贵、神秘、高不可攀的感觉;而深紫色、艳紫色则是魅力十足、有点狂野又难以探测的华丽浪漫。同时,它也给人高傲、矫揉造作的感觉。

(6)橙色:象征快乐、热情、亲切、活泼、坦率、开朗、健康。橙色具有安全作用,是从事社会服务工作时,特别是需要阳光般的温情时最适合的色彩之一。

(7)黄色:象征希望、明丽、轻快而富有朝气。淡黄色显得天真、浪漫、娇嫩;艳黄色象征信心、聪明、希望。但是艳黄色有不稳定、招摇,甚至挑衅的味道,不适合在任何可能引起冲突的场合(如谈判场合)穿着。黄色适合在任何快乐的场合穿着,如生日会、同学会。值得注意的是,黄色具有警告的作用。

(8)褐色、棕色、咖啡色系:象征典雅、谦和、平静、安定、平和、亲切,给人情绪稳定、容易相处的感觉。但是搭配不好,会让人感到沉闷、单调、老气、缺乏活力。当需要表现友善亲切时可以穿棕褐、咖啡色系的服饰。

(9)绿色:象征自由平和、生命、新鲜、快乐、充满青春活力。黄绿色给人有活力、清新、快乐的感受;草绿、墨绿、橄榄绿则给人沉稳、知性的印象。但是,也会给人隐藏、被动、没有创意的感觉。绿色是参加任何环保、动物保护活动、休闲活动时很适合的颜色，也很适合做心灵沉潜时穿着。

（10）蓝色：是灵性知性兼具的色彩，浅蓝象征纯洁、清爽、文静、希望、理想，意味着独立；淡蓝、粉蓝可以让自己，也让对方完全放松；深蓝象征自信、沉静、平稳、权威、保守、务实，意味着诚实、信赖与权威。但是如果深蓝色配色的技巧没有掌握好，会给人呆板、没创意、缺乏趣味的印象。深蓝色强调一板一眼，适合具有执行力的专业人士着装，例如，参加商务会议表现专业权威，希望别人认真听你说话时可以穿深蓝色服装。

（11）灰色：诚恳、沉稳、考究。铁灰、炭灰、暗灰给人成功、智能、权威的感觉。中灰与淡灰色给人沉静的感觉，有哲学家的气质。灰色在权威中带着精确，适合金融业人士；需要表现权威、成功、智能、认真、诚恳和沉稳等特质的场合时，可以穿着灰色衣服。但是当面料质感不佳时，则给人邋遢、不干净的错觉。

2. 肤色与服装色彩的搭配

早在 1974 年美国的卡洛尔·杰克逊女士就发表了色彩四季理论，每个人都有自己的"个人色彩"，即皮肤、头发、眼睛、嘴唇等的颜色，这些颜色按冷暖规律分成春、夏、秋、冬四个色系。随后，英国的玛丽·斯毕兰女士在此基础上根据色彩冷暖、明度、纯度等三大属性之间的相互关系把四季扩展为十二季，解决了人的肤色划分问题，使每个人自始至终都有一组适合自己的色彩群。

肤色不同，与服装色彩搭配也各不相同，具体如下。

（1）白色皮肤的人，对色彩选择余地大，适合淡黄、淡蓝、粉红、粉绿等淡色系列，以及大红、深蓝、深灰等深色系列；肤色白里透红者，不宜用强烈色系，宜选择素色系；皮肤过于白皙，则不宜选择冷色调，适合蓝、黄、浅橙黄、淡玫瑰色、浅绿色一类的浅色调。

（2）黑色皮肤的人，适合暖色调的弱饱和色系，适合白色、浅灰色、浅红色、浅粉色、橙色等颜色。黄棕色或黄灰色会显得脸色明亮，若穿绿灰色的衣服，脸色会显得红润一些。不宜与深紫色、青色、褐色搭配，也不适合穿大面积红色的服装。

（3）黄色皮肤的人，适合白色、中灰、浅蓝、淡紫、粉红等浅色柔和色调，不适合与黄色近似或对比的系色，如黄色、米黄色、土黄色、墨绿、深紫、紫红、橘红、褐色，尤其是土褐色。

（4）小麦色皮肤的人，给人健康的感觉，适合白色、深蓝、炭灰、桃红、深红、翠绿颜色，尤其适合黑白这种强烈对比的搭配。不宜穿着与肤色反差太大的颜色，如茶绿、墨绿搭配。

3. 服装色彩搭配黄金比例

配色黄金比例是 1∶0.618，约略为 5∶3，或类似比例 3∶2 或 2∶1。注意全身色块比例一定避免 1∶1，尤其是对比色时更应注意。例如，穿一件长度到腰部以下 10 厘米处的白色上衣，如果再搭配一件黑色及膝裙，上衣和裙子的色块面积就成了 1∶1 的比例，此时看起来会显得呆板。但是换成长裙，或者换成到腰的短上衣就好看了。

另一种配色黄金比例是 70∶25∶5，这是指全身各个色块所占的比例，例如，套装（外套加裙子）面积最大，占 70%；衬衫面积次之，占 25%；首饰的面积最小，只占 5%。

注意当你在选择要穿什么服饰时，可以先从"大处"着手，先决定色块面积最大的，再来搭配其他的25%和5%，这样配起色来就容易多了。

4. 色彩搭配原则

（1）同色搭配：是指同一系列色彩相近或相同，明度有层次变化的色彩相互搭配产生一种统一和谐的效果。如墨绿配浅绿、咖啡配米色等。在同色搭配时，要掌握上明下暗、上浅下深的原则。这样整体上就有一种稳重踏实之感。同色搭配要注意明度相差不能太近，也不能过远，如果相差大则需加以过渡。用作过渡的色调，可施之于背包、腰带、围巾等附属饰物。同色搭配时，最好有深、中、浅三个层次的变化。少则单调，多则烦琐。

（2）相似色搭配：色彩学把色环上大约90°以内的邻近色称为相似色。如蓝与绿、红与橙、橙红与黄绿、绿与青紫等。相似色搭配时，两个色的明度、纯度要错开，如深一点的蓝色和浅一点的绿色配在一起比较合适。与同种色服装搭配相比，相似色搭配略多变化，但整体效果也是非常协调的。

（3）主色搭配：是指选一种起主导作用的基调和主色，相配于各种颜色，产生互相陪衬、相映成趣之效。采用这种配色方法，应首先确定整体服饰的基调，其次选择与基调一致的主色，最后再选出多种辅色。主色调搭配如选色不当，容易造成混乱，有损整体形象，因此使用的时候要慎重。主色是占全身面积60%以上的颜色，通常是套装、风衣、大衣、裤子、裙子等的颜色。辅助色是与主色搭配的颜色，占全身面积的40%左右，它们通常是单件的上衣、外套、衬衫、背心等的颜色。点缀色一般只占全身面积的5%~15%，它们通常是丝巾、鞋、包、饰品（如胸针）的颜色，会起到画龙点睛的作用。

（4）对比色搭配：搭配对比色时，可以先选定一个主色，再以主色的对比色进行其他部分服饰的搭配。

需要强调的是，衣服并不一定要多，也不必花样百出，最好选简洁大方的款式，给配饰留下展示的空间，这样才能体现出着装者的搭配技巧和品位爱好。色彩搭配要有连续性的美感，也就是让同样的色彩（或同样的彩度或明度）有韵律地出现在整体配色中，营造出重复、可以相互辉映的美感。这个原则最常被运用的方式是：全身穿戴同一种色彩或同一种色系的配饰，如耳环、项链、皮带头、手镯等，可以选择同质性金属（如都是银饰）。

5. 理想配色

理想配色有以下几种。

（1）绿色宜搭配黄色，粉红色宜搭配浅蓝色，适合年轻人。

（2）深蓝宜搭配红色，咖啡色宜搭配米色，适合正式场合。

（3）红色宜搭配黑色，紫色宜搭配白色，适合休闲场合。

在配色时，必须注意：第一，衣服色彩整体平衡，色调和谐。通常浅色上衣，下身宜搭配暗色，这样就不会使平衡发生问题；如果是上身暗色，下身浅色，鞋子就扮演了平衡的重要角色，它应该是暗色比较适当。第二，全身的色彩以不超过三种为宜，最好是"主色"，配上"局部的副色"，再加"一点点的点缀色"。

6. 印花服饰的色彩搭配

印花服饰的色彩搭配难度高，可以选择"素色+印花"的黄金搭配，即素色单品的色彩必须和印花中的某一个颜色相同或相似。例如，咖啡色打底衫配上米黄色小外套，再加上米黄色小碎花长裙；或白底、浅蓝色与深蓝色交织条纹的连身洋装+深蓝色针织小外套。

"素色+印花"的对比色搭配原则：一个很重要的前提，即在全身的比例上，印花服饰的面积不宜太大，基本上全身以素色为主，把印花当作点缀性的装饰。这时，印花就可以是素色的对比色。例如，素色服装+印花丝巾。

（三）着装要与形体相协调

不同的人，体型有胖瘦，身材有高矮，因此着装要因人而异、扬长避短。

（1）体形较胖者，颜色上，应选择深色、冷色调色系，它们具有收缩感，使人显得瘦；图案上，应选择纯色或有立体感的竖条花纹，它能使胖体型拉长，产生修长、苗条的感觉，不宜选择夸张花色图案的服装；着装上，穿短上装时尽量避免短裙，上装和下装比例不要太接近，比例越大越显修长，外套依然是敞开穿效果最佳。

（2）体形较瘦者，颜色上，应选择淡色、暖色调色系，它具有膨胀扩张感，使人显得丰满；图案上应选择大格子花纹、横条纹，它能使瘦体型横向舒展、延伸，产生丰满的感觉。注意不宜选择蓝绿色调、竖条花纹尤其是细条花纹的着装。

（3）正常体型的人，颜色上，选择服装色彩的自由度要大，只需要考虑适合的肤色；图案上，选择时考虑工作性质、环境和个人性格就可以了。需要注意上下装色彩的搭配。

（4）身材较矮的人，颜色上，上下装应有一个基本色调，最好利用同色或近似色，上下装对比不要太大，可以里外反差明显，如穿深色西装、白衬衫，系深色领带；着装上多以两件套为主，外衣敞开穿着，外衣的颜色与里面的颜色形成一定的对比（外深内浅或外浅内深），也就是上下装的颜色统一或类似，与外衣形成色彩上的对比，因而形成一条纵向拉升的竖线，在服装美学上称为视错觉，或穿有竖线拼接的或竖装饰线等的服装，女士服装以短、合体为主，裙长控制在膝盖上下 1 寸即可。

注意不要一身全部深色和上下截然不同两种对比色的服饰，如黑裤子配白衬衫，这样看起来人的身体似乎被分成了两段。对任何一种把身材分成几段的服饰，都不要穿，因为这样穿只会显得个子更矮。

二、男士西服着装礼仪

西服，又称西装、洋服，它起源于欧洲，以其造型设计美观、线条简洁流畅、立体感强、适应性广泛等特点越来越受人们青睐。目前是全世界最流行的一种服装，也是男士在正式场合着装的最佳选择，如图 2-33 所示。

（一）西服板型

西服选择要看板型，西装的板型指的是西装的外观形状。世界上的西装主要有欧式、英式、美式、日式四种板型。

1. 欧式西装

欧式西装也有人称为意版西装，欧式西装洒脱大气，是在欧洲大陆流行的西装式样，其主要特征是：上衣呈倒梯形，宽肩收腰，多为双排两粒扣式

图 2-33

或双排六粒扣式,而且纽扣的位置较低。它的衣领较宽,垫肩与袖笼较高,强调肩部与后摆,后摆无开衩,下摆稍长。适合身材高大魁梧的人穿。

从样式来说,双排扣早已经不再流行,不符合当前简约的时代风格。现在多为单排三扣或是单排双扣。

2. 英式西装

英国人强调优雅的绅士风度,个性考究、矜持,其服装也带有明显的特征。英式西装裁剪得体,其主要特征是:肩部垫肩明显,腰部收缩,后摆两侧开衩,衣领是"V"形,并且较窄,领型比例适度、简单,不刻意强调肩宽,而讲究穿在身上自然、贴身。多为单排扣式,高三粒扣和低三粒扣款式为多见。

由于款式的剪裁非常包身合体,适合普通身材条件和精致身材的男性朋友着装。不适合高大、腰腹部过于丰满的男士,脖颈偏短的男性也不适合,因为扣的位置太高,领带、衬衫的形式和西服领型的形式都挤在脖子下面,会使身体上部的紧缩感明显。

3. 美式西装

美国人的服装特点强调舒适、随意,主要特征是宽松肥大,肩部不加衬垫,因而被称为"肩部自然"式西装。其领型为宽度适中的"V"形,腰部宽大,后摆中间开叉,多为单排扣式。外观上方方正正,宽松舒适,较欧式西装稍短一些。适合休闲场合穿。所以美版西装往往以单件者居多,一般都是休闲风格。

4. 日式西装

日式西装贴身凝重,主要特征是:一般不收腰,垫肩不高,衣身较短,上衣的外观呈现"H"形,领子较短、较窄,后摆不开叉,多为单排扣式。后衣身长要比欧式西服短1厘米左右。适合肩不特别宽,身材中等的男士着装。

比较而言,英式西装与日式西装更适合中国人穿。

(二)西服着装配色原则

1. 三色原则

三色原则指的是男士在穿西服套装的时候,全身的颜色不能多于三种,包括上衣、裤子、衬衫、领带、鞋子、袜子,全身颜色应该被限定在三种以内。

2. 三一定律

三一定律指的是男士在正式场合穿西服套装时,鞋子、腰带、公文包应为同一颜色,最好为黑色。

(三)西服与衬衫搭配技巧

在国际商务交往中,正式场合男士所穿西装的颜色必须显得庄重、正统,不能随便,最适合的颜色是藏蓝色和黑色,黑色更适合庄严、肃穆的礼仪活动。穿西装时,必须穿衬衫,扎领带,同时要注意色彩搭配,白色及蓝色衬衫是男士挑选的主流色彩。

正式商务场合较常见的男士西服与衬衫的合理搭配有以下几种。

(1)黑色西服,搭配以白色为主的衬衫和浅色衬衫。

(2)灰色西服,搭配以白色为主的衬衫和淡色衬衫。

（3）暗蓝色西服，搭配白色和明亮蓝色的衬衫。

（4）蓝色西服，搭配白色、粉红、乳黄、银灰和明亮蓝色的衬衫。

（5）白色西服，搭配浅蓝色和淡色衬衫。

（6）褐色西服，搭配白色、灰色、银色的衬衫。

需要注意的是，在商务交往中，正规场合必须穿白色衬衫，面料最好以精纺纯棉、纯毛制品为主，棉毛混纺次之。

（四）西服与领带搭配技巧

领带，可以说是商界男士穿西装时最重要的饰物。在欧美各国，领带则与手表和装饰性袖扣并列，称为"成年男子的三大饰品"。

1. 如何挑选领带

商界男士在选择领带时有以下几个注意事项。

（1）面料上，领带可以由多种面料制成，在商务活动中，商界人士最好选择用真丝或者羊毛制作而成的领带。

（2）从色彩方面来看，领带有单色与多色之分。在商务活动中，领带最好选择单色，如蓝色、灰色、棕色、黑色、紫红色等，尽量少用浅色或艳色领带。一般而言，领带的主色调应与西装套装的色彩一致。浅色或艳色领带仅适用于社交或休闲活动。

（3）图案上，适用于商务活动之中佩戴的领带，主要是单色无图案的领带，或者是以条纹、圆点、方格等规则的几何形状为主要图案的领带。

不同图案领带的含义与用途有以下几方面。

① 斜纹：果断权威、稳重理性，适合谈判、主持会议、演讲的场合。

② 圆点、方格：中规中矩、按部就班，适合初次见面和见长辈、上司时用。

③ 不规则图案：活泼，有个性、创意和朝气，较随意，适合酒会、宴会和约会。

（4）款式上，领带的款式受时尚影响。需要注意以下几点。

① 质量。主要特征为：外形美观、平整，无跳丝，无疵点，无线头，衬里为毛料，不变形，悬垂挺括，较为厚重。

② 领带有宽窄之别。领带的宽窄最好与本人的胸围与西装上衣的衣领形成正比。

③ 简易式的领带，如"一拉得"领带、"一挂得"领带等，在商务活动中不能使用。

④ 配套。与领带配套使用的装饰性手帕，最好与其面料、色彩、图案完全相同。在大多社交活动中，二者同时"亮相"。

2. 西服与领带颜色搭配技巧

西服与领带颜色搭配技巧有以下几种。

（1）黑色西服，搭配银灰色、蓝色调或红白相间的斜条领带，显得庄重大方、沉着稳健。

（2）暗蓝色西服，搭配蓝色、深玫瑰色、橙色、褐色领带，显得淳朴大方、素净高雅。

（3）乳白色西服，搭配红色或褐色的领带，显得文雅、光彩夺目。

（4）灰色西服，搭配砖红色、绿色、黄色调的领带，别有一番情趣。

（5）米色西服，搭配海蓝色、褐色领带，更能显得风采动人、风度翩翩。

3. 打领带的注意事项

领带是"尊重、信任、有文化"的象征，从事领导和商务活动的人在正规场合都应穿西装系领带，如商务洽谈、办公、开会等正规场合。在宴会、舞会、音乐会这些社交场合，为表示尊重主人，亦可以系领带。在休闲场合，是可以不系领带的。

领带是西装的灵魂，一条系得漂亮的领带，在穿西装男士身上发挥着画龙点睛的作用。有些男士在穿单件西装和非正式活动中穿西装背心时也打领带，其实这时领带可打可不打，不穿西装的时候，通常是不宜打领带的。系领带时要注意结法、位置、长度。

（1）要注意结法。系领带结的基本要求是，要令其挺括、端正，并且在外观上呈倒三角形。领带结的具体大小，最好与衬衫衣领的大小成正比。领带系得漂亮与否，关键在于领带结系得如何。需要注意的是，打领带时，最忌讳领带结不端不正、松松垮垮。在正式场合露面时，务必要提前收紧领带结。千万不要为使自己爽快，而将其与衬衫的衣领"拉开距离"。

（2）要注意位置。将领带系好后，须将其置于适当的位置。穿西装上衣与衬衫时，应将其置于二者之间，并令其自然下垂。在西装上衣与衬衫之间加穿西装背心（羊毛衫、羊绒衫）时，应将领带置于西装背心（羊毛衫、羊绒衫）与衬衫之间。切勿将领带夹在西装上衣与西装背心（羊毛衫、羊绒衫）之间，尤其是不要在穿两件羊毛衫或羊绒衫时将领带掖在两者中间。

（3）要注意长度。最标准的长度，是领带打好之后，其下端的大箭头正好抵达皮带扣的上端，如图 2-34 所示。

4. 领带夹

领带夹用于固定领带，是已婚人士的标志。它的正确位置，对于有 6 颗纽扣的衬衫，在从下朝上数第 4 颗纽扣的地方，或应在领结下 3/5 处，最好不要把领带夹的位置太往上，甚至有意暴露在他人的视野之内，因为它没有装饰作用。

正式场合，例如宴会上，领带夹是必带的。但是在室外行走，可以不用领带夹。

图 2-34

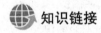 **知识链接**

领带的由来

人类是从什么时候开始系领带的？为什么要系领带？最早的领带是什么样的？这是一个难以考证的问题。因为记载领带的史料很少，考察领带的直接佐证也很少，而关于领带起源的传说很多，各人说法不尽相同。归纳一下，有以下几种说法。

一是领带保护说。领带保护说认为领带最早起源于日耳曼，日耳曼人居住在深山老林里，靠着狩猎生存，为了御寒他们将兽皮披在身上取暖。为了不让兽皮掉下来，他们用草绳扎在脖子上，绑住兽皮。这样一来，草绳既固定了兽皮，也阻挡了风从颈间吹进去，起到了很好的保暖作用。后来他们脖子上的草绳被西方人发现，逐步完善成了领带。领带保护说的另一种说法认为领带起源于海边的渔民，渔民到海里打鱼，海边的气候潮湿，为了抵御寒冷的海风，渔民就将草绳系于颈间，渐渐地形成了一种标志性装饰。保护人体以适应当时的地理环境和气候条件，这是领带产生的一个客观因素，这种草绳、带子便是最原始的领带了。

二是领带功用说。领带功用说认为领带起源于人们生活的需要，主要有两种说法：一种认为领带起源于英国男子衣领下专供男子擦嘴的布。工业革命前，英国也是个落后国家，吃肉用手抓，然后捧到嘴边去啃，成年男子流行络腮胡子，啃肉容易把胡子弄油腻了，男人们就用袖子去擦。为了应对男人不爱干净的行为，妇女们在男人的衣领下挂了一块布专供他们擦嘴。后来，衣领下面的这块布就成了英国男式上衣传统的附属物。工业革命后，英国发展成为一个发达的资本主义国家，人们对衣食住行都很讲究，挂在衣领下的布演化成了领带。另一传说认为领带起源于罗马帝国时代，军队为了防寒、防尘以及紧急时候的包扎、止血等实用目的而设计和使用。到后来，为了区分士兵、连队，采用了不同花色的领巾，进而演变发展到今日，成为职业服装的必需品。

三是领带装饰说。领带装饰说从现代领带最基本功能出发，很容易形成一种更容易接受的观点。领带装饰说认为领带起源于人类对美的情感。17世纪中叶，法国军队中一支克罗地亚骑兵凯旋回到巴黎。他们身着威武的制服，脖领上系着一条围巾，颜色各式各样，非常好看，骑在马上显得十分精神、威风。巴黎一些爱赶时髦的纨绔子弟看后竞相效仿，也在自己的衣领上系上一条围巾。第二天，有位大臣上朝，在脖领上系了一条白色围巾，还在前面打了一个漂亮的领结，路易十四国王见了大加赞赏，当众宣布以领结为高贵的标志，并下令上流人士都要如此打扮。

综上所述，领带的起源说法很多，但有一点却是显而易见的，即领带起源于欧洲。领带是人类社会物质和文化发展到一定程度的产物，着装者和观察者影响了它的发展。马克思说："社会的进步就是人类对美的追求。"在现实生活中，人类为了美化自身，使自身更完美、更富魅力，便产生了用自然界提供的或用人造的物品来装饰自己的欲望，领带的起源充分说明了这一点。

资料来源：http://www.baike.com/wiki/%E9%A2%86%E5%B8%A6.

（五）西服着装的注意事项

1. 商标

新购买的西装在左衣袖上缝有商标、纯毛标志以及其他标志，穿西服之前，即使是名牌也要拆除。

2. 西装外形

要保持西装外形的平整洁净，定期干洗，穿前熨烫平整。西服穿起来显得平整挺括、线条笔直，它的美感才能充分展示出来。

3. 西装与衬衫、领带颜色搭配

西装、衬衫、领带颜色搭配要和谐，按照西装—衬衫—领带这三者的顺序，应该是深—浅—深、浅—中—浅、深—中—浅的方法配色。如果一个有花纹或图案，那么无论是衬衫、领带还是西服，花纹或图案的颜色一定要是其他两种的颜色的其中一种。需要注意的是，在商务活动中，正规场合商业男士衬衫一般都选择白色，因此，领带颜色应与西装同色调。

下面是西装与衬衫、领带颜色搭配方案,仅供参考。

(1) 黑色西服,配以白色为主的衬衫或浅色衬衫,配灰、蓝、绿等与衬衫色彩协调的领带。

(2) 暗蓝色西服,可以配蓝、胭脂红或橙黄色领带,白色或明亮蓝色的衬衫。

(3) 蓝色西服,可以配暗蓝、灰、胭脂红、黄或砖色领带,粉红、乳黄、银灰或明亮蓝色的衬衫。

(4) 灰西服可以配灰、绿、黄或砖色领带,淡色衬衫。

(5) 褐色西服,可以配暗褐、灰、绿或黄色领带,白、灰、银色或明亮的褐色衬衫。

4. 慎穿毛衫

西装讲究原汁原味,在西装上衣之内,原则上不允许穿毛衫。如果在冬季感觉寒冷可以穿保暖式衬衫,实在寒冷难忍,也只宜穿上一件薄型"V"领的单色羊毛衫或羊绒衫。色彩、图案十分繁杂的羊毛衫或羊绒衫与西装不匹配。

5. 西装衣袖和裤管

着西装时,不可卷起西装裤的裤管,或者挽起西装上衣的衣袖,给人感觉粗俗。作为商界人士,要时刻注意细节方面的问题,不挽、不卷西装衣袖和裤管,时刻注意维护自己的整体形象。

6. 西装纽扣是区分款式、板型的重要标志

能否正确地给西装系好纽扣,直接反映出是否懂得西装着装规范。

(1) 单排二粒扣西装,扣子全部不扣表示随意、轻松;扣上面一粒,表示郑重;全扣表示无知。

(2) 单排三粒扣西装,扣子全部不扣表示随意、轻松;只扣中间一扣表示正宗;扣上面两粒,表示郑重;全扣表示无知。

(3) 双排扣西装可以全部扣上,亦可以只扣上面一粒,表示轻松、时髦,但不可以不扣。

(4) 起身站立时,西装上衣的纽扣应当系上,以示郑重其事。

(5) 就座之后,西装上衣的纽扣则要解开,以防其走样。

7. 西装的口袋装饰作用多于实用价值

不同位置的口袋,功用也不太一样。具体来说,有以下几点需要注意的地方。

(1) 上衣左侧外胸袋:除可以插入一块用以装饰的真丝手帕外,不应再放其他任何东西,尤其不应当别钢笔、挂眼镜。

(2) 上衣内侧胸袋:可以用来别钢笔、放钱夹或名片,但不要放过大过厚的东西或无用之物。

(3) 上衣外侧下方的两只口袋:原则上以不放任何东西为佳。但是有人习惯放东西,切忌口袋鼓鼓囊囊,使西装整体外观走样。

(4) 西装背心上的口袋:多具装饰功能,除可以放置怀表外,不宜再放其他的东西。

(5) 在西装的裤子上,两只侧面的口袋只能放纸巾、钥匙包,后侧的两只口袋,应不放任何东西。

8. 鞋袜的选择

穿西装必须穿皮鞋,常规的皮鞋应是黑色和棕色的,在正式、隆重的场合必须穿黑色皮鞋,如果穿非黑色皮鞋,即使它被擦拭得十分体面,也会显得不懂礼数。皮鞋式样根据用途、气氛选择。用以搭配西服的皮鞋,最好是三接头光面的黑色系带皮鞋。磨砂皮鞋、休闲皮鞋或白色皮鞋,均不适合与西服搭配。布鞋、凉鞋或旅游鞋更不适宜搭配西服。

袜子一般应与裤子同色系,作为礼仪场合应穿黑袜,一般应避免白袜子(除非是白西服、白皮鞋)。袜子要选择棉或毛质袜,不穿尼龙袜。袜子要整洁、无破损、无跳丝;袜筒要高、坚挺,以袜口不外露为准。正式场合忌穿丝袜,以免袜口松懈、外翻,使腿部踝骨露出;袜子颜色一般为黑色、深灰、藏蓝(忌艳色、浅色),一些国家将着浅色丝袜视为同性恋标志。

三、女士套裙着装礼仪

套裙是商界女士们的职业装(见图 2-35),如何让套裙烘托出穿着者文静、优雅和妩媚的味道来,是商界女士一直所追求的。商界女士在各种正式的商务交往之中,一般穿套裙为好。女士套裙样式很多,有时装化倾向,选择余地大。可以根据各人情况来定。总体看来,要考虑以下基本问题。

图 2-35

(一)面料与色彩

1. 面料的选择

总的来说,女士所穿的套裙在面料上的选择余地要比男士大得多。其主要的要求是:套裙所选用的面料最好是纯天然质地的上乘面料;上衣、裙子以及背心等应当选用同一种面料。在外观上,套裙所选用的面料讲究的是匀称、平整、滑润、光洁、丰厚、柔软、悬垂、挺括。不仅弹性、手感要好,还应当不起皱、不起毛、不起球。

由于套裙面料选择的是同一种纯天然质地的上乘面料,颜色上与穿着者肤色相协调,就可以使套裙浑然一体、朴素自然,使穿着者看起来高雅、脱俗、美观、悦目。

需要注意的是,在任何情况下,都不要选择真皮或仿皮套裙,尤其在商务交往中,切勿穿黑色皮裙。

2. 色彩的选择

套裙的色彩,不仅要与着装者的肤色、形体、年龄和性格相协调,更要与着装者从事商务活动的具体环境协调一致。

套裙色彩应以冷色调为主,体现出着装者的典雅、端庄与稳重。套裙的色彩应当清新、雅致而凝重,庆典场合也可以选择暖色调,但不要选择鲜亮抢眼的色彩。

套裙的色彩不受单一色彩的限制。以两件套套裙为例,上衣与裙子可以是一色,给人以庄重而正统的感觉,也可以采用上浅下深或上深下浅这两种并不相同的色彩,看上去富有活力与动感,使之形成鲜明的对比。

即使是上衣下裙同为一色的套裙,也可以采用与其色彩所不同的衬衫、领花、胸针、丝巾、围巾等衣饰来加以点缀。此外,还可以采用不同色彩的面料来制作套裙的衣领、兜盖、前襟、下摆。

需要注意的是,同商界男士所穿的西装套装相比,商界女士所穿的套裙不一定非得是深色;一套套裙的全部色彩至多不要超过两种;商界女士在正式场合穿的套裙,不应带有任何图案。

(二)搭配好与套裙相配的服装

1. 衬衫

选择衬衫时,要选择款式及领口适宜、不透明的衬衫。面料要轻薄而柔软,如真丝、府绸、麻纱等。色彩上以单色为最佳,除了白色之外,其他色彩要与所穿套裙的色彩相协调,但不要有图案。

穿衬衫时,下摆必须掖入裙腰之内,不得任其悬垂于外,或是将其在腰间打结。衬衫最上端的一粒纽扣不系,其他纽扣都要扣好。另外,专门与套裙搭配的衬衫在公共场合不能直接外穿。

2. 内衣

选择内衣时,最关键的是要合身,既不能过于宽大,也不能过于窄小,内衣的领口一定要内隐在衬衫的领口内。内衣所用的面料,以纯棉、真丝等面料为佳。色彩可以是常规的白色、肉色,也可以是粉色、红色、紫色、棕色、蓝色或黑色。

需要注意的是,穿上内衣以后,不应使它的轮廓一目了然地在套裙之外展现出来。内衣不能外穿,且不准外露、外透。内衣外露或透过衬衫显现内衣,都会有失穿着者身份。

3. 衬裙

衬裙的款式应特别注意线条简单、大小适度、穿着合身。衬裙多为单色,如白色、肉色等,宜与外面套裙的色彩相互协调,二者要彼此一致,或外深内浅,不能出现任何图案。衬裙的裙腰不可高于套裙的裙腰,而暴露在外。衬衫下摆应掖入衬裙裙腰与套裙裙腰之间,切不可掖入衬裙裙腰之内。

(三)着装要求

1. 合身得体

女士穿西装套裙不能过大或过小,要长短适度、合身得体。其上衣最短可以齐腰,裙子最长到小腿的中部最丰满处,不能露腰露腹。上衣的袖长以刚好盖住着装者的手腕为好。上衣或裙子均不可过于肥大或包身。

2. 扣紧衣扣,穿着到位

在正式场合穿套裙时,上衣的衣扣必须全部系上。不要将上衣部分或全部解开,更不要当着别人的面随便将上衣脱下。不要将上衣披、搭在身上,要穿着齐整。

西装套裙上衣的领子要完全翻好,衣袋的盖子要拉出来盖住衣袋。裙子要注意拉链,要穿得端端正正,上下对齐。

3. 考虑场合

在各种正式的商务交往及涉外商务活动中，应该穿套裙。在出席宴会、舞会、音乐会时，可酌情选择与此类场合相协调的礼服或时装。

4. 协调妆饰

女士穿着打扮，讲究的是着装、化妆与佩饰风格统一、相辅相成。在穿套裙时，不可以化浓妆，需要化淡妆。西服套裙是商界女士在正规场合的着装，因此，不宜佩戴与个人身份不符的珠宝首饰，也不宜佩戴有可能过度张扬的耳环、手镯、脚链等首饰。

5. 鞋袜的注意事项

鞋袜要注意以下几点。

（1）鞋子。在正式场合穿西装套裙，宜穿高跟或半高跟的皮鞋，最好是牛皮鞋。颜色以黑色最为正统。此外，与套裙色彩一致的皮鞋亦可选择。鞋子大小要合适。穿西装套裙不可以穿布鞋、凉鞋、旅游鞋或拖鞋。

（2）袜子。一般为肉色的丝袜。袜口要没入裙内，不可暴露于外，长度与裙子的长度相适应，过膝的长裙应穿中筒袜；到膝盖的裙子宜穿长筒袜；到膝上的裙子宜穿连裤袜。袜子应当完好无损。在非正式场合，腿部肤色较黑的女性可穿浅色袜子；腿上有疤痕者可穿暗色或有纹理的袜子，但这种袜子不适合在正式场合穿；在任何场合都不可以穿色彩艳丽、图案繁多的低筒袜。

需要注意的是，不要将健美裤、九分裤等裤装当成长袜来穿。

6. 不可以自由搭配

标准的西装套裙应是西装上衣与半截裙的搭配组合，而不能与牛仔裤、健美裤、裤裙等搭配。此外，在半截裙中，一般不可以将"黑色皮裙"与西装上衣搭配。

第四节 仪容礼仪

礼仪小故事

日本学者江木园认为，给交往对象留下的印象中，55%来自于相貌、表情、视线等视觉信息，38%来自于声音、语速、语调等听觉信息。也就是说，第一印象在社交中的重要性占93%，而谈话内容只占7%。周恩来总理在天津南开大学中学上学时，该校教学楼前竖立着一面镜子，上面写有40字的镜铭："面必净，发必理，衣必整，钮必结；头容正，肩容平，胸容宽，背容直。气象：勿傲、勿暴、勿怠。颜色：宜和、宜静、宜庄。"周恩来总理在学生时代就以此镜铭作为言谈举止的规范，他独特的仪态，被称为"周恩来风格的体态美"，可谓"举手投足皆潇洒，一笑一颦尽感人"。他在光辉的一生中永远保持着举世公认的优美风度，让人感受到不可抗拒的吸引力。

资料来源：张晓艳，黄冲. 商务礼仪[M]. 北京：北京航空航天大学出版社，2017：20.

在国际商务交往中，化妆是一种礼貌，是对交往对象尊重的一种表现。得体的妆容，可以体现女性美丽、端庄的独特气质。

一、美容化妆

化妆是生活中的一门艺术，它是指采用化妆品按一定技法对自己进行修饰、装扮，使自己的容貌变得更加靓丽，它是修饰仪容的一种高级方法。首先，化妆前先将脸洗净，涂上润肤霜或润肤露，这是关键的一步，好的润肤霜会在涂粉底之前为化妆过程打下一个好底，这样在进行下一步时，脸上就不会起干皮了，而且可以使皮肤看上去晶莹剔透。等润肤霜或是润肤露稍干，然后再进行化妆。

（一）不同脸型的化妆技巧

脸部化妆技巧主要表现为两方面：一方面要突出面部五官最美的部分，使其更加美丽；另一方面要掩盖或矫正有缺陷或不足的部分。对每个人来讲，脸型是不能改变的，对于不同的脸型，采用不同的化妆方法，能发挥特殊的效果，增添美感。

1. 椭圆形脸化妆

椭圆形脸，俗称瓜子脸，脸长与宽之比约为4∶3，额头与颧骨基本等宽，同时又比下颌稍宽一点，脸形线条圆滑，给人以清秀、端正、典雅的感觉。椭圆形脸是标准脸型，容易表现出美感。化妆时强调自然形状，不用有所掩饰，找出脸部最美丽的部位，突出即可。

（1）眉毛：可顺着眼睛的轮廓修成弧形，眉头应与内眼角齐，慢慢高起，至眉峰处往下斜，眉峰应在眼球的外围，眉尾可稍长于外眼角，眉头较粗，眉尾较细，眉峰弯而不锋利。

（2）腮红：应涂在颊部颧骨的最高处，呈圆形再向上向外揉化开去。

（3）唇妆：除嘴唇唇形过大或过小外，尽量按自然唇形涂抹，上唇上色比下唇浅一点。

2. 圆形脸化妆

圆形脸，俗称娃娃脸，额头、颧骨、下颌的宽度基本相同，面颊圆润丰满，这种脸型不显老。缺点是显得稚气不成熟，很难让人产生信任感。

（1）粉底：用比肤色深一号的粉底，在两颊造阴影，使圆脸瘦一点。沿额头靠近发际处起向下窄窄地涂抹，至颧骨下可加宽涂抹的面积，使脸部亮度自颧骨以下逐步集中于鼻子、嘴唇、下巴附近部位，制造立体成熟的美感。

（2）眉毛：不可以平直和起角，也不可以过于弯曲，可以修成自然的弧形，眉形易向上发展，起到拉长脸型的作用。

（3）腮红：从颧骨一直延伸到下颚部，长长地斜向晕染，拉长脸的长度，注意不能简单地在颧骨凸出部位涂成圆形。

（4）唇妆：可在上嘴唇涂阔而浅的弓形，唇峰必带角度，以修饰圆形脸的缺憾。不能涂成圆形的小嘴状，以免有圆上加圆之感。

3. 长形脸化妆

长形脸，俗称国字形脸，脸型比较瘦长，额头、颧骨、下颌的宽度基本相同，但脸宽小于脸长的 2/3。在化妆时要增加面部的宽度。

（1）粉底：若双颊下陷或者额部窄小，应在双颊和额部涂以浅色调的粉底，造光影，使之变得丰满一些，以增加面部宽阔感。

（2）眉毛：眉毛的位置不宜太高，不宜画眉峰，眉毛只能稍微弯一点，眉头与眼头成直线，眉毛不能高翘，眉要直，这样可以缩短脸的长度，感觉脸型变短一点。眉毛切不可有棱有角，眉形要画得圆滑、自然、流畅，不能化出明显的眉峰。

（3）腮红：前端离鼻子要远些，可沿颧骨的最高处与太阳穴下方所构成的曲线部位，向外、向上抹开去，可适当横向晕染，在视觉上拉宽面部，缩短脸型。

（4）唇妆：唇峰要平，下唇要丰满，嘴唇可稍微涂得厚些。

4. 方形脸化妆

方形脸，也就是额头、颧骨、下颌的宽度基本相同，感觉四四方方的，以双颊骨突出为特点，方形脸轮廓分明，脸部的线条非常明显，因而在化妆时，要设法加以掩蔽，增加柔和感。

（1）粉底：用比肤色深一号的粉底，在额头两侧与两侧腮部打深，在颧骨最宽处造阴影，令其方正感减弱。腮部宜用大面积的暗色调粉底造阴影，以改变面部轮廓。

（2）眉毛：应修得稍宽一些，眉形可稍带弯曲，不宜有角。

（3）腮红：宜涂抹得与眼部平行，涂得丰满一些，略带狭长形，切忌涂在颧骨最突出处。可抹在颧骨稍下处并往外揉开。

（4）唇妆：唇膏可涂丰满一些，不可带角度，强调柔和感。

（二）不同场合的化妆技巧

经过化妆品修饰的美有两种：一种是趋于自然的美；另一种是艳丽的美。前者是通过恰当的淡妆来实现的，它给人以大方、悦目、清新的感觉，最适合在家或平时上班时使用。后者是通过浓妆来实现的，它给人以庄重高贵的印象，可出现在晚宴、演出等特殊的社交场合。无论是淡妆还是浓妆，都要利用各种技术，恰当使用化妆品，通过一定的艺术处理，才能达到美化形象的目的。

1. 工作场合

办公室的化妆要格外注意明朗和淡雅，因为工作场合不是舞台，自然的淡妆非常得体。淡妆使人看起来不像化过妆，却比没有化妆更美、更动人。化妆要自然，要给人"清水出芙蓉，天然去雕饰"的感觉。

首先，得选择一套颜色与你肤色相接近的化妆品，使其表现自然、健康而有光泽的皮肤；其次，用少量粉底涂在脸上，再用棉球或海绵将粉底仔细抹匀，一直抹到鬓边和腮下，以免出现痕迹。如果肤色晒成健康的小麦色，则根本不需要打粉底，直接使用润色隔离霜来修饰肤色即可。

（1）眉毛：眉毛要平画，不要眉峰，如果要更自然一点，染眉膏要少用些，对眉形好而眉毛淡者用染眉膏淡染，效果更好（眉笔或染眉膏颜色根据头发的颜色来选择）。

（2）腮红：脸形和肤色好的人可以不刷胭脂，需要刷时用胭脂刷，选择浅红色胭脂，用量宜少不宜多，要非常自然、似有似无的感觉。

（3）唇妆：双唇不用描边，只要淡淡地涂上亮光唇膏或浅色唇膏，日妆的口红颜色不宜鲜艳，尽量接近唇色。

2. 商务酒会

在国际商务交往中，商务酒会这些商务社交活动是必不可少的，商务酒会一般都安排在晚上，是一种气氛较隆重的宴会，往往还伴随着舞会。需要注意的是这种正式的社交场合在许多方面沿袭了传统的礼仪，要求出席这种场合的商业女性形象端庄、高雅，言行举止符合礼仪规范，因此，晚宴化妆造型要求高雅，富有女性魅力。服饰与发型要符合妆型。整体用色不宜过于浓艳，浓艳的妆容并不能较好地表现女性的端庄与高雅，但又不能是日常淡妆，因为商务酒会气氛热烈，晚上，在灯光的照耀下，淡妆效果不佳，应化浓妆。

（1）粉底：使用质地细腻且遮盖力较强的粉底液（粉底霜），均匀在面部涂抹，色调宜与自然肤色相仿，稍深，要突出细腻光滑的肤质。因为正式的晚宴女士通常穿着晚礼服，所以裸露在礼服外的皮肤都需要涂抹粉底液（粉底霜），使整体肤色一致。涂均匀后定妆，并扫去多余的粉，使肤色自然。

（2）眼部化妆：以强调眼神的端庄、含蓄为主，眼影用色要简单，一般用眼影膏，通常使用两种以上的颜色混合调制而成，普通以银色或金色为主，有一种眼影膏专为晚妆设计，很油亮，使用时用指尖为宜，先涂眼睑中部，再延及各处即可。颜色过渡柔和，表现眼部的立体结构。眼线则要纤细整齐，不宜夸张。假睫毛要提前修整好，使其长度适中，过长的假睫毛会使妆面效果失真。在粘贴时要贴紧睫毛根部，使真假睫毛融为一体。或者使用黑色或蓝色的睫毛膏比平时多刷几层，但应记住使用睫毛刷要扫到每一根睫毛都整齐向上翘为最佳。用眉笔沿着眉骨的圆拱形画眉，眉头由淡入浓，眉峰由浓入淡，起止部分不可太明显。眉毛形状略高挑且有流畅的弧度，眉色要自然，用黑色或棕色的眉笔为宜，不宜过黑。

（3）腮红：应用浅色或鲜红色，要柔和，涂抹面积不宜过大，与肤色自然衔接即可。注意凡是带蓝色成分的均不适宜，因为此种颜色在灯光下令人看起来脸庞深陷，显得衰老。

（4）唇妆：唇形要求轮廓清晰，颜色应使用深桃色和玫瑰色的唇膏，它能使肤色有光泽，增加明艳感。唇膏色要与整体妆色协调。为了适应晚宴的环境及社交的礼仪，涂唇膏后用纸吸去多余的油分，然后施一层薄粉，再涂一遍唇膏，这样既能牢固持久，还能避免使唇膏遗留在餐具上，影响形象。太深色或带蓝色成分的唇膏不宜用，因为在晚上看起来显黑，增加老态。

（三）化妆的注意事项

化妆，是修饰仪容的一种高级方法，在国际交往中，适度化妆是必要的。这既是自尊的表现，也是对交往对象尊重的一种表现。在一般情况下，女士应对化妆更加重视。其实，化妆不只是女士的专利，在一些重要的场合，男士也有必要适当化妆。在国际交往场合，化妆需要注意以下事项。

（1）美化与自然相结合。化妆的目的是使人变得美丽，避短藏拙，不要各行其是、寻求新奇，要适度化妆。在美化自身的同时，更要自然，最好做到"妆成有却无"的化妆最高境界，达到美化与自然相结合的目的。

（2）协调为美。恰到好处的化妆，能弥补本身的不足，使人容光焕发，提高自信。化妆要强调整体协调，高水平的化妆要求自然、协调。所谓协调就是化妆要与自身协调，包括脸型、肤色、服装、发型；要与场合协调；要与身份协调，包括职业、年龄。只有全面协调才能体现出自己高雅不俗的品位，达到唯美的境界。

（3）商界女士使用唇膏应注意，应使用与自身唇色相近的正统红色的唇膏，勿用深咖啡色、浅肤色或荧光粉色。唇线与唇膏的色调应一致。

（4）描眉时不能简单一色浓淡地一笔画过去，而要一丝不苟地画得像长出来的眉毛。可将眉毛削成"刀刃型"，照眉毛生长的方向一根一根地去画。上排的眉毛从上往下画，下排的眉毛从下往上画。眉毛的最深处一般在上下排眉毛交会处，画时要和真眉毛方向相同、粗细相同。如果眉形好，也可用眉笔在眉毛中间先画一条弧线，然后用手指涂抹开来，描眉时要特别注意双眉必须对称。

（5）不要当众化妆。化妆，应事先化好，或是在专用的化妆间进行。如果妆容出现残缺，应及时避人补妆，若听任不理，会让人觉得自己低俗、懒惰。当众化妆、补妆会有卖弄表演或吸引异性之嫌。

（6）不要借用他人的化妆品。借用他人的化妆品不卫生，故应避免。

（7）男士也要注意容貌，要随时保持清爽的外观。商业男士不可蓄络腮胡或山羊胡，要及时剃须。鼻毛露出要修剪。牙齿尤其因吸烟导致的黄牙，应及时清洗。眉毛过于杂乱可适当修剪，以给人健康整洁的印象。

二、发型礼仪

头发是构成仪容的重要组成部分，对于塑造礼仪主体的个人形象来说，完美的发型具有重要的、不可替代的作用。任何一个人都可以通过某人的发型来判断其职业、身份、所受教育程度、生活状况及卫生习惯，更可以感受出其是否身心健康以及对生活事业的态度。通过发式能全面地表现出一个人的道德修养、审美情趣、知识结构及行为规范。在国际商务交往中，得体的发型能体现出男士的气质，提高女士的魅力。

（一）头发的保养

1. 洗发

一般来说，中性皮肤的人，冬天隔4~5天，夏天隔3~4天洗一次，油性皮肤的人缩短1~2天，而干性皮肤的人要延长1~2天。洗发水的选择要根据发质决定。洗发前应先将头发梳顺；用温水洗发，水温在37~38℃最适宜。

需要注意的是，洗发水不要直接倒在头发上，要倒在手心里轻揉出泡，再使用；不要用指甲抓头皮，要用手指的指腹按摩头皮；要保证彻底冲洗干净洗发水，洗发水中的碱性成分残留在头皮和头发上，会损伤头发，产生分叉、头皮屑等。

2. 梳发

梳发可以去掉头发上的浮皮和脏物，并给头发以适度的刺激，以促进血液循环，使头发柔软而有光泽。长发女士梳发要先从头发梢开始，用力要均匀，将发梢梳顺。然后逐步向上一点一点梳理，最后从额头的发际再向下梳理。

（二）发质与发型

不同的发质适合不同的发型。当女性选中了适合自己发质的发型以后，就可以请理发师把自己打扮得更漂亮。

1. 自然的卷发

这种发质如果将头发剪短，卷曲度就不太明显；而留长发利用自然的卷发，就能做出各种漂亮的发型，显示出其自然的卷曲美。

2. 柔软的头发

这种发质比较容易整理，由于柔软的头发比较服帖，因此俏丽的短发比较适合，能充分表现出个性美。这种发质想做何种发型都非常方便。

3. 硬直的头发

这种发质容易修剪得整齐，设计发型时最好以修剪技巧为主，尽量避免复杂的花样，最好做比较简单而且高雅大方的发型。如果要做各种各样的发型不太容易，在做发型以前，最好能用油性烫发剂将头发稍微烫一下，使头发能略带波浪，稍显蓬松。卷发时最好用大号发卷，看起来比较自然。

4. 服帖的头发

这种发质的特点是头发不多不少，非常服帖，只要能巧妙修剪，就能使发根的线条以极美的形态表现出来。这种发质的人最好将头发剪短，前面和旁边的头发可以按自己的爱好梳理，后面则一定要用能显示出发根线条美的设计。修剪时，最好能将发根稍微打薄一点，使颈部若隐若现，这样给人以清新明媚之感。

5. 细少的头发

这种发质的人应该留长发，将其梳成发髻才是最理想的，因为这样不但梳起来容易，而且也比较能持久。通常这种发质缺乏时尚感，可以辅之以假发。如果梳在头顶上，适合正式场合；梳在脑后，是家居式；而梳在后颈上时，则显得高贵典雅。

（三）脸型与发型搭配技巧

人的脸型是不变的，但发型是可变的，它可以修饰脸型。所以人们可以利用衬托法、遮盖法、填充法等方法来弥补脸型的缺陷。

1. 长脸型

长脸型的人可以将头发留至下巴，留点刘海或两颊头发剪短些都可以减小脸的长度而加强宽度感，也可以将头发梳成饱满柔和的形状，使脸有较圆的感觉。总之，一般自然、蓬松的发型能给长脸人增加美感。注意长脸型的人应避免把脸部全体露出，尽量使两边头发有蓬松感，不宜留长直发。

2. 方脸型

方脸型的人做发型时应注意柔和发型,头发宜向上梳,轮廓应蓬松些,而不宜把头发压得太平整,耳前发区的头发要留得厚一些,但不宜太长。前额可适当留一些长发,但是不宜过长。可留长一点的发型,如长直披肩发。不宜留短发,如果要留短发,就需要增添发型的柔和感,如增添卷度,长卷发增添了柔和感。

3. 椭圆脸型

椭圆脸型是女性中最完美的脸型,采用长发型和短发型都可以,但应注意尽可能把脸显现出来,突出这种脸型协调的美感,而不宜用头发把脸遮盖过多。

4. 圆脸型

圆脸型常会显得孩子气,所以发型不妨设计得老成一点,头发要分成两边,而且要有一些波浪,脸看起来才不会太圆。也可以将头发侧分,短的一边向内略遮一颊,较长的一边可以自额顶做外翘的波浪,这样可以"拉长"脸型。这种脸型不宜留刘海和太短的发型。

(四)发型的选择

发型是个人形象的重要组成部分之一。在为自己选择发型时,除考虑上述发质、脸型外,必须首先考虑本人的职业特点以及性别、年龄、场合等因素,而不能只受自己的喜好和流行时尚的左右。

1. 根据职业特点选择发型

尽管社会上流行的一些新潮发型千姿百态,但是,商业人士却不能选择标新立异、时髦、前卫的发型。作为商业人士,应选择与自己身份相符的,给人以庄重、高雅和干练感觉的发型。

2. 根据自己的性别选择发型

近年来,在发型选择上,有些人打破性别界限,成年男子留起披肩发,梳上小辫儿;妙龄少女将头发理成"板寸",或者剃光头。但是,在国际商务交往中,必须遵守以发型分男女的惯例,男士不得留长发,要定期理发,女士不能剃光头。

3. 根据自己的年龄选择发型

作为商业人士在选择发型时必须考虑自己的实际年龄,不能以老装嫩,或以小装老,使自己的发型与自己的实际年龄相去甚远,彼此抵触。发型选择要与年龄相符合。如年过半百的女士将自己的头发梳成"马尾式"或是编成一条辫子,不仅有冒充少女之嫌,还会因与自己年龄不协调,使人不愿意接近,影响商务往来。

4. 根据场合选择发型

尤其是女士,不同场合着装不同,化妆不同,发型也要有相应的变化,使其与现场气氛相协调。一般来讲,出席较正式场合的发型,应庄重、严谨;出席朋友聚会的发型,应活泼、平易近人;普通生活的发型,应轻松随和,适合气质。

5. 头饰佩戴需谨慎

商务人士不管为自己选定了何种发型,在商务交往中,无论男女都不宜在头发上滥加饰物。特别是男士尤其不宜使用任何发饰。女士在有必要使用发卡、发绳、发带或发箍时，应使之朴实无华。其色彩宜为蓝、灰、棕、黑，并且不带任何花饰。绝不要在参加正式的商务活动时佩带彩色、艳色或带有卡通、动物、花卉图案的发饰。

对于头发有先天缺陷或后天缺陷的人士，戴假发是无可厚非的。不过，在选择假发时要注意两点：一是美观大方，使用方便；二是要自然，做到天衣无缝，不可因显出雕琢痕迹而让人感到过分俗气。在商务活动中，男士在室内是不允许戴帽子的。

三、首饰佩戴礼仪

首饰是人们平日使用最多的一种饰品。严格地说，它指的是那些功能专一的装饰品，如戒指、耳环、项链、胸针等，有的时候人们往往将首饰与饰品直接画上等号。

在国际交往中，商务人员佩戴首饰需注意以下几点。

（1）首饰佩戴需要与身份相符，在正式的商务交往中佩戴首饰时，商务人员务必要使其与自己的身份相称。

（2）首饰佩戴需要与场合相符，如在工作中，商务人员要讲究"首饰三不戴"，即有碍于工作的首饰不戴、炫耀其财力的首饰不戴、突出个人性别特征的首饰不戴。在商务酒会、大型宴会、舞会等场合，首饰佩戴要与其服装相符。

（3）首饰佩戴要以少为佳，佩戴首饰不宜超过三种，每种不宜超过两件。

（4）首饰佩戴最好同质同色，同时佩戴多件首饰时，应尽量选择质地、色彩上都基本相同的首饰。至少，也要使其色彩相似。如果佩戴的首饰异彩纷呈，会令人感到佩戴者粗俗不堪。

（5）首饰佩戴要风格统一。在此既指同时佩戴的多件首饰应当统一风格，也指所佩戴的首饰应当与自己其他衣饰的风格协调一致。

练习题

1. 在商务酒会上，当你碰到下列问题时将如何解决？
（1）你与交谈对象出现冷场，他对你的行业毫无兴趣。
（2）有一客商要与大家分享他的喜悦，可是有充分的证据显示对方是单方面兴奋过度。
（3）有一客商与你交谈时，不知道什么时候他不耐烦了。
2. 请你判断以下人士在正式场合的着装是否正确。错误之处请给予改正。
（1）男：上身制服，下身牛仔。
（2）男：西服、腰带、鞋子不同色。
（3）男：黑色西服，上衣袖口上有商标，脚穿白袜，黑色皮鞋。
（4）女：制服，拖鞋。
（5）女：套裙，旅游鞋。
（6）领带可以表现一个人的个性，因此可以系十分花哨的领带。

3．请指出下列站姿的错误之处，如图 2-36 所示。

图 2-36

4．图 2-37 中人士的着装各自适合出席什么场合？

图 2-37

 礼仪训练

1．组织一次形象诊断活动，包括自我诊断、相互诊断和集体诊断。

（1）自我诊断。请每位学生对自己的形象进行自我诊断，然后选出代表上台进行自我诊断的剖析。

（2）相互诊断。以 2 人一组，相互对对方的形象进行诊断，然后指出对方的适宜与不妥之处。

（3）集体诊断。对全体学生形象上共同存在的优点和问题进行诊断，并针对问题提出改进建议。

2．"现场体姿秀"。以 3~5 人为一组，在小组内进行手姿、站姿、坐姿、走姿演练，并在班级进行"现场体姿秀"表演，学生与老师共同点评，评选出表现优秀的小组。每组限时 3 分钟。

案例分析

1. 林肯的一位老朋友听说林肯要重组内阁成员，便向他推荐了一位人才。见面这天，林肯准时来到约定的酒店，但朋友介绍的才子却迟到了。这位才子到来后，林肯发现他穿着一件皱巴巴的旧西装，领带上面有星星点点的油渍，头发凌乱地披散着，鞋子上面沾满灰尘。这人见了林肯，并没有表现出对总统起码的尊重，也没有向林肯表示迟到的歉意。林肯虽然对眼前这个人很失望，但还是礼节性地和他谈了一会儿。谈话中林肯明显感受到，此人虽然有一些才华，但过于骄傲和狂妄。于是，他礼貌地和那个人握手告别了。

朋友见到林肯，迫不及待地询问结果，林肯直率地说："他不太适合做我的内阁成员，并不是他的学识不够，而是他连最基本的礼仪都不懂，而且他的着装实在是太随意了……"朋友有些不理解，林肯平静地说："如果一个人在仪表上都不加修饰的话，那么他再有才华也不会给人以好感。尤其是当人到了一定年龄，就更应该注重他的个人仪表。我想，没有人愿意与一个言辞傲慢、衣着邋遢、不修边幅的人共事吧？"

资料来源：王玉苓. 商务礼仪[M]. 2版. 北京：人民邮电出版社，2018：46.

分析与思考：

请认真阅读材料，指出林肯总统拒绝的理由以及这则案例给你带来的启示。

2. 华盛集团公司的卫董事长要接受电视台的采访，为郑重起见，接受采访前卫董事长特意向公司为自己特聘的个人形象顾问咨询有无特别需要注意的事项。对方专程赶来之后，仅仅向卫董事长提出了一项建议：换一个较为儒雅而精神的发型，并且一定要剔去鬓角。果然，改换了发型后的卫董事长在电视前亮相时，形象焕然一新。他的发型使他显得十分精明能干，他的谈吐使他显得深刻而稳健，二者相辅相成，令电视观众倾倒。

资料来源：朱力. 商务礼仪[M]. 北京：清华大学出版社，2016：22.

分析与思考：

上述案例给了我们什么启示？

第三章 国际商务应酬礼仪

学习目标

1. 熟悉东、西方见面礼节及注意事项；了解不同场合所使用的见面礼。
2. 掌握自我介绍、介绍他人的礼节。
3. 了解商务名片的设计要求；掌握名片的使用方法。
4. 了解商务拜访前的准备工作；掌握商务拜访的礼节。
5. 掌握商务接待的具体步骤、要求及内容。
6. 了解商务礼品的选择与注意事项；掌握商务礼品的馈赠时机。
7. 熟悉商务赠送与受礼的礼节。

第一节 见面礼仪

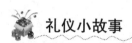
礼仪小故事

张先生与王先生是好朋友。张先生一直从事国际贸易，王先生从事国内贸易。在一次交易会上，张先生与王先生一同出席，会上张先生遇到了贸易伙伴——日本的坂田先生，张先生和坂田先生热情地握手、寒暄，并将王先生介绍给坂田先生，王先生主动伸手要与坂田先生行握手礼，但是坂田先生却鞠躬向王先生问好，王先生感到疑惑不解。

原来日本人初次见面时，要相互鞠躬，交换名片，不握手。只有老朋友和熟悉的人才互相握手拥抱。

在国际商务交往中，见面时行一个标准的见面礼，会给对方留下深刻而又美好的印象，直接体现出施礼者良好的修养。由于东、西方文化的差异，其见面礼既有不同之处，也有相通之处。

一、东方礼节

（一）作揖礼

1. 作揖礼的含义

作揖礼即拱手礼，是华人中最流行的见面礼，在我国已有两三千年历史，古人通过作揖礼，以自谦的方式表达对他人的敬意。作揖礼是中华传统的见面礼，与商务伙伴见面行作揖礼既表达了你的感谢和尊重，也体现了浓浓的中国特色和人情味。

2. 作揖礼的正确做法

行礼方式是起身站立，上身挺直或微俯，两臂前伸，双手在胸前高举抱拳，一般情况下，右手握空拳在内，左手握右手在外，自上而下，或者自内而外，有节奏地晃动两三下，并微笑问候，如图3-1所示。

3. 作揖礼的适用范围

作揖礼主要适用于过年时举行的团拜活动，向长辈祝寿，向友人恭喜结婚、生子、晋升、乔迁，向亲朋好友表示无比感谢，以及与海外华人初次见面时表示久仰之意。

图 3-1

4. 作揖礼的注意事项

行作揖礼时，不要距离对方太近，太近会给对方一种不敬的感觉；另外，行作揖礼时腰不要太挺直，太挺直也是不敬的感觉。对方行作揖礼，要立即还礼，也行作揖礼。

需要强调的是，因为古人认为杀人时拿刀都是用右手，右手在前杀气太重。所以右手握拳，用代表友好的左手在外，把右手包住。中国古代拱手有吉凶之分，吉事为阳，凶丧之事为阴；男为阳，尚左，女为阴，尚右；行吉礼时，男子左手在外，女子右手在外；行凶丧之礼时，男子右手在外，女子则左手在外。

（二）鞠躬礼

1. 鞠躬礼的含义

鞠躬，本来意为不抵抗，相见时把视线移开，郑重地把头低下，告诉对方我对你没有敌意。鞠躬礼是人们在生活中对别人表示恭敬的一种礼节，既适用于庄严肃穆、喜庆欢乐的仪式，也适用于一般的社交场合。实际上鞠躬这种礼节在世界各地都很盛行，不过在日本最为盛行。中国人及东方人多行鞠躬礼，欧美人士较少采用。

2. 鞠躬礼的正确做法

行鞠躬礼时，应脱帽立正，双目凝视受礼者，身体从头顶到脚下是一条线，然后上身弯腰前倾。男士双手五指并拢自然下垂，贴放于身体两侧裤线处，五指并紧从侧面向膝头慢慢滑去，达到手指将要相碰的程度为宜，同时上身伸直，由腰部带动上体向下倒。女士的双手则应下垂搭放在腹前，左手搭在右手上。下弯的幅度越大，所表示的敬重程度就越大。视线向前。行鞠躬礼应停步，躬身15°～30°，头跟随向下，并致问候语。

3. 鞠躬礼的适用场合

鞠躬礼目前在国内主要适用于向长者表示敬重、向他人表示感谢、领奖或讲演之后、演员谢幕、举行婚礼或参加追悼会等活动。鞠躬的次数，可视具体情况而定。大礼行三鞠躬，一般情况下行一鞠躬。鞠躬礼在东南亚一些国家较为盛行，如日本、朝鲜等。所以，在接待这些国家的外宾时，可行鞠躬礼致意。

4. 鞠躬礼的注意事项

（1）鞠躬的度数与对象要相符合。15°是面对平辈、同事等行使的礼节；30°是面对主管、长辈、宾客等行使的礼节；45°是致最高的谢意或歉意等行使的礼节，此时可配合实际，在 30°～45°做增减；90°是多礼的日本人于日常生活相见时所行使的礼节。不过，日本近年来已变成行 45°的鞠躬礼。

（2）受鞠躬礼应还以鞠躬礼。

（3）地位较低的人要先鞠躬，并且地位较低的人鞠躬要相对深一些。

（4）韩国与日本女子行鞠躬礼，但两国男子既行鞠躬礼也行握手礼，不同的是，日本男子是初次见面行鞠躬礼。

（5）马来西亚行鞠躬礼，男女不同。见面时，男士一面举起右手放在胸前，一面深鞠躬；女士先双腿稍微弯曲，然后鞠躬。

（6）非洲人是先行鞠躬礼，然后一起鼓掌，并相互问好。

（三）合十礼

1. 合十礼的含义

合十礼，亦称合掌礼，即双手十指相合为礼。合十礼源自印度，佛教沿用后，成为佛教徒之间的一种礼节。佛教传入泰国后，合十礼扩大至整个社会。

2. 合十礼的正确做法

双掌十指在胸前相对合，五手指并拢向上，掌尖与鼻尖基本持平，手掌向外侧倾斜，双腿立直站立，上身微欠，低头。可以口颂祝词或问候对方，亦可面含微笑。行此礼时，合十的双手举得越高，越体现出对对方的尊重，但原则上不可高于额头，如图 3-2 所示。

图 3-2

3. 合十礼的注意事项

（1）对不同地位、性别的人来说，行合十礼的姿势有差别。小辈遇见长辈，两掌相合，十指伸直，高举至前额，两拇指靠近鼻尖，身子略躬，头微低；长辈还礼时，双手合十，举至胸前即可；平辈之间相见，两掌合十，两拇指靠近下巴。女子还礼时，还需把右腿略向前跨一步，两腿自然微屈。

（2）拜见国王或王室重要成员时，男女还均须跪下，国王等王室重要成员还礼时，只点头即可。无论地位多高的人，遇见僧人时都要向僧人行礼，而僧人则不必还礼。

（3）各国佛教徒拜佛祖或拜高僧时行跪合十礼。行礼时，右腿跪地，双手合掌于两眉中间，头部微俯，以示恭敬虔诚。

（4）某些国家的人在拜见父母或师长时行蹲合十礼。行礼时，必须蹲下，并将合十的掌尖举至两眉间，以表尊敬。

（5）一些国家的平民之间、平级官员之间相拜，或公务人员拜见长官时常行站合十礼，行礼时，要站立端正，将合十的掌尖置于胸部或口部，以示敬意。在国际商务往来中，商业人士在与泰国、缅甸、老挝、越南等佛教国家的商人交往中，一般行站合十礼，以示敬意。

（6）泰国合十礼有很严格的规定，一般合十礼可以分成三种情况：第一，对僧人行合十礼时，应该将手指并齐，拇指放在双眉之间，食指则位于发际的位置；第二，对父母、师长、祖父、祖母、外祖父、外祖母行合十礼时，拇指位于鼻尖，食指位于双眉之间；第三,对一般人表示尊敬时,拇指放在下巴的位置,食指则位于鼻尖处。另外,在以上三种情况中,手臂都应尽量贴近身体,而且根据受礼者的地位高低,还要相应地低头或是欠身以示不同程度的敬意。对于受礼者来说,还应该向施礼者还礼,一般只要将合十的双手的食指放在下巴处即可,另外,还应相应低头示意,但长辈不一定要这么做,晚辈则一定要这样。

二、西方礼节

(一)拥抱礼

1. 拥抱礼的含义

拥抱在日常生活中极其常见,其通过身体的接触来体现对对方的尊敬与亲热。拥抱可以理解为缩短了距离的握手,或者是胸部的"接吻"。人们在一搂一抱的同时,也感受到见面后精神上的短距离接触。在商务交往中,拥抱已经变得越来越常见。

2. 拥抱礼的正确做法

两人面对面站立,各自举起右臂,将右手搭在对方左肩后面;左臂下垂,左手扶住对方右腰后侧。首先各向对方左侧拥抱,然后各向对方右侧拥抱,最后再一次各向对方左侧拥抱,一共拥抱3次。在普通场合行此礼,不必如此讲究,次数也不必要求如此严格。

3. 拥抱礼的适用范围

在西方,特别是在欧美国家,拥抱礼是十分常见的见面礼与道别礼。在人们表示慰问、祝贺、欣喜时,这种礼仪也十分常用。

4. 拥抱礼的注意事项

拥抱时双方身体不要贴得太紧,尤其是男士与女士;拥抱时间不宜过长,力度要适当;在国际商务交往中,与印度、日本、东南亚等国家和地区商业人士见面时,不要行拥抱礼。

(二)亲吻礼

1. 亲吻礼的含义

亲吻礼,是西方古代的一种常见礼仪。有关接吻来历的流传是:古罗马时严禁妇女喝酒,男子外出归来,常常要检查一下妻子是否饮酒,便凑到她的嘴边闻一闻、嗅一嗅。这样沿袭下来,夫妇把嘴凑到一起的举动逐渐成为夫妇见面时的第一道礼节。后来,这种礼节逐渐普及,范围逐渐扩大,终于演化成今天的亲吻礼。亲吻礼是一种西方国家常用的会面礼。有时,它会与拥抱礼同时采用,即双方会面时既拥抱又亲吻。

2. 亲吻礼的正确做法

在行礼时,双方关系不同,亲吻的部位也会有所不同。长辈吻晚辈,应当吻额头;晚辈吻长辈,应当吻下颌或吻面颊;同辈之间,同性应当贴面颊,异性应当吻面颊。接吻仅限于夫妻与恋人之间。

3. 亲吻礼的注意事项

口腔要清洁无异味。行亲吻礼动作要轻快,不要用力过猛、时间过长或发出亲吻的声音。不要将唾液弄到对方脸上,那是非常尴尬的事情。如果不是特殊关系和特殊场合,年轻、地位低者不要急于抢先施亲吻礼。行亲吻礼应始终保持微笑。

（三）吻手礼

1. 吻手礼的含义

吻手礼，实际上是亲吻礼的一种特殊形式，它是以一个人亲吻另外一个人的手部来向对方表示致意的礼节。在欧洲与拉丁美洲，异性在社交场合见面时，一般行吻手礼。

2. 吻手礼的正确做法

男士行至已婚女士面前，首先垂首立正致意，然后以右手或双手捧起女士的右手，俯首用自己微闭的嘴唇，去象征性地轻吻一下其指背。

3. 吻手礼的适用范围

主要流行于欧洲与拉丁美洲国家，英法两国上层人士男女之间行吻手礼。

4. 吻手礼的注意事项

（1）男子同上层社会贵族妇女相见时，如果女方先伸出手做下垂式，男方则可将指尖轻轻提起吻之；但如果女方不伸手表示则不吻。行吻手礼时，若女方身份地位较高，要求男士屈一膝做半跪式后，再握手吻之。

（2）一般的见面礼是相互施礼。但是吻手礼特别，它是单向施礼的，受礼者不应以相同形式向施礼者还礼。

（3）行礼的地点应当是在室内。在街道上行此礼不合时宜。

（4）吻的部位应当是女士的手指或手背。被吻的手，大都是右手，当男士吻女士的手时，必须是轻轻地，象征性地接触。

三、东西方通用礼节

（一）点头礼

1. 点头礼的含义

点头礼，也称额首礼。点头礼是对商务朋友表示友好的行为。微微点头对人表示礼貌，既适用于已经熟识的商界朋友，也适用于你初次相遇的人。点头礼简单实用，可以立刻拉近人与人之间的距离。

2. 点头礼的正确做法

点头礼的做法是头部向下轻轻一点，同时面带笑容。

3. 点头礼的适用范围

点头礼适用的范围很广，如路遇熟人或与熟人、朋友在会场、剧院、歌厅、舞厅等不宜交谈之处见面，以及遇上多人而又无法一一问候之时，都可以点头致意。在人多的商务洽谈会上，如果遇到面熟但又忘了对方姓名的商界朋友，应面带微笑，友好地点点头，以示礼貌。

4. 点头礼的注意事项

不要反复点头不止，点头的幅度不宜过大；行点头礼时，最好摘下帽子，以示对对方的尊重；在国际商务活动中，遇到身份比自己高的人，要行点头礼，点头致意后，切忌主动上前与之握手。如遇到身份比自己高的熟人，也要点头致意，不要直接嘘寒问暖，要等对方应酬活动告一段落之后，再前去问候。

（二）举手礼

1. 举手礼的含义

在国际商务交往中，举手致意和挥手道别，行的是举手礼。

2. 举手礼的正确做法

右臂向前方伸直，右手掌心向着对方，其他四指并齐、拇指叉开，轻轻向左右摆动两下。不要将手上下摆动，也不要在手部摆动时将手背朝向对方。

3. 举手礼的适用范围

行举手礼的场合，与行点头礼的场合大致相似，它最适合向距离较远的熟人打招呼。

4. 举手礼的注意事项

在人多的商务场合，与你相识的人距离比较远，行举手礼后，不要大声喊对方的姓名；行举手礼时，男士应首先向女士致意；年轻者应先向年长者致意；下级应先向上级致意。

（三）脱帽礼

1. 脱帽礼的含义

所谓脱帽礼，是指以摘下本人所戴帽子的方式向交往对象致意。脱帽礼来源于欧洲中世纪，当时打仗都要戴头盔，而头盔多用铁制成，十分笨重。士兵到了安全地带，首先是把头盔摘下，用以减轻沉重的负担。后来演化为脱帽就意味着没有敌意。为表示友好，也以脱盔示意。这种习惯流传下来，就是今天的脱帽礼。

在国际交往中，每逢正式场合以及一些社交场合，人们往往会向自己的交往对象行脱帽礼。在东西方国家里，它都较为流行。

2. 脱帽礼的注意事项

行脱帽礼时，戴制服帽者，通常应双手摘下帽子，然后以右手执之，端在身前；戴便帽者，则既可用手完全摘下帽子，又可用右手微微一抬帽檐代之，但是在国际商务交往时，要求完全彻底地摘下帽子；女士在社交场合不必摘下帽子，而男士则不享有此项特殊待遇；在进入他人居所，路遇熟人，与人交谈、握手，进入娱乐场所，或在升国旗、奏国歌的场合时，应自觉摘下帽子，并放在适当之处。

（四）握手礼

1. 握手礼的含义

握手的礼节由来已久，握手最早发生在人类"刀耕火种"的年代。人们手上经常拿着石块或棍棒等武器狩猎或应对战争。他们遇见陌生人时，如果大家都无恶意，就要放下手中的东西，并伸开手掌，让对方抚摸手掌心，表示手中没有藏武器。这种习惯逐渐演变成今天的"握手"礼节。

握手礼是在国际商务活动中使用频率最高、适用范围最广的一种礼节，是人们在相见、离别、恭贺或致谢时相互表示情谊、致意的一种礼节。双方往往是先打招呼，后握手致意。

2. 握手礼的正确做法

距离受礼者约一步（最佳 1 米），两足立正，伸出右手，四指并拢，拇指张开，与受礼者握手。双目注视对方，面带微笑，上身稍向前倾，头微低，双方将要相握的手各向侧下方伸出，伸直相握后形成一个直角，如图 3-3 所示。以手指稍用力握对方手掌，力度适中，三秒钟左右即可。久别重逢的朋友、熟人、老用户握手力度可大一些，时间长一些，还可以同时伸出左手去握住对方右手的手背，两手做紧握状。

图 3-3

3. 握手的顺序

主人与客人之间，主人应先伸手；年长者与年轻者之间，年长者应先伸手；身份、地位不同者之间，应由身份和地位高者先伸手；女士与男士之间，应由女士先伸手，如果男性年长，是女性的父辈年龄，在一般的社交场合中仍以女性先伸手为主，除非男性已是祖辈年龄，或女性未成年在 20 岁以下，则男性先伸手是适宜的。

4. 握手礼的注意事项

（1）握手时须用右手，要掌握好力度，不要抓住对方的手使劲摆动，或抓住对方的手半天不放。

（2）握手时不要看着第三者，也不可显得漫不经心，以免给对方以缺乏诚意的感觉。

（3）对方如果伸出手来，千万不要拒绝。不管是谁，拒绝与人家握手是很不礼貌的。

（4）当老人或者贵宾向你伸出手时，最好能快步上前，用双手相握，并热情问候与致意，显示出谦卑与毕恭毕敬。

（5）男士握手前，应先脱下手套，摘下帽子；女士可以不脱手套。如实在来不及脱手套，或正在工作来不及洗手，要向对方表示歉意。

（6）人多时，握手次序一般应掌握三个原则：先女士后男士，先长辈后晚辈，先近处后远处。但在应用时，也要视具体情况灵活处理。握手时间应大体相等，不要给人以厚此薄彼的感觉；人多时，应避免手臂互相交叉。即不要从另外两人中间或从已经相握的两人的手的上方或下方来同他人握手，也不要跨门槛握手。

（7）正常情况下，不要坐着与人握手，如果是在餐桌上互相认识，可以不站起来握手，欠身点头微笑或拱手示意致敬即可。

（8）在任何情况拒绝对方主动要求握手的举动都是无礼的，但手上有水或不干净时，应谢绝握手，同时必须解释并致歉。切忌用湿手或脏手与人握手。

（9）女士为了避免在介绍时发生误会，在与人打招呼时最好先伸出手。在工作场所男女是平等的。女士假若不打算与向自己首先问候的人握手，可欠身致意，或点头微笑，不要置之不理，或扭身而去。

（10）被介绍之后，最好不要立即主动伸手。年轻者、职务低者被介绍给年长者、职务高者时，应根据年长者、职务高者的反应行事，即当年长者、职务高者用点头致意代替握手时，年轻者、职务低者也应随之点头致意。和年轻女性或异国女性握手，一般男士不要先伸手。

(11) 如果要表示自己的真诚和热烈，也可以较长时间握手，并上下摇晃几下。但是在商务洽谈与人握手时，一般不要用双手抓住对方的手上下摇动，那样显得太恭谦，使自己的地位无形中降低了。

第二节 介绍礼仪

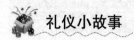 礼仪小故事

介绍有先后

在一次接待某国外团队到访任务中，小王与团长熟识，因而作为主要迎宾人员陪同老总前往机场迎接外宾。当团长率领其他工作人员到达后，小王面带微笑热情走上前，先于老总与团长握手致意，表示欢迎，然后转身向自己的老总介绍了这位团长，接着又热情地向团长介绍了随自己同来的其他部门经理。小王自以为此次接待任务完成得相当顺利，但他的有些举动令老总及其他部门经理十分不满。您知道为什么吗？

点评：介绍是一切社交活动的开始，是人际交往中与他人沟通、建立联系、增进了解的一种最基本、最常见的形式，也是商务往来中常用的礼节。这个案例中，小王在介绍礼节中出现了一些差错：一是小王不应先于老总与团长握手致意，已然越级。二是介绍应分先后顺序，位尊者有优先知情权，故应先将主人介绍给宾客。

资料来源：朱力．商务礼仪[M]．北京：清华大学出版社，2016：67．

介绍是指在社会交往中人们通过第三者的引荐或自己的主动表白，使互不相识者得以认识和结交的一种基本方式。它是人们进行交流与沟通的出发点，也是缩短人与人之间的距离，加深相互了解的重要桥梁。

在国际商务交往中，来自不同国家的商业人士更是需要通过第三者的介绍才能相互认识和了解，才能广交朋友、扩大商业交际网络；同时，还可以通过介绍进行必要的自我展示和自我宣传，以拓展商机。

介绍大致可以分为大致正式介绍（第三者介绍）与自我介绍两种方式。不同的介绍方式有不同的技巧和礼仪规范。

一、正式介绍

正式介绍是在较为正规、郑重的场合进行的介绍，是在社交场合由第三者将互不相识的双方进行引荐，以达到彼此相识、熟悉的目的。在国际上通行的规则是：在介绍时，先提某个人的名字是表示对此人的一种敬意。

（一）介绍顺序

在他人的介绍中，涉及先后次序时，必须注意以下细节。

(1) 介绍个人与多数人认识时，应"少数服从多数"，即个人或少数人应当优先被介绍给多数人。

(2) 介绍与会先到者与后来者认识时,应先介绍后来者,后介绍先到者。

(3) 介绍来宾与主人认识时,应先介绍主人,后介绍来宾。

(4) 正式介绍中的商业介绍与其他介绍有较大的不同。商业界中不分男女老幼,社会地位较低的人,被介绍给社会地位较高的人,叫作"位尊者优先知"。如"王经理,请允许我向您介绍我的秘书张丹小姐"。

(5) 介绍长辈与晚辈认识时,应先介绍晚辈,后介绍长辈,即把年轻人介绍给年长者。

(6) 介绍女士与男士认识时,应先介绍男士,后介绍女士,即把男士介绍给女士。

(7) 介绍上级与下级认识时,应先介绍下级,后介绍上级,即将地位低者介绍给地位高者,也叫作"位尊者优先知",即位卑者的状况应先让位尊者知道。

(8) 介绍已婚者与未婚者认识时,应先介绍未婚者,后介绍已婚者。

(9) 介绍同事、朋友与家人认识时,应先介绍家人,后介绍同事、朋友。

(二) 介绍方式

由于实际需要的不同,为他人做介绍时的方法也不尽相同。

1. 一般式

一般式,也称标准式,以介绍双方的姓名、单位、职务等为主,适用于正式场合。如:"请允许我来为两位引见一下。这位是利华公司业务部主任王红小姐,这位是红海集团经理张丽小姐。"

2. 礼仪式

礼仪式是一种最为正规的他人介绍,适用于正式场合,其语气、表达、称呼上都更为规范和谦恭。如:"王小姐,您好!请允许我把上海利达公司总经理李力先生介绍给你。李先生,这位就是珠海鸿运公司总经理王黎小姐。"

3. 推荐式

介绍者要将某人举荐给另外一人,介绍时会对前者的优点加以重点介绍。推荐式介绍通常适用于比较正规的场合。如:"这位是李阳先生,这位是宏利公司的赵海天董事长。李阳先生是管理学博士。赵总,我想您一定有兴趣和他聊聊吧。"

4. 强调式

强调式介绍也称为附加式介绍,其内容除被介绍者的姓名外,往往还会刻意强调一下其中一位被介绍者与介绍者之间的特殊关系,以便引起另一位被介绍者的重视。如:"大家好!这位是飞跃公司的业务主管杨先生,这位是我的女儿刘晓,请杨总多多关照。"

二、非正式介绍

非正式介绍以礼貌、轻松、愉快、自然为宗旨。介绍人可以说"我来介绍一下",然后做简单的介绍,也不必讲究顺序。

(一) 介绍方式

1. 引见式

介绍者所要做的是将被介绍的双方引到一起即可,适用于普通场合。如"两位认识一下吧。其实你俩都曾经在一家公司共事，只是不是一个部门。接下来的，请自己说吧。"

2. 简单式

只介绍双方姓名一项，甚至只提到双方姓氏而已，适用于一般的社交场合。如"我来为大家介绍一下：这位是王总，这位是张董。希望大家合作愉快。"

（二）注意事项

（1）介绍时应自然但不能过于随便。如"李丽，过来见见王红"。这种介绍让人听起来缺乏友善及礼貌。

（2）介绍时语言应简洁活泼。如"张力，你不是想认识王勇吗？这位就是"。最简洁的莫过于直接报出被介绍双方的姓名"张力—王勇"。

（3）非正式聚会中，可以采用一种随机的方式为朋友做介绍，如"张力，你认识王勇吗？"然后将张力引荐给王勇。

（4）非正式介绍，主要是在友好、愉快的气氛下介绍，为了制造气氛，介绍时可以稍加夸张，如"张丹，这位就是我常和你提起的游泳健将王阳"。需要注意的是可以适当夸张，但不能太过分，不能言过其实。

（5）介绍时要注意不要只称其中一个人为"我的朋友"，因为这样似乎暗示了另外一个人不是你的朋友，显得厚此薄彼。

三、自我介绍

在国际商务交往活动中，自我介绍也是进行交流沟通的一种重要方式和途径。正式的社交活动，组织者一般会对来宾进行介绍。但在许多时候，陌生人相见或相识是没有第三者引荐的，必须靠交往者的自我介绍才能达到相互认识的目的。例如，参加贸易展览会，或者参加一个规模很大、有很多人参加的社交晚会，主人往往无法对所有与会者逐一进行介绍，在这种情况下，如果想结识某个人或某些人，而又没有人引荐，自己便可以充当自己的介绍人，把自己介绍给对方，使对方认识自己。自我介绍在某种意义上可以说是打开与人交往大门的一把钥匙。恰当的自我介绍，不但能增进他人对自己的了解，而且还能创造出意料之外的商机。

（一）自我介绍的分类

根据介绍人的不同，自我介绍可以分为主动型的自我介绍和被动型的自我介绍两种类型。

1. 主动型的自我介绍

在社交活动中，在欲结识某个人或某些人却无人引荐的情况下，即可自己充当自己的介绍人，将自己介绍给对方。这种自我介绍叫作主动型的自我介绍。

2. 被动型的自我介绍

应其他人的要求，将自己的某些方面的具体情况进行一番自我介绍。这种自我介绍则叫作被动型的自我介绍。

（二）自我介绍的时机

在商务场合，如遇到下列情况时，自我介绍就是很有必要的。
（1）与不相识者相处一室，或在聚会上与身边的陌生人共处。
（2）不相识者对自己很有兴趣，或他人请求自己做自我介绍。
（3）打算介入陌生人组成的交际圈，扩大商业交际网络。
（4）初次登门拜访不相识的人，或前往陌生单位，进行业务联系时。
（5）遇到秘书挡驾，或是请不相识者转告。
（6）利用大众传媒，如报纸、杂志、广播、电视、电影、标语、传单，向社会公众进行自我推介、自我宣传时。
（7）利用社交媒介，如信函、电话、电报、传真、电子信函，与其他不相识者进行联络时。

（三）自我介绍的方式

根据不同场合、环境的需要，自我介绍的方式有以下几种。

1. 工作式的自我介绍

这种介绍方式主要适用于工作之中，它是以工作为自我介绍的中心，因工作而交际。工作式自我介绍的内容，主要包括本人姓名、供职的单位及部门、担负的职务或从事的具体工作三项，又叫工作式自我介绍内容的三要素，被称作构成介绍的主体内容的三大要素，通常缺一不可。需要强调的是：姓名，应当一口报出，不可有姓无名，或有名无姓；单位，供职的单位及部门，最好全部报出，具体工作部门有时可以暂不报出；职务，担负的职务或从事的具体工作，有职务最好报出职务，职务较低或者无职务，则可以报出目前所从事的具体工作。如"我叫王丽，是宏酒公司的公关部经理"。

2. 礼仪式的自我介绍

这是一种表示对交往对象友好、敬意的自我介绍，适用于讲座、报告、演出、庆典、仪式等正规的场合。礼仪式的自我介绍内容包括姓名、单位、职务等项。自我介绍时，还应多加入一些适当的谦辞、敬语，以示自己尊敬交往对象。如："女士们、先生们，大家好！我叫张玉，是鸿运公司的总经理。值此之际，谨代表本公司热烈欢迎各位莅临指导，谢谢大家的支持。"

3. 应酬式的自我介绍

这种自我介绍方式最简洁，往往只包括姓名一项。如"您好！我叫王刚"。它适合于一些公共场合和一般性的社交场合，如途中邂逅、宴会现场、舞会、通电话时。它的对象主要是一般接触的交往对象。对介绍者而言，对方属于泛泛之交，或者早已熟悉，进行自我介绍只不过是为了确认身份而已，故此种自我介绍内容要少而精。

4. 交流式的自我介绍

交流式的自我介绍也叫社交式的自我介绍或沟通式自我介绍，主要适用于社交场合，是一种刻意寻求与交往对象进一步交流与沟通，希望对方认识自己、了解自己、与自己建立联系的自我介绍。它的内容包括本人的姓名、工作、籍贯、学历、兴趣以及与交往对象的某些熟人的关系等。如："我的名字叫王红，是宏酒公司经理。1980 年在北京大学化学系读书，我们是校友。"

5. 问答式的自我介绍

这种介绍方式是针对对方提出的问题,做出自己的回答。这种方式适用于应试、应聘和公务交往。在普通性交际应酬场合,它也时有所见。问答式的自我介绍的内容,讲究问什么答什么,有问必答。例如,对方发问:"这位先生贵姓?"回答:"免贵姓张,弓长张。"

(四)掌握好自我介绍的分寸

在国际商务交往中,要想给对方留下好的印象,在自我介绍时就要做到恰到好处,不失分寸。因此,必须注意以下几个问题。

1. 控制时间

进行自我介绍要力求简洁。通常以半分钟左右为佳,如无特殊情况最好不要长于1分钟。为了提高效率,在做自我介绍的同时,可利用名片、介绍信等资料加以辅助;自我介绍应在适当的时间进行。进行自我介绍,最好选择在对方有兴趣、有空闲、情绪好、干扰少、有要求时。

2. 讲究态度

态度要保持自然、友善、亲切,整体上要求落落大方;要充满信心和勇气,显得胸有成竹、从容不迫,不能妄自菲薄、心怀怯意;语气自然、平和,语音清晰。

3. 追求真实

进行自我介绍时所表述的各项内容一定要实事求是,真实可信。过分谦虚,一味贬低自己去讨好别人,或者自吹自擂、夸大其词,都是不足取的。

总的来说,当本人希望结识他人,或他人希望结识本人,或本人认为有必要令他人了解或认识本人时,自我介绍就会成为重要的交往方式。

四、介绍的礼节

(一)选择适当的介绍者

在社交场合,能够充当介绍者的人需要具备两个条件:一是他与被介绍者比较熟悉;二是他比较容易受到被介绍者的尊重。因此,一般由主人来扮演介绍者的角色最为合适,或者在社会上备受人们尊重的长辈或德高望重者,他们都是介绍者的适当人选。

在国际商务往来活动中,介绍者通常应由接待方,即身为东道主的一方派员担任。具体来说,接待方的公关、礼宾人员以及其他负责接待工作的人员,都适合按照分工来从事这一工作。需要强调的是,如果被介绍者职高位尊,则需要由接待方的职务最高者,至少应当是当时在场的接待方人员之中的职务最高者亲自担任介绍者。

(二)介绍人应事先征求被介绍双方的意见

在国际商务交往中,由于某种原因,双方不愿相见或拒绝相见的情况是时有发生的。如敌对国家的商业人士,即使他们之间没有个人恩怨,但在国际商务交往场合,他们一般不愿意进行公开的交往,而是尽量避而不见。因此,在决定为他人做介绍之前,介绍人一定要熟悉双方的情况。介绍时应事先征求一下被介绍双方的意见,看双方是否有意愿相互认识,以免出现尴尬局面。如果双方愿意,介绍人在开始介绍之前应再打一下招呼,不要上去开口即进行介绍,让被介绍者措手不及。

(三)介绍人的礼节

(1)介绍人的手势与语言:在具体介绍时要用敬辞、谦辞、尊称,如"某某您好!请允许我向您介绍……",或者"我荣幸地向您介绍……"。说话的同时,有礼貌地平举右手掌示意,并且眼神要随手势指向被介绍的对象;不应用手指指点点,或手眼不协调,显得心不在焉。

(2)介绍人要熟悉并牢记介绍双方的姓名和单位。说错姓名、职务、单位是最大的失礼行为。万一突然遗忘,在介绍到需要说出被遗忘人的姓名时可以暂时停顿,这时,被介绍者往往会主动报出自己的姓名。或者询问"……这位先生……嗯……这位先生的尊姓大名是……"当然,这是迫不得已的方式,应该尽量避免。

(3)充当介绍人或自我介绍应顺其自然:例如,正在交谈的人当中有你熟悉的人,你便可以趋前打招呼,这位熟人便可以顺势将你介绍给其他客人。在商务酒会,你也可以主动自我介绍,可以讲清姓名、身份、单位及职务,对方一般也会随之做自我介绍。

(4)介绍应实事求是:实事求是是人际交往的重要原则。介绍他人时要实事求是,不要过分夸大。夸大其词地吹捧他人,用抬高朋友地位的方式来炫耀自己,是介绍的大忌。自我介绍时要实事求是,诚实谦虚,绝不能谎报自己的职务。

(5)介绍应清楚简洁:介绍人的吐字发音应该清晰而准确,不能含糊其辞,以免被介绍双方听错姓名。如向人介绍张先生与章先生时,可以稍带说明"张,弓长张""章,立早章"。遇到生僻的字更应解释。如"这位是查(zhā)先生,与检查的'查'同字不同音"。

介绍他人的姓名、单位及身份时,还应注意接受介绍的人能够理解的程度。例如,"这位是王先生,中国作家协会的理事",而不要简称"这位是作协的王先生"。介绍某单位与公司时,如果不是非常著名的单位或公司,还应该加上适当的解释。可以说:"王先生,这位是张海先生,立华公司的总经理。立华公司是当地颇有实力的电子企业。"这样可以加深印象便于记忆。

(四)被介绍人的礼节

在国际商务交往中,作为被介绍者,当介绍人询问是否愿意认识某人时,一般情况下不要拒绝,应欣然表示接受。如果不想结交,应委婉拒绝。在介绍人开始介绍时,被介绍的双方都应该起身站立,面带微笑,大方自然地目视介绍者或对方。同时,双方态度应谦和、友好、不卑不亢,切忌傲慢无礼或畏畏缩缩。当自己被介绍时,被介绍者要面带笑容,并向对方说"您好!"以示问候,也可以再加上一句"见到你很高兴!""久仰!久仰!""幸会!幸会!"同时,被介绍的双方应依照合乎礼仪的顺序行见面礼。介绍完毕后,双方可以互递名片,作为联络方式。

第三节 名片使用礼仪

礼仪小故事

某公司新建的办公大楼需要购置一系列办公用具,价值数百万元。公司总经理已做了决定,向 A 公司购买这批办公用具。这天,A 公司的销售部负责人打电话来,要上门拜访这位总经理。总经理打算等对方来了,就在订单上盖章,定下这笔生意。不料,对方比预定的时间提前了两个小时。原来对方听说这家公司的员工宿舍也要在近期落成,希望员工宿舍需要的家具也能向 A 公司购买。为了谈这件事情,销售负责人还带来了一大堆资料,摆满了台面。总经理没想到对方会提前到访,刚好手边又有急事,便请秘书让对方等一会儿。这位销售员等了不到半小时,就开始不耐烦了,一边收拾资料一边说:"我还是改天再来拜访吧。"这时,总经理发现对方在收拾资料准备离开时,将自己刚刚递上的名片不小心掉在地上,对方却没有发觉,走时还无意中从名片上踩了过去。但这个不小心的失误,却令总经理改变了初衷,A 公司不仅没有机会与对方商谈员工宿舍的家具购买,连几乎到手的数百万元的办公用具的生意也告吹了。

思考:上述案例中 A 公司销售部负责人为何丢失了这笔生意?

资料来源:林慧. 商务礼仪[M]. 北京:中国财富出版社,2015:88.

名片是商务人员在国际商务交往中个人的身份证明和介绍信,它是一个人身份、地位的象征,没有名片的人,会被视为没有社会地位的人。名片是商务人员个人形象和企业形象的有机组合。

一、名片的内容

名片是商业人士进行沟通交流的工具,它直接承载个人的信息,是一个人的介绍信,担负联系的重任。名片按用途不同,内容有所不同,一般分为社交名片、商业名片、公务名片、集体名片等。

(一)社交名片

社交名片,也称私用名片或个人名片,是朋友之间交流感情、结识新朋友所使用的名片,是人们在工作之余,以私人身份进行交际应酬时所使用的名片。

社交名片的主要目的是交友,是工作之余交际应酬时使用的名片,因此名片设计可以自由发挥,内容不一,按其本人的喜好有所侧重。一般不印有工作单位以及行政职务,以示"公私有别"。

(1)简单式:名片内容只有姓名和联系方式。姓名以大号字体印在名片正中央;联络方式以较小字体印在名片右下方。

(2)复杂式:名片内容比较多,除姓名和联系方式外,还有个人爱好、头衔和职业,或所在社团及协会、组织的徽标,也有的印有个人照片和私人电话等含有私人家庭信息的内容,主要用于朋友交往。

需要注意的是,英文的个人名片夫妻可以共用一张,住所或工作地点大都在右下角,职务印在中央名字之下。男子姓名前可加 Mr.,已婚妇女要加 Mrs.,小姐加 Miss.,有职务,加在姓名之前。国际商务交际类名片应在背面用英文写,便于与外国人交往。

(二)商业名片

商业名片是为公司或企业进行业务活动中使用的名片。它的主要内容包括注册商标(徽章)、单位名称、姓名、职务(职称)、联系方式、单位地址、传真号码、电子邮箱等。如果你的企业在国外有总部,也要把总部的名称印在名片上。由于商业名片是以盈利为目的的,因此,有的名片还包括企业业务范围,一般印在名片背面,也有的印在正面。餐饮服务类的商业名片有的不印姓名而印服务热线,也有的在名片背面印有其地址的示意图。

需要注意的是:大公司有统一的名片印刷格式,使用较高档纸张;商业名片没有私人家庭信息,主要用于商业活动。

(三)公务名片

公务名片是指用于公务活动中的名片。它的主要内容包括具体归属、本人称呼、联系方式三项基本内容。

(1)具体归属:由本人供职的单位、所在的部门等内容组成。应采用正式的全称。

(2)本人称呼:由本人姓名、行政职务、技术职称、学术头衔等几个部分构成。

(3)联系方式:由单位地址、邮政编码、办公电话、传真号码、电子邮箱、网址等构成,根据具体情况列出。

(四)集体名片

集体名片是指某一政府部门,尤其是那些对外交往较为频繁的政府部门,其主要成员集体对外使用的名片。集体名片在基本内容构成上与公务名片相同,不同之处是姓名,公务名片只有本人一个人的姓名,而集体名片是多名成员,即在名片上按职务高低自上而下依次排列集体的每一位主要成员及具体称呼。集体名片一般是政府职能部门对外统一使用的名片,它还具有维护和宣传集体的功能。

(五)注意事项

(1)一张名片上所列的单位或部门不宜多于两个。

(2)一张名片上所列的头衔,一般不宜多于两个,不宜加一堆虚职空衔。

(3)单位的联络方式同样应与同一名片上所列的具体归属相对应。

(4)除社交名片外,家庭住址、住宅电话等私人信息不宜列出。

(5)名片内容根据需要,既要完整无缺,又要排列美观。

二、名片的设计

（一）名片的规格与材料

商务人员的名片是有规格的，我国名片规格一般为 9 厘米×5.5 厘米。国际上比较流行的名片规格则为 10 厘米×6 厘米。集体名片可以稍大一些。

名片的材料一般选择耐折、耐磨、美观、大方、便宜的纸张，如白卡纸、再生纸等材料；也有的色彩比较厚重，在深色卡纸、布纹纸上烫印金色电化铝文字，或在名片四周镶印金边，彩色成文不一。总体以富丽堂皇、气派豪华取胜，国际上采用此种形式的较为多见。

（二）色彩与图案

商业人士名片最好选用单一色彩的纸张，并且以白色、米黄色、浅蓝色和浅灰色等庄重朴实的色彩为佳。

一般来讲，名片上除了文字、符号外，不适合再出现其他任何没有实际效用的图案（可以有单位的徽标）。

（三）文字、字体与版式

在正常情况下，名片均应采用标准的汉字简化字。没有特殊原因，不使用繁体汉字。从事对外贸易的商业人士，在名片背面用外语。若同时在名片上使用汉字、外语，应使汉字与外语分别写在名片的两面。不要把两种不同文字相互交错地印在名片的同一面，也不要在一张名片上使用两种以上的文字。

用汉字印制名片时，尽量不要采用行书、草书、篆书等常人难认的字体，要用印刷体字体。

名片的版式大体有两种：一是横式，它上面文字的排列方式为行序由上而下，字序自左而右；二是竖式，它上面文字的排列方式为行序由右而左，字序自上而下。

三、名片的用途

名片具有十分广泛的用途，最重要的用途是自我介绍，通过名片可以介绍自己，了解他人，建立今后联系所必需的信息。名片也可以作为简单的礼节性通信往来，表示祝贺、感谢、介绍、辞行、慰问、吊唁等。如朋友生日自己不能前往，可以在名片上写一句贺词"祝生日快乐！"等，随同礼品托人捎去或邮去。又如登门拜访朋友，朋友不在，吃了闭门羹，可以在名片上写上留言，被拜访者回来，看到名片后，便知道有客来访。名片可以起到代替正式拜访的作用。

西方人在使用名片时通常写有几个法文单词的首字母，它们分别代表如下不同含义。

（1）P.p.（Pour Presentation）：意为介绍，通常用来把一个朋友介绍给另一个朋友。当你收到一个朋友送来左下角写有"P.p."字样的名片和一个陌生人的名片时，便是为你介绍了一个新朋友，应立即给新朋友送张名片或打个电话。

（2）P.f.（Pour Felicitation）：意为敬贺，用于节日或其他固定纪念日。

(3) P.c.（Pour Condoleance）：意为谨唁，在重要人物逝世时，表示慰问。

(4) P.r.（Pour Remerciement）：意为谨谢，在收到礼物、祝贺信或受到款待后表示感谢。它是对收到"P.f."或"p.c."名片的回复。

(5) P.P.c.（Pour Prendre conge）：意为辞行，在分手时用。

(6) P.f.n.a.（Pour Feliciter Lenouvel An）：意为恭贺新禧。

(7) N.b.（Nota Bene）：意为请注意，提醒对方注意名片上的附言。

按照西方社交礼仪，一名男子去访问一个家庭时，若想送名片，应分别给男、女主人各一张，再给这个家庭中超过18岁的女子一张，但绝不在同一个地方留下三张以上名片；一名女子去别人家做客，若想送名片，应给这个家庭中超过18岁的女子每人一张，但不应给男子名片；如果拜访人事先未预约，也不想受到会见，只想表示一下敬意，可以把名片递给任何来开门的人，请他转交给主人。若主人亲自开门并邀请进去，也只应稍坐片刻。名片应放在桌上，不可以直接递到女主人手里。

四、发送与接受名片礼仪

（一）发送名片礼仪

尽管可以通过名片介绍自己，但是名片不是传单，我们不能像发传单一样，在一群陌生人中到处传发自己的名片，给人以推销自己的嫌疑，反而不受重视。作为商界人士，名片的发送需要注意以下几点。

(1) 准备好自己的名片，不要把自己的名片和他人的名片或其他物品混在一起，应把自己的名片整齐放在易于掏出的口袋或皮包里随身携带，需要时能顺利取出。

(2) 作为商业人士，你的名片要发送给谁？一般选择你希望认识的人；对方向你索要名片，而你又愿意结交对方；被介绍给对方而你又有继续交往的意向；希望获得对方的名片；对方提议交换名片；初次登门拜访对方。

(3) 名片发送时机要掌握好。出席重大的社交活动，应该在开会前或开会后交换名片；名片的发送可以在刚见面或告别时，但如果自己即将发表意见，则在说话之前发名片给周围的人，可以帮助他们认识你。

(4) 递交名片的礼节：要用双手或右手，用双手拇指和食指执名片两角，名片的位置是正面朝上，并以让对方能顺着读出内容的方向递送。若对方是外宾，最好将名片上印有英文的那一面对着对方。如果你正在座位上，应当起立或欠身递送，递交时要目光注视对方，手的位置应低于胸部，微笑致意，并大方地说："这是我的名片，请多多关照。"如图3-4所示。

图3-4

（二）接受名片礼仪

接受名片时，应起身站立，面带微笑注视对方，双手捧接，或以右手接过。不要只用左手接过，接过名片时应说"谢谢"，但当对方说"请多多指教"时，可礼貌地应答一句"不敢当……"，然后微笑着从头至尾阅读名片；当阅读名片时，可将对方的姓名和职衔轻轻念出，并抬头看看对方，使对方获得一种受重视的满足感，看不清的地方还应及时请教，绝不可一眼都不看就收藏起来，这会让对方感到你缺少诚意，最后应回敬一张自己的名片，当自己身上未带名片时，应向对方表示歉意。接到他人名片后，切勿将其随意乱丢乱放、乱揉乱折，而应将其谨慎地置于名片夹、公文包、办公桌或上衣口袋之内。如果交换名片后需要坐下来交谈，此时应将名片放在桌子上最显眼的位置。

（三）索要名片礼仪

名片索要最直接有效的方法是交换名片，在商务场合一般是把自己的名片递给对方，然后说："非常高兴认识你，这是我的名片，请多多指教。"此时站在商务礼仪的角度上，对方也会回赠你一张名片。或者直接提议："我们交换一下名片吧，这样联系更方便。"对方只要愿意和你继续交往，也会和你交换名片。

向长辈、地位高的人索要名片时可以委婉地说："以后我怎么向您请教比较方便？"但是向晚辈、地位低的人，尤其是女性，索要名片时可以说："认识你很高兴，以后怎么跟你联系比较方便？"

（四）注意事项

（1）交换名片的顺序一般是客先主后；身份低者先，身份高者后；当与多人交换名片时，应依照职位高低的顺序，或是由近及远，依次进行，切勿跳跃式地进行，以免对方误认为厚此薄彼。

（2）破损或脏污的名片不能送人。

（3）不要在谈话中过早发送名片，一方面会打扰别人，另一方面有推销自己之嫌。

（4）不要在长辈和地位高的人面前主动出示名片。

（5）他人索要名片不要直接拒绝，可以委婉地说："对不起，我的名片发完了。"

（6）对方对自己并无兴趣，或者对方在用餐、看戏剧、跳舞时不要发送名片。

（7）需要强调的是：对信奉伊斯兰教的人，不能用左手向其递名片，如中东、南亚、非洲等地区和国家的人用右手递名片；而日本、韩国等国的人用双手交换名片。

第四节　拜访礼仪

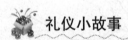
礼仪小故事

某小家电企业维修部反映，有一客户投诉其产品质量有问题，但是，一到现场，发现不是质量问题，而是使用不当，如此多次，客户极其不满，多次投诉。一次，临近元旦，维修部又接到了该客户的投诉，王丽是公关部部长，她协助企业维修部小李前去处理。临行前，王丽特意带上该企业宣传的挂历前往。到客户家敲门后，开门的是一位老妇人，王丽恭恭敬敬给老妇人鞠躬问好，老妇人一面唠唠叨叨表示不满，一面让他们进屋修理该产品，二人换上他们随身携带的鞋套，随老人进屋，王丽面带微笑听老人家絮絮叨叨地说话，小李检查电器，发现不是质量问题，还是老人家使用不当造成的。20分钟过去了，小李修好了家电。王丽从老人20分钟絮叨的说话中,听出老人子女不在身边,于是,王丽向老人家详细讲解了家电的使用方法,并写在挂历上,给老人家留下。老妇人非常开心,说很久没人听她说话了,接着又询问他们还有什么产品,还要购买。从那以后,老妇人不仅没再投诉,而且还经常向邻居介绍其产品,成了他们企业的"推销员"。

思考:王丽靠什么赢得了老妇人的"欢心",使这位老妇人成了他们企业的"推销员"?

商务拜访是商务活动中最为普通的,也是最为重要的一种往来方式。商界人士通过拜访与客商建立起融洽的合作伙伴关系,促进了解,建立情谊,有利于企业、公司的发展。

商务拜访的目的是建立友谊,有利于企业、公司的发展。因此要在礼节上多加注意,不可失礼于人,以致损害自己和单位的形象。

一、拜访前的准备

(一)了解客户

商务拜访是有目的性的,拜访客户前要设定拜访目标,对客户进行分析。了解对方属于重点客户还是一般客户,是陌生客户还是老客户,根据不同客户的性格、习惯,所在公司经营情况、信誉度和商界中的地位等其他相关信息,制定不同的拜访策略,只有这样才能做到"知己知彼、百战不殆"。

(二)事先约定时间

事先相约是国际商务拜访中最基本的礼貌准则,在西方国家如果不事先预约,贸然造访,打乱他人的计划,会被认为是缺乏教养的表现。

在国外,不同国家对待预约态度不同。日本人约会的规矩较多,事先联系、先约优先和严守时间是日本人约会的三条基本原则;德国人作风严谨,未经邀请的不速之客,有时会被拒之门外;在法国干什么事情都讲究预约,每个法国人都有一个记事本,记预约时间,如果事先不预约,会吃闭门羹,并且预约提前量大;美国人可以提前一周预约,但是美国人性格开朗,容易发生变化,拜访前最好电话再联系一下。

在国内,拜访社会名流、事务繁忙的人时,不论事情大小,都要先征求对方的意见,约定访问时间。

申请预约的方式一般有电话预约、信函预约、电子邮件预约、网络预约等。需要注意的是无论以哪种方式预约,语气必须婉转、恳切和有礼貌,不需要太详细、具体,只需要简单说明约会的理由,并提出一个合适的时间和地点,或由对方安排时间。如"希望有机会同您见面,您看什么时间方便?""您方便的话,我想去府上拜访您"等。

预约时间的选择:拜访时间要以对方方便为宜;要避开对方特别忙碌的时段,要尊重对方的意愿;在约定的具体时间应当避开节日、假日、用餐时间、过早或过晚的时间;约定时间要尽可能地把前往赴约地点的时间定得宽裕一些,即预定一个时间段到达,例如,商定约会时可以说"我在九点三刻到十点到达",约会前留有余地的做法,是考虑到会见之前的活动安排以及交通等因素。

（三）注意着装

拜访前要准备好服装，男性商务人员应穿西装，女性商务人员应穿套装。着装应端庄、干净、整洁、大方，给对方留下良好、深刻的印象。特别需要注意的是，如果去客户家里拜访，还要留意自己的袜子，换双干净、无破损的袜子再出发。

在拜访外国友人之前，还要随身携带一些备用的物品，主要是纸巾、擦鞋器、袜子与爽口液等。

（四）备好名片

名片应放在容易拿出来的地方，男性商务人员可以放在自己西装上衣内侧口袋里，也可以放在随身携带的名片夹里，并放在皮包中。女性商务人员则可以将名片放在手提袋中等容易取出来的地方。

二、拜访的礼节

（一）守时践约

遵守时间，按时赴约是国际商务拜访中最重要的礼貌准则。守时践约不仅是为了讲究个人信用，提高办事效率，而且也是对交往对象尊重友好的表现。

正常情况下，一般约会国外习惯准时或略迟两三分钟，国内习惯准时或提前 3～5 分钟，如果有紧急的事情，不得不晚，必须打电话通知你要见的人，如果打不了电话，请别人为你打电话通知一下。如果遇到交通阻塞，应通知对方要晚一点到，并郑重致歉；参加宴请或观赏等适当提前，不可以迟到；如果是对方晚点到，你先到，可以坐在汽车里仔细想一想，整理一下文件，或问一问接待员是否可以在接待室里先休息一下；如果因特殊情况不能赴约，要客气、诚恳地向对方解释说明情况并另外约定拜访时间。再次见面时，一定要向对方表示诚挚的歉意。

在国际商务拜访时对是否按时到达，不同国家、不同地区的态度不同。有些国家比较重视，如德国、瑞士、比利时和北欧的国家，日本、加拿大、澳大利亚、美国、英国和法国以及南欧的国家；有些国家比较宽松，如绝大多数拉丁美洲国家和许多亚洲国家，如泰国、印度尼西亚以及沙特阿拉伯等阿拉伯国家，如沙特阿拉伯晚到 15～30 分钟是常有的事。

如果到外国人家中赴宴，不可以早到，以免主人未准备好导致失礼，但是不同国家也不同，例如你被邀请到一个美国人或加拿大人的家里做客喝鸡尾酒，通知你的时间是七点整，就应该在七点一刻到达；如果是在德国、瑞典或瑞士，邀请你在七点钟到达，就意味着你应该恰好那个时候到；在拉丁美洲，如果你被邀请七点钟到某人的家里喝鸡尾酒，即使你八点到，也不会被认为是迟到。

（二）进行通报

抵达约定的地点后，未与拜访对象直接见面，或是对方没有派人员在此迎候，要进行通报，告诉接待员或助理你的名字和约见的时间，递上你的名片以便助理能通知对方。

如果没有接待员或助理，到拜访对象的办公室时，要先敲门或按门铃，等到有人应声允许进入或出来迎接时方可进去,不能不打招呼擅自闯入。即使门原来就是敞开着的,也要礼节性地敲敲门,以提醒对方注意,经对方允许后方可进入。

需要注意敲门的礼节,用食指敲门,力度要适中,不要过重也不要过轻,中间间隔要有序,连续轻敲三下即可,然后等待回音。如没有回应,可再稍加力度,再连续敲三下,如有回应,需恭恭敬敬地侧身隐立于右门框一侧,等门打开时再向前迈半步,与主人打照面。按门铃时要慢慢地按一下,隔一会儿再按一下。

(三)注意见面礼节

当主人开门迎客时,务必主动、热情地向对方问好,行见面礼。如果是初次见面,还应清楚、简洁地做自我介绍。如恰巧有其他客人在场,还应在主人的介绍下,行点头礼或握手礼,顺序上要合乎礼仪惯例,并简单地和对方寒暄几句。

进入房间后,将随身携带的物品或礼品,以及外套、帽子、手套脱下,放到主人指定的地方,如无指定的地方,可以在征求主人的意见之后,按主人的安排放置,不可以乱扔、乱放。如果是在主人家中做客,还应按主人的要求换上拖鞋或鞋套。

就座时要注意:按主人指定方位就座,主人不让座不能随便坐下;上司坐上座,随行人员坐下座;主人没有就座,自己便不能先坐,主人让座时,应说:"谢谢!"再坐下。

若有人送上茶水,应从座位上欠身,双手接过,并表示感谢,准备的饮料,尽可能喝掉(即使有人让茶也要等上司喝了以后再喝);主人送上果品或点心,不要拒绝,应品尝一下,但是应等到其他客人或者年长者动手之后,再取之。

(四)掌握交谈技巧

和主人交谈前,先要寒暄几句,如天气、时事等都是好的话题,与主人交谈要善于察言观色,选择时机表明拜访的目的,要尽快进入正题。交谈要集中于正题,交谈时除了表达自己的思想观点外,尽量少说或不说废话。还要注意倾听对方谈话的内容、对方的情绪和周围环境的变化,并注意回应。如对方谈兴正浓,交谈时间可适当长些,反之可短些;对方发表自己的观点时,应认真地听,并适当插话或附和,不要用争辩和补充说明打断对方的话;不要自己谈得太多,应注意给对方留出插话或发表意见的时间与机会。与异性交谈时,要讲究分寸。对于主人家里遇到的其他客人要表示尊重,友好相待。不要在有意无意间冷落对方,或置之不理。

(五)把握辞行时机

在拜访他人时,一定要注意在对方的办公室或私人居所里停留的时间。在一般情况下,礼节性的拜访,尤其是初次登门拜访,应控制在一刻钟至半小时之内。最长的拜访,通常也不宜超过两个小时。有些重要的拜访,往往需由宾主双方提前议定拜访的时间和长度,绝不可以单方面延长拜访时间。

在与主人交谈的过程中,如果发现主人心不在焉,有厌倦情绪,经常看时间、蹙眉,或有急事想办又不好意思下逐客令,这时拜访者应该及时收住话题,适时起身告辞。

如果主人另有新的朋友来访,一般是有事而来,这时,即使主人谈兴正浓,也应在同新来者简单地打过招呼之后，尽快告辞，以免妨碍他人。自己提出告辞时，即便主人表示挽留，也要执意离去，但要向对方道谢，并请主人留步，不必远送。

（六）注意告辞礼节

告辞时要稳重，不要显得急不可待。如果来访的客人很多，自己有事需要提前离开，应悄悄地向主人告辞，并表示歉意，以免惊动其他客人。如果已被其他客人发现，应礼貌地致歉和告辞，这时，可以同邻近的客人握手告别，同稍远的客人以手势告别，也可以对全部客人行拱手礼。如果来访的客人很少或仅自己，则辞行时，应向主人及其家属和在场的客人一一握手或点头致意。主人及其他人相送，应一再辞谢。听到主人请你下次再来时，你要说：“好的，那我告辞了。”或说"打扰您这么长的时间，非常抱歉！""今后还请您多多关照。"以表感谢之意。不要说多余的客气话。千万不要站着再做一次长谈。出门后，应再度回身主动伸手与主人握别，并说：“请留步。”

需要注意的是，告辞时应相互行握手礼，这时，身为客人应主动先伸出右手与主人告别，并诚挚地向主人表达对其热情待客的谢意以及"多有打扰"的歉意。当主人目送客人离去时，客人应礼节性地走几步，回首挥手致意，直到见不到主人身影后再加快步伐。千万不要回头就走，但是如果"一去不回头"，会让主人非常失望，也会给对方留下不好的印象。

三、注意事项

（1）如果拜访某位朋友时未见到人，可以向其家里人、邻居或办公室的其他人将自己的姓名、地址、电话留下，或留下名片，以免朋友回来后因不知来访者是谁而造成不安的心理。

（2）到客户公司时，应遵守客户公司的管理规定。例如，应先到前台请秘书小姐通报要拜访的客户，并做好出入登记记录。绝不可以径直闯入，即便与客户熟识也要遵守公司的规定。

（3）在会客室等待时要保持安静，不要大声与同行者闲谈，甚至对对方公司评头论足、指指点点。这样会打扰别人的工作，也是有失身份的表现。

（4）如果到主人家中拜访，对主人家的人都应问候（尤其是夫人或丈夫和孩子），不要对主人家的猫狗表示害怕或讨厌，更不要去踢它或打它。

（5）如在拜访处遇有未经介绍的陌生人，不要主动与之亲昵地攀谈，或者乱插话；既不要喧宾夺主地抢人话头，也不能对主人与先到客人的谈话毫不理会。

（6）如果客厅里面没有放烟灰缸之类的器具，这表示主人是不喜欢抽烟的，拜访者就尽量不要抽烟。想要抽烟时，应先征得主人和在场女士的同意。如果是主人敬你烟时，不要拒收主人的烟而抽自己的。

（7）到主人家中做客，无主人的邀请或未经主人的允许，不得随意参观主人的住房和庭院。在主人的带领下参观其住宅，即使是最熟悉的朋友也不要去触动除书籍、花草以外的室内摆设或个人用品。

第五节 接待礼仪

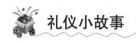 礼仪小故事

接待不周，断送生意

泰国某政府机构为泰国一项庞大的建筑工程向美国工程公司招标。经过筛选，最后剩下 4 家候选公司。泰国特派遣代表团去美国，与各家公司分别商谈。代表团到达芝加哥时，其中最有希望的那家工程公司却一不小心出了差错：因为没有仔细核对飞机到达时间，以致未去机场迎接。泰国代表团尽管初来乍到，不熟悉芝加哥环境，但还是凭借自己的努力找到了芝加哥商业中心的一家旅馆，住下后打电话给那家公司的经理。在接受了他的道歉后，泰国人同意第二天 11 时在经理办公室会面。第二天，那家工程公司的经理按时在办公室等候，但直到下午三四点才接到客人的电话："我们一直在旅馆等候，但始终没有人前来接我们。我们对这样的接待实在不习惯，已订好了下午的机票，飞赴下一个目的地，再见吧！"

思考：美国公司在接待泰国代表时出现了哪些失误？如果你是美国公司的经理，怎么做才能让泰国代表感受到热情周到的接待礼仪？

资料来源：余少杰，李元杰，倪丽琛. 商务礼仪[M]. 北京：清华大学出版社，2017：84.

在国际商务交往中，迎来送往是商务接待中最基本的形式和重要环节，是表达主人情谊、体现礼貌素养的重要方面。商务招待具有扩大商务交往、沟通商务信息、解决商务问题、展示商务形象的意义。

商务接待可以分为日常普通商务接待、商务会议接待、公务接待。无论哪种接待，首先要有待客地点，商务接待的待客地点一般在办公室、会客室、接待室等，而且待客地点都在室内，会客室被称为商务接待的硬环境之一。

一、室内布置

（一）注意光线

待客室内光线应以自然光源为主，人造光源为辅，光线要柔和，不要过强或过弱。房间最好面南，窗帘可以布置百叶窗，能够调节光线。室内要安置顶灯、壁灯，使用人造光源时可以采用，尽量不要使用台灯或地灯，特别要强调的是光线不要直接照射来宾。

（二）室内温度与湿度

室内要安置空调，室温以 24℃左右为最佳。室温低于 18℃，会使人感到寒冷，而室温高于 30℃，则又使人感到燥热。

室内相对湿度最好为 50%左右，使人感到舒适宜人。相对湿度过高，往往会令人感到

憋闷，呼吸不畅。相对湿度过低，则又会让人觉得干燥，易生静电。

（三）保持室内卫生

要经常打扫室内卫生，做到地面干净明亮，墙壁无尘，窗明几净，办公桌椅、空调机表面洁净无污物，百叶窗或窗帘要保持清洁，室内陈设要干净无灰尘，茶具、饮水机或暖瓶要清洁卫生，此外，还要经常通风，保持空气清新。

（四）室内陈设

室内除了放置必要的桌椅和音响设备外，还可以在桌面摆放茶具，茶杯要无破损或裂纹，在窗台上放置一些盆花或插花，窗户可以安装双层玻璃，以便隔音和保暖，地上可以铺放地毯，以便起到隔凉和隔音的作用。需要注意的是，室内陈设不能有残、破、次、损之物。室内应当布置得既庄重又大方。

二、商务日常接待

商务日常接待通常分为事先预约的和没有事先预约的两种情况。但是无论是哪一种情况，对待来访者都应当热情礼貌。直接接触来访者的人首先是接待人员。接待人员的综合素质直接代表了企业的形象，他们的一言一行、举手投足都代表着企业的素质、文化，代表着企业对客户服务的深度与广度，更代表着企业的实力与管理水平。

（一）接待人员的要求

接待人员要品貌端正，举止大方，口齿清楚，具有一定的文化素养，受过专门的礼仪、形体、语言、服饰等方面的训练。接待人员的服饰要整洁、端庄、得体、高雅；女性应避免佩戴过于夸张或有碍工作的饰物，化妆应尽量淡雅。

接待人员工作的特殊性决定了其不能擅自离开岗位，如果是因为特殊原因需要离开时，必须请假，有人接替。尤其是前台接待人员应该严格遵守作息时间，一般情况下，应该提前5~10分钟到岗，下午下班应该推迟20~30分钟。前台人员应该尽量避免长时间的私人电话占线，更不应该在前台与其他同事闲谈。

（二）接待来访者的顺序

（1）当客人来到时，马上起立，面带微笑，目视对方，向来客问候致意，"欢迎光临"。

（2）礼貌询问客人：是否预约？客人的姓名？客人所属公司的名称？如"请问先生，您贵姓？""是哪个公司的？""是哪一位约您来的？"等。

如果认识客人，并且已知道预约，可以直接打招呼，如"王总您好！张总正在等您！"

（3）在预约过的情况下，通知被约者，把客人引领到接待室（注意引领礼仪），奉茶（注意奉茶礼仪）。

如果需要客人等候一段时间，应简要说明原因，如："对不起，张总正在处理一件紧急事情，请您稍等一会儿。"然后安排好恰当的座位请客人坐下，并为其提供一些报纸杂志，以免冷落客人。

需要注意的是：被约者（负责人）正在接待其他客人或正在开会时，不要口头传达有来访者到来，而是要用纸条进行联络。

（三）不同情况下的接待

（1）没有预约过的来访者，明确对方身份、来访目的后，与负责人联系，接受指示。如果负责人不在，把这一情况告知来访者并询问来访者接下来的意向。

（2）来访者拒绝说出名字和来访目的时，必须问明情况，尽量从客人的回答中，充分判断能否让他与同事见面。如果客人要找的人是公司的领导，就更应该谨慎处理，诚恳地与来访者商量，如"现在张总正好外出了，请您改日再来"。

（3）来访者要找的人不在公司时，明确对方身份、来访目的后，告诉来访者要找的人不在的原因，要找的人预计回公司的时间，并询问对方还有什么要求。或者请客人留下电话、地址，明确是由客人再次来单位，还是我方人员到对方单位去。

（4）让来访者等了15分钟以上。让来访者久等时如果说"您要找的人正和其他客人谈话""会议延长了"等会很失礼，所以可以暂且先让要找的人的上司或同事代为接待。

三、商务会议接待（重要客人接待）

（一）准备工作

1. 了解客人的基本情况

对前来访问、洽谈业务、参加会议的外国、外地客人，应首先了解对方到达的车次、航班，了解来宾尤其是主宾的个人简况。例如，姓名、性别、年龄、籍贯、民族、单位、职务、职称、专长、偏好、知名度等。必要时，还需要了解其婚姻、健康状况，以及政治倾向与宗教信仰。在了解来宾的具体人数时，不仅要务求准确无误，而且应着重了解对方由何人负责、来宾之中有几对夫妇等。同时，还要了解来宾此前有无正式来访的记录。如果来宾尤其是主宾此前曾来进行过访问，则在接待规格上要注意前后协调一致。如果来宾能提供自己一方的计划，例如，来访的目的、来访的行程、来访的要求等，在力所能及的前提之下，应当在迎宾活动之中兼顾来宾一方的特殊要求，并尽可能地对对方多加照顾。迎接时，务必安排与客人身份、职务相当的人员前去迎接。

2. 制订接待方案

接待方案一般包括接待工作的组织分工、陪同人员和迎送人员的名单、食宿地点、交通工具、活动方式及日程安排等。

住宿安排要根据客人的情况和工作需要来酌情安排，选择宾馆要根据接待经费预算、宾馆实际接待能力、宾馆的服务设施、口碑与服务质量、周边环境、交通状况、安全条件等因素来考虑，但要以不妨碍对方私生活为准，以不限制对方个人自由为限，以不影响对方休息为度。

为来宾安排、准备、选择交通工具时，必须优先考虑对方的日程安排。有可能的话，在为来宾安排、准备、选择交通工具时，要优先考虑舒适程度高、服务质量好，选择快速并且直达目的地的交通工具。

（二）接待工作

1. 迎接客人

一般客人可由业务部门人员或办公室人员去迎接，重要客人应安排与客人身份、职务相当的人员前去迎接。若因某种原因，相应身份的主人不能前往，前去迎接的主人应向客人做出礼貌的解释，去迎接的人员在客人到达前就应到场等候。

2. 确认来宾身份

使用接站牌确认来宾的身份，牌子要正规、整洁，字迹要大而清晰。不要随便用纸乱写。尽量不要用白纸写黑字，让人感到晦气。接站牌的具体内容，有四种主要写法：一是"热烈欢迎某某同志"；二是"热烈欢迎某单位来宾的光临"；三是"某单位热烈欢迎来宾莅临指导"；四是"某单位来宾接待处"。

3. 问候

接到客人后，应首先问候："一路辛苦了""欢迎您来到我们这个美丽的城市""欢迎您来到我们公司"等。然后向对方做自我介绍，如果有名片，可以送予对方。注意送名片的礼仪。

4. 安排食宿

客人到达后应把客人引到事先安排好的客房。客人住下后，应把就餐的时间、地点告诉来客。同时向客人介绍住处的服务、设施，将活动的计划、日程安排交给客人，并把准备好的地图或旅游图、名胜古迹等介绍材料送给客人，考虑到客人旅途劳累，主人不宜久留，让客人早些休息，对重要客人应安排专人陪同。

5. 协商日程

进一步了解客人的意图和要求，共同商议活动的内容和具体日程。如有变化，及时通知有关部门以便进行准备工作。

6. 组织活动

按照日程安排，精心组织好各项活动。如客人洽谈供货合同，可以提前做好各项准备工作；如客人去参观游览，应安排好交通工具和陪同人员。在客人活动全部结束后，应安排领导与客人会见，听取意见，交换看法。

7. 安排返程

根据客人要求订购返程车票、船票或飞机票，并及时送到客人手中。一般应送客人到车站并做最后道别。

四、引导礼仪

（一）引导者的身份

在迎宾活动中，引导来宾是东道主方面给予来宾的一种礼遇。在引导来宾时，由何人担任引导者，通常与东道主一方对来宾的重视程度直接相关。

一般情况下，负责引导来宾的人是来宾接待单位的接待人员、礼宾人员或专门负责此事的人员，或是接待方与来宾对口单位的办公室人员、秘书人员。

倘若贵宾到访，或是为了对来宾表示东道主一方的特殊的尊敬和对来宾的重视，则可以由东道主单位的最高负责人，甚至其上级单位的主要负责人亲自充任引导者。

（二）引导者的提示

（1）引导来宾进入大院、大楼、会客室、休息室前，应主动向对方说明此地是何处。

（2）引导来宾前去会晤某人，而宾主双方此前并未见过面的话，须提前告知来宾会晤何人，以便让对方思想上有所准备，并担任介绍人。

（3）引导来宾上下楼梯、出入电梯、进出房间、通过人行横道或需要拐弯时，需要用手势提醒来宾："请各位这边走。"

（4）引导来宾乘坐车辆时，务必要告知对方："请各位上某某号车。"

（5）引导来宾经过拥挤、坎坷或是危险路段时，必须叮嘱对方："请各位留神""请注意某处"。

需要注意的是，进行引导时，必须做到"话到"与"手到"，但切勿一味沉溺于高谈阔论，以致使来宾走神而出差错；到达接待室后应将客人引至上座的位置上。引导就座时，长沙发优于单人沙发，沙发椅优于普通椅子，较高的座椅优于较低的座椅，距离门远的座位为最佳的座位。

五、奉茶礼仪

我国有着深远的茶文化，"客来敬茶"是我国传统的民俗。在两晋、南北朝时，客来敬茶已经成为人际交往的社交礼仪。在商务交往中，"客来敬茶"还能起到"以茶表敬意"的效果。

（一）沏茶的方法

检查一下茶杯有没有破损或裂纹。将茶杯和小茶壶用开水烫温。茶叶用量为两茶匙（可用茶叶筒的盖子来量茶叶）。用 80℃左右的热水冲泡茶叶至小茶壶的八成满。有多位客人时，一点一点均等地按顺序向每人茶杯内倒茶水，第一杯茶，通常不宜斟得过满，以杯深的 2/3 处为宜，俗话说："茶倒七分满，留下三分是情分。"要注意浓度均衡。用布将茶碗底擦干后，将茶碗放在茶托上。

（二）奉茶的顺序

上茶应在主客未正式交谈前。从上座的人开始，先端茶给上座的客人，然后再端给自己的职员。上茶的先后顺序，一般应为先客后主，先长后幼，先女后男。

（三）奉茶的正确步骤

端茶盘时，茶盘保持与胸部等高。茶杯要放在茶盘上。左手捧着茶盘底部，右手扶茶盘的边缘。

将茶盘放在临近客人的茶几上，或者把茶盘放在桌子的一角，若桌子很低，屈膝将姿势放低后再上茶。

双手端茶从客人的左后侧奉上。然后右手在上扶住茶杯，左手在下托着杯底（左下右上），杯耳应朝向客人（客人在接茶杯的时候也是左下右上，从而避免了两个人之间肌肤接触）。双手将茶递给客人，同时要说："您请喝茶。"（如果是茶碗，茶碗上的花纹朝向客人摆放，如图3-5所示）如果桌上有文件等物品，要说："茶放在这里了。"随机应变地将茶放在离文件稍远的地方。

图3-5

上完茶后，将托盘端至胸部，轻轻点头，静静地退出。

（四）奉茶的注意事项

（1）尽量不要用一只手上茶，尤其不能用左手。切勿让手指碰到杯口。

（2）如果有糕点，先上糕点，将其放在右边。茶杯应摆在糕点左边。

（3）茶杯要放在茶托上，茶碗上的花纹朝向客人摆放。

（4）在接待室里有很多客人和使用很多茶碗时，要使用配套的茶碗和茶托。

（5）以咖啡或红茶待客时，杯耳和茶匙的握柄要朝着客人的右边，此外要替每位客人准备一包砂糖和奶精，将其放在杯子旁或小碟上，方便客人自行取用。

（6）客人喝过几口茶后，应为之续上，绝不可以让其杯中茶叶见底。这种做法的寓意是：茶水不尽为客添，慢慢饮来慢慢谈。

（7）以前，中国人待客有"上茶不过三杯"一说。第一杯叫作敬客茶，第二杯叫作续水茶，第三杯叫作送客茶。如果一再劝人用茶，而又无话可讲，则往往意味着提醒来宾，应该打道回府了，因此，在以茶招待较为守旧的老年人或海外华人时，切勿再三为之斟茶。

（8）放置茶壶时壶嘴不能正对他人，否则表示请人赶快离开。

（9）在中东地区，商人喝茶或咖啡，每人以不超过三杯为宜。当喝完之后，要将杯子转动一下再递予主人。这种礼节动作，意为"够了，谢谢！"

六、送客礼仪

送客礼仪是指在来宾离去之际，陪着对方一同行走一段路程，或者特意前往来宾启程返还之处，与之告别的礼仪。在国际商务交往中，最为常见的送别形式有道别、话别、饯行等。

（一）道别礼仪

一般情况下，不论宾主双方会晤的具体时间的长度有无约定，客人的告辞均须由对方首先提出。当来宾提出告辞时，主人通常应热情挽留。可以告知对方自己"不忙"，或是请对方"再坐一会儿"。若来宾执意离开，主人可以在对方率先起身后起身相送。在道别时，来宾往往会说"就此告辞""后会有期"等。而此刻主人则一般会说"一路顺风""旅途平安"等。有时，宾主双方还会向对方互道"再见"，叮嘱对方"多多保重"，或者委托对方代问其同事、家人安好。道别行握手礼时来宾先伸手，主人后伸手。主人送到门外，目送来宾离去，或由秘书代为相送。

在道别时，需要注意以下几点。

（1）主人首先提出送客，或是以自己的动作暗示厌客之意是极其不礼貌的。

（2）适当加以挽留，如"再坐一会儿""不忙"等。

（3）来宾先起身，说"就此告辞"，这时主人方可起身相送。

（4）行握手礼时，来宾先伸手，主人后伸手。

（5）相送一程，即主人送到门外，目送来宾离去，或送到客车站，看车离开再走。

（二）话别礼仪

话别，亦称临行话别。与来宾话别的时间，要主随客便和预先相告。

话别地点，是来宾的临时下榻之处。在接待方的会客室、贵宾室里，或是在为来宾饯行而专门举行的宴会上，亦可与来宾话别。

参加话别的主要人员，应为与宾主双方身份、职位大致相似的、对口部门的工作人员、接待人员等。

话别的主要内容有表达惜别之意、听取来宾的意见或建议、了解来宾有无需要帮忙代劳之事、向来宾赠送纪念性礼品。

（三）饯行礼仪

饯行，又称饯别，是指在来宾离别之前，东道主一方专门为来宾举行的一次宴会，是郑重其事地为对方送别。为饯行而举行的专门宴会，通常称作饯行宴会。饯行宴会，不仅在形式上显得隆重热烈，而且还会使对方产生备受重视之感，从而增加宾主之间的友谊。

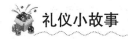 礼仪小故事

鲁迅的送客礼节

鲁迅先生住在北京时，每天都会有客人来访。鲁迅先生总是热情款待并亲自为客人倒茶。每当客人告辞的时候，他总是亲自持灯，走在前面为客人引导照明。将客人送出门外，客人作别离去后，他并不立即抽身回屋，仍执灯站立，直到不见客人身影，才返身回屋。作家王冶秋在《怀念鲁迅先生》一文中这样写道："深夜，他端着灯送出门外，我走了很远，还看到地下的灯光，回头一看，灯光下他的影子好看得很，像是座海洋中孤岛上的灯塔，倔强地耸立在这漆黑的天宇中。"尊重，有时候是说出来的，有时候是做出来的。在细节中的尊重，是一种更加令人感动的尊重。

点评：客人已经走了很远，还能看到地下的灯光，这就是鲁迅先生的送客礼节。企业在迎来送往的商务活动中也应讲究礼节，无论客人乘车还是步行，都要目送客人远去后再离开。

资料来源：王玉苓. 商务礼仪[M]. 2版. 北京：人民邮电出版社，2018：52.

七、接待规格

接待规格是指主陪人员身份职位相对于主要来宾身份职位的高低而言的。接待规格一

般分为高规格接待、对等规格接待、低规格接待。

高规格接待是指主陪人员的行政职位高于主要来宾的接待规格。高规格接待表示对来宾重视。

对等规格接待是指主陪人员与来宾职位相同的接待规格。在商务交往中常常使用对等规格接待,以表示不卑不亢、平等互利、相互尊重的交往态度。

低规格接待是指主陪人员行政职位低于主要来宾的接待规格。低规格接待往往是单位等级造成的。如公司总裁到分公司视察,分公司经理陪同就是低规格接待。

需要注意的是,接待规格与花钱多少并没有直接关系,在国际商务交往中,待客之道是态度热情大方,以礼相待,反对铺张浪费,以够用为度。

第六节　商务馈赠礼仪

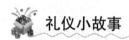 礼仪小故事

　　李丽是一家企业的老总。美国一家企业的经理查理先生到当地考察,寻找合作伙伴,当地经贸部门为相关企业(包括李丽的企业)和查理先生举办了一次座谈会。座谈会期间李丽得知查理的夫人也来了,她是第一次到中国,对中国的风土人情很感兴趣。会后精通英语的李丽自告奋勇地当起导游,陪同查理夫人在当地游览观光,闲谈间李丽得知查理先生喜欢喝中国的绿茶,细心的李丽还发现查理夫人的服装、箱包以咖啡色系为主。考察结束,在他们准备回国之前,李丽送给他们一件精心准备的礼品盒,礼品盒里装有咖啡色的景德镇茶具和西湖龙井。查理及夫人非常高兴,并说:"这是他们收到的最好的礼物,李丽的真诚和体贴非常让人感动。"尽管最后他们的企业不适合合作,但是李丽和查理一家却成了好朋友,后来,查理为李丽的企业推荐了合适的合作伙伴。

　　馈赠是人们通过赠送给交往对象礼物来表达对交往方的尊重、敬意、友谊、祝贺、纪念、感谢、慰问、哀悼等情感与意愿的一种交际行为。在国际商务交往中,馈赠礼品是不可缺少的一项内容,互赠礼品能起到联络感情、加深友谊、建立良好关系和促进交往的作用。

　　商务人员向客户赠送礼物既能表达自己对客户的心意,又能体现礼物的实际效用,如何"送礼得当",其关键是商务礼品的选择。

一、商务礼品的选择

(一)商务礼品定位

　　选择商务礼品时,首先要对商务礼品定位,明确礼品的用途,考虑受礼者的具体情形,不同的场合要选送不同的礼物。

　　1. 表示谢意或敬意

　　在国际商务交往中,在他国访问,受到东道主的热情款待,往往通过向主人赠送礼品来表示对主人的感谢和敬意;事业的发展离不开众人相助,接受他人或单位的帮助之后要

表示感谢；应邀到朋友家做客要表示感谢；在收到别人赠送的礼品后，人们也会通过回赠礼物的方式来表达对送礼者的谢意。总之，要表示谢意或敬意的事情很多，可根据情况不同、个人喜好不同选择恰当的礼品，如对公安、医院、工商、银行等事业服务单位，可以考虑选送锦旗，将称颂之语书写在锦旗之上。

2. 庆典纪念

庆典纪念根据情况不同来选择礼品，如商务合作伙伴的庆典纪念，为表示祝贺，可以送贺匾、书画或题词，既高雅别致又具欣赏保存价值；本单位的庆典纪念，为表示祝贺，可以自己设计并定制带有本单位名称的纪念章、纪念物，或有本单位特色的纪念品赠送给来宾，以起到宣传作用。

3. 开张开业

商业合作伙伴、兄弟单位以及社会组织开张开业之际，应代表本企业送上一份贺礼，一般选送花篮为多，在花篮的绸带上写上祝贺之语和赠送单位的名称。国内也有的赠送条幅悬挂墙外，用来表示祝愿和助兴，同时也可以宣传自身、扩大影响。

4. 大型会议

产品推销会、贸易洽谈会、商业年会等大型会议，需要选择礼品馈赠嘉宾。礼品定位应该主要是可以提升企业的品牌形象，对企业产品起着宣传推广的作用，同时又可以使参会者满意而归。会议礼品可选择的范围很广，需要注意的是，礼品要方便携带，具有纪念性和宣传性。另外，会议上发放礼品数量较多，人多手杂，难免会出现一些摔碰现象，所以品质不易控制的礼品不要选择。

5. 重要节日

我国的春节、元旦、中秋等传统节日，西方的圣诞节、感恩节、万圣节等节日都需要向合作伙伴、客户、相关职能部门、企业内部的员工等，适时地送上一份小小的礼物，对他们给予企业工作的关心与支持表示感谢，并希望继续得到他们的帮助，此时可选择一些应节的礼物相赠。

6. 表示慰问

事情的发展并非都能一帆风顺，在他人遭遇灾难与不幸、发生重大变故时，如患病、丧子等极感痛苦忧伤，或破产、市场开拓失败等遭受困难挫折等，应马上表示慰问，并根据具体情况选择合适的礼物送上，以表示关心，也可以送上钱款相助，体现送礼者的情谊。

（二）了解交往对象的礼品馈赠习俗

在一般情况下，礼品主要是赠送给个人的。就每个人而言，由于个人喜好不同，对礼品的选择也不同。因此，在选择礼品时要了解对方的兴趣爱好，尊重对方的风俗习惯，要"投其所好"。在国际商务交往中，馈赠礼品的对象往往是外国友人，由于各国的文化、宗教和习俗等方面的不同，在礼品选择上，不同的国家和地区有较大的差异。

（1）美国人喜爱奇特的礼品，不太注重礼物的轻重，讲究实用和奇特，尤其喜欢具有独特风格或民族特色的小礼品，我国的"兵马俑"、一瓶上好的葡萄酒或烈性酒、一件高雅的名牌物品都是合适的礼物。

（2）法国人很浪漫，崇尚艺术，喜欢有知识性、艺术性和纪念意义的礼物，如画片、艺术相册、小工艺品和有特色的仿古礼品等。

（3）英国人一般只送较轻的礼品，如果礼品价格很高，就会被误认为是一种贿赂。一些高级巧克力、一两瓶名酒或鲜花，都很受英国人欢迎。

（4）德国人在馈赠和接受礼物方面，讲究经济实用，而不是攀比礼物的价格高低，充分体现了勤俭节约、注重实际的作风。此外，德国人对礼品外观比较讲究，尽管买回来的礼品有原包装，但德国人还是喜欢用专门的包装纸把礼物再修饰一番。在德国人看来，礼物不在大小，情谊才是最珍贵的。应邀到德国朋友家做客，一束鲜花、一盒中国茶叶就会让主人非常高兴。

（5）俄罗斯人素来以热情、豪放而闻名，喜欢西方名牌，鲜花是最常见的礼品之一，俄罗斯人认为，花能反映人的情感、品格，所以送花时非常讲究花的搭配。

（三）与受礼人的关系

在选择礼品时，还应考虑与受礼人的关系。对待商务往来的对象与私人交往的对象、对待个人与集体、对待老友与新朋、对待家人与外人、对待同性与异性、对待国内人士与国外人士等，应该选择不同的礼品。

通常，商务人员代表本企业、公司为客商选择礼品时，主要侧重于礼品的精神价值和纪念意义。例如，送别客商时所赠送的礼物，其主要意义在于留念，而不在于礼品自身的价格。所以，一些企业、公司自己设计并定制的带有本单位名称的纪念章、纪念物等都是与来访客商、业务客户分别时常见的赠品。

商务人员在涉外交往中更要注意礼品的选择。一般情况下，第一次拜访和赠送外国客商礼品，带给对方中国特色的礼品是非常受他们欢迎的。例如，唐三彩、景泰蓝、真丝品等。其他礼物如中国名酒、名茶或者惠山泥人、各种有地方特色的剪纸等小礼物也是十分理想的。

此外，在私人交往中，选择礼品的余地可以更宽泛一些，但是仍然要明确赠送礼品的意义仅在于向友人表达自己的真情与友谊。

（四）注意事项

（1）商务人员在选择礼品时，要遵守国家有关规定，不能选择涉及国家机密或其他有违我国法律的物品当作礼物送给客商。例如，外商喜欢我国的文物，我们可以送其仿制品，并实言相告，但是不能走私，将文物送予他人。

（2）商务往来中不能用金钱和价格过于昂贵的奢侈品、收藏品作为礼品馈赠。

（3）有违民俗的礼品不能赠送，如赠送日本人结婚礼物时，忌讳选购刀具、玻璃、陶瓷之类的易碎品，因为它们会使人联想到"一刀两断"或"破碎"等意思，很不吉利；阿拉伯人通常把初次见面赠送礼品的行为视为行贿，因而非常忌讳。在法国不宜以刀、剑、剪、餐具或带有明显广告标志的物品作为礼物送人。

（4）有违个人禁忌的礼品不能送人，每个人由于经历、兴趣、习惯和信仰不同，形成了一些个人的私忌。如某外商是环保主义者，就不能送用动物皮毛或骨骼等制成的礼品。

二、礼品要精心包装

礼品的包装就像人的外衣一样，如不加包装就赠送他人，跟人没有穿外衣就去拜访客人一样，是十分不礼貌的。无论礼品轻重、价钱如何，赠送客商的礼品事先都要精心包装。精美的包装是礼品的重要构成部分。通过包装，可以直接反映出送礼单位及个人的品位与诚意。尤其是向外商赠送礼品时，更要特别注重这一点，如英国人送礼，不论大小，都会用光鲜灿烂的礼品盒把礼品装好，盒子还要根据对方的性格和喜好，选择美丽大方或活泼可爱的彩纸包好，再配上精美丝带、花结和贺卡，这样才算完成礼物的整体包装。日本人认为礼品的包装同礼品本身一样重要，因此他们很注重礼物的包装，礼品包装在日本是一种精巧的艺术。

此外，包装时要考虑不同国家对包装纸的颜色及图案的禁忌。如送美国客商的礼品，包装纸不要用黑色的，因为黑色在美国人眼里是不吉利的颜色。而在日本不能用红色的包装纸，因为日本葬礼讣告是红色的（我国主要贸易伙伴的禁忌在第九章讲述）。

三、商务礼品馈赠时机

馈赠礼品是世界各国通行的礼仪，但是由于各国的文化、宗教和习俗方面的不同，什么场合、什么时间送礼，不同的地区和国家有较大的差异。赠送礼品时选择好恰当的时机，会令双方皆大欢喜。

国内赠送礼品通常选择节假良辰、婚丧喜庆之时，以表达祝贺、感谢、慰问之情。例如，亲友结婚、生子之时，可赠送适当的礼品向其道喜；升学、乔迁、晋升之时，可赠送礼品表示道贺；探望病人，可赠送礼品以示慰问；等等。

对大多数公司来说，有选择新春、元旦、中秋、圣诞节等节日赠送礼品的，也有选择公司成立周年纪念、公司会议、公关、促销、个人的生日等时间的。有些公司习惯当面亲手把礼品送给客户，如展销会、促销会以及订货会，借见面时机亲手将礼品送到客户手里。

根据国际惯例，通常在商务会见、会谈时，如果准备向客商赠送礼品，一般适宜安排在起身告辞时；参加道喜道贺活动时，最好在与客商见面时赠送礼品。

在不同国家，具体情况有差异，如在韩国，商务礼品是在正式谈判之前送；而在德国，商务礼品很少在谈判开始时赠送，但可能在结束时赠送；在拉丁美洲国家，只有在谈话结束时才赠送礼物；英国人送礼的时间多选在晚上，请人在上等饭馆用完晚餐或剧院看完戏之后；阿拉伯人通常把初次见面赠送礼品的行为视为行贿，因而非常忌讳；而日本人在与人打交道时，常常第一次见面就给别人送礼，并为先向别人送礼而感到高兴；法国人一般要等到下次相逢时才会送礼物给别人。

当自己以东道主的身份接待来宾时，通常是在对方告辞之前向对方赠送礼品。在告别宴会上赠送或到其下榻处赠送也可以。

四、赠送礼节

成功的赠送行为，能够恰到好处地向受赠者表达自己友好、敬重或其他某种特殊的情感，并因此让受赠者产生深刻的印象。

赠送客商礼品时最好选择当面进行，赠送礼品时，要做到神态自若，举止大方、得体。赠送时要起身站立，面带微笑，目视对方，以双手递出。赠送过程中，绝不可以一只手递交礼品，特别是面对有些宗教国家的客商时还不能用左手递交礼品。在当面致辞之后，要主动与客商热情握手，并向对方解释所赠礼品的寓意。

对于远在其他城市或国家的客商，无法当面赠送礼品时，可以通过邮寄赠送或托第三人赠送礼品。此时，通常要随礼品附上一份礼笺，并在上面以非常正式规范的语句书写上赠送礼品的缘由，最后还要署上赠礼单位的全称及赠礼人的姓名。

需要注意的是，礼品不能偷偷摸摸、手足无措或悄悄乱塞、乱放，好像见不得人一般，那种做贼似的悄悄地将礼品置于桌下或房间某个角落的做法，不仅达不到馈赠的目的，甚至会适得其反；赠送礼品时，不能一言不发，或是言辞不当。如我国习惯上送礼时谦虚地说："薄礼！薄礼！只有一点小意思，不成敬意……"容易使客商产生不被重视的感觉。但是如果在赠送时用近乎骄傲的口吻说"这是很贵重的东西"或"名贵的东西！"也容易使客商产生受贿的感觉。

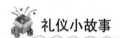 **礼仪小故事**

千里送鹅毛，礼轻情意重

唐朝贞观年间，回纥国是大唐的藩国，一次回纥国为了表示对大唐的友好，便派使者缅伯高带了一批珍奇异宝去拜见唐太宗。在这批贡物中，最珍贵的要数一只罕见的珍禽——白天鹅。

缅伯高来到沔阳河边，只见白天鹅伸长脖子，张着嘴巴，吃力地喘息着，缅伯高心中不忍，便打开笼子，把白天鹅带到水边让它喝了个痛快。谁知白天鹅喝足了水，合颈一扇翅膀飞上了天！缅伯高向前一扑，只拔下几根羽毛，却没能抓住白天鹅，眼睁睁看着它飞得无影无踪。缅伯高急得捶胸顿足，号啕大哭。随从们劝他还是想想补救的办法吧。缅伯高一想，也只能如此了。思前想后，他拿出一块洁白的绸子，小心翼翼地把鹅毛包好，又在绸子上题了一首诗："天鹅贡唐朝，山重路更遥。沔阳河失宝，回纥情难抛。上奉唐天子，请罪缅伯高，礼轻情意重，千里送鹅毛！"唐太宗感到莫名其妙，缅伯高随即解释了事情原委。听他讲完后唐太宗不仅没有怪罪，反而认为他忠诚老实，连声说："难能可贵！难能可贵！千里送鹅毛，礼轻情意重！"

资料来源：于少杰，李元杰，倪丽琛. 商务礼仪[M]. 北京：清华大学出版社，2017：74.

五、商务受礼礼节

（一）受礼要有礼节

商务人员在接受他人赠送的合法礼品时，应该落落大方、热情友好地接受对方的好意。当赠送者向自己递交礼品时，要起立用双手接受礼品，之后立即同对方热情握手，并向对方表示感谢。商务人员在接受礼品时要恭敬有礼，不可以盯着礼品不放，过早伸手接礼品，或是再三推辞后才接礼品。

在国内，一般没有当面打开礼品的习惯，接受礼品后要表达真挚的感谢。将礼品摆放到一个显眼的位置，以表示对礼品的重视，绝不可以将礼品到处乱放。

西方人在收到礼品时都会习惯性地当着赠礼人的面打开，当面欣赏并赞美礼品。因此，在国际商务交往中，接受国际商家或友人赠送的礼品之后，最好当着他们的面亲自拆开礼品的包装，认真欣赏一番，并当面加以赞许，以示对赠送者的尊重以及对所赠礼品的看重与喜爱之情。

（二）拒礼要有分寸

拒绝他人赠送的礼品时，一定要把握好分寸。对违法和违反企业、公司规定的礼品要坚决拒收。拒收他人赠送的礼品时，最好是当面谢绝。拒收礼品时一方面要感谢对方的好意，另一方面还要诚恳地讲明拒绝的理由，说明自己按规定难以接受对方所赠之物。要依礼而行，婉言谢绝，要给对方留有退路，不要让对方产生误会或感到难堪。

如果因一些特殊原因无法当场退还时，也可以暂时先收下然后再找机会退还。退还礼品一定要及时，最好在 24 小时之内将礼品退还本人，退还礼品也需要向赠送者说明理由，并致以谢意。另外，退还时还要保证礼品完整，不可拆封后再退还或者试用后再退还。如无法退还，在事后 24 小时之内将受赠之物登记上交。

（三）受礼后要还礼

尽管赠送礼品的初衷并不是希望得到对方的回报，但是收到他人赠送的礼品后要还礼，这是对对方的一种重视与尊重，更是对双方友谊或相互往来的一种认可和珍视。"礼尚往来"是我国的传统，也是国际商务往来的惯例。

接受别人礼品后，应该铭记在心，在适当的时候向对方还礼。如何还礼，选择什么礼品还礼，体现了个人修养、对对方的友善以及尊重。

回馈礼品时要认真考虑还礼的时间，不能今天收到礼品，明天就还礼。还礼时可以选择在对方有喜庆活动时，如公司开业典礼、庆功宴会等时机，或者选在节假日或登门拜访、回访时。

选择回礼的礼品不在于它价值的高低，但绝不能买相同的礼物，特别是不能选择相同品牌、相同品质、相同包装、同一类型的商品作为回赠对方的礼品。这样做会让对方认为你不是真心收礼，又把礼品原样还回来了。应根据还礼的具体场合、时机选择恰当的礼品，通常可以选择与对方所赠礼品价格大致相同或稍高的物品。需要注意的是，日本人也很讲究还礼，但回送的礼不要比送礼方的礼品价值高，当不愿意接受他人礼品时，他们往往会加倍还礼给对方。

练习题

1. 假设你是位 40 岁的男性职业经理人。根据下列不同的情境你会采用哪种见面礼？
（1）剧院里看到对面包厢里坐着你的老客户，而他也看见了你。

(2) 酒店大厅遇到上司坐在面向你的方向陪同一位女士聊天。
(3) 和泰国男性客户初次见面。
(4) 与日本男性客户初次见面。
(5) 与美国合作方的男性经理人见面。
(6) 与英国贵妇会面。
(7) 新加坡的一位老先生前来公司考察,而你是接待负责人。

2. 下列情况下,见面的双方应该由谁首先伸出手来促成握手?
(1) 公司的总经理和销售部的经理在异地相见。
(2) 宴会开始前宴会主办者和嘉宾。宴会结束后嘉宾告别,宴会主办者和嘉宾。
(3) 在广交会上甲单位的王丽经理与合作伙伴乙公司的赵刚经理相见。
(4) 退休的老王和前来办交接的小赵。
(5) 有5年资历的公关经理和新来的客户服务部副主任见面。
(6) 刚刚工作的王梅和她祖父的战友相见。

3. 假设你是一个沙龙的组织者,如何为下列人士做相互介绍?
(1) 需要一男一女共同担任沙龙的主持人,而王芳总经理与赵钢董事长刚好合适。
(2) 王经理很想在家乡投资旅游业,而李经理是他老乡,想在家乡投资餐饮业。
(3) 你想让你的下属——采购部的李经理与供货商孙董结交,并能与其搞好关系。
(4) 田先生一直在寻找她夫人留学时的好朋友,这个人的丈夫王刚先生恰好来到了现场,而且你和他还很熟。
(5) 当众介绍嘉宾。

4. 请依据情境要求回答下列问题。
如果你是某小城市纺织面料厂的经理,受命到深圳国际家纺布艺展览会上推销产品。晚上在下榻的宾馆大厅休息区,不经意间听到旁边两个闲谈的经理人的谈话。他们都对某种面料感兴趣,这种面料正由贵厂生产,面对如此情况,你是否有兴趣加入他们的谈话?如果有兴趣的话,你将如何做自我介绍?明天展览会开始,你将如何做?

5. 看下面的名片回答问题。

东海集团董事长	市作家协会名誉会长
红星公司顾问	市书法家协会会员
市政协委员	市旅游协会会员

王　刚　　先生

电　话:123456　　　手　机:1123456789×
公司地址:前进大街411号
家庭住址:解放大路229号家园小区8号楼626

(1) 这张名片的设计是否合理？如果由你设计，你将如何设计？
(2) 如果这张名片的主人和你交换名片，你将如何做？
(3) 如果你希望和这张名片的主人继续交往，你将如何索要这张名片？

6．判断下列各题是否正确，错误之处请改正。
(1) 访问客户，尽量做到提前5分钟到达。
(2) 名片具有宣传的作用，所以可在展会门口任意发放名片。
(3) 到一家阿拉伯公司，自报姓名及公司名称，同时用右手将自己的名片递给对方。
(4) 在对方的公司里，为了便于拿到资料，可以将自己的公文包放在办公桌上。
(5) 赠送礼品时，可以对客户说这是自己公司所在地的土特产。
(6) 同上司一起在客户公司时，因为你和上司私交密切，可以随便一些。

7．选择题
(1) 在接待室招待客人，以下不符合礼仪的行为是（　　）。
   A．劝客人坐在上座上
   B．来到接待室前说："是这里，请。"请客人进去
   C．因为是在自己公司里，所以不需要敲接待室的门
   D．给客人倒茶，右手在上扶住茶杯，左手在下托着杯底，杯耳朝向客人，递给客人，说："您请喝茶。"
(2) 接待客人时符合礼仪的话语是（　　）。
   A．"请问先生，你贵姓？""是哪一位约您来的？"
   B．"对不起，王总正在处理一件急事，请您稍等一会儿。"
   C．"知道了，这就通知王刚。"
   D．"王刚不在。"
(3) 客人不说出姓名及拜访目的时，如何接待？以下不恰当的做法是（　　）。
   A．"王总现在外出了，请您改日再来。"以此缓和一下气氛
   B．明确地说："来访目的不明，不予传达。"
   C．"这就去找王总。"
   D．"对不起，请您预约以后再来好吗？"委婉地让对方下次再来
(4) 接待人不在或让客人久等时，以下应对方式不恰当的是（　　）。
   A．把接待人不在的理由和预定回公司的时间告诉给客人，并说："您看怎么办？"询问客人的意见，或代传口信
   B．以代理人的身份确认一下是否还有未解决的事情
   C．"会议延长了，还需要1小时，你耐心等等。"
   D．因为让客人久等是很失礼的，所以请其下次再来访问

8．请指出如图3-6~图3-8所示握手姿势的错误之处。

图3-6　　　　　　　　　图3-7　　　　　　　　　图3-8

礼仪训练

1. 情境模拟。学生以2人为一组，情境自拟（如在咖啡厅偶遇、会议场所想要结识他人、办公室拜会他人等）。情境模拟的内容包括称呼、自我介绍、握手、名片交换等。情境模拟完毕后，表演者进行解说，教师及其他学生共同点评。

2. 接待礼仪练习。假设小张是某公司的秘书，王经理告知有外商刘先生和唐小姐将来公司洽谈业务，让其负责接待工作。班级学生以4人为一组，A同学模拟秘书小张，B同学模拟王经理，C同学模拟外商刘先生，D同学模拟外商唐小姐。由小组成员讨论并确定迎送接待客户时的礼仪规范及应该注意的问题，同时进行情境模拟。学生与指导老师共同评价，选出班级表现优秀的小组。

3. 拜访礼仪练习。小李是某公司的业务员，通过预约去拜访大客户张经理。请学生模拟小李进入张经理办公室进行拜访时应有的言谈举止。

案例分析

日本某贸易公司与中国远达贸易公司有许多年的合作关系，两家公司老总的关系非常好。某日，日本贸易公司总经理的母亲生病，中国公司总经理打算去医院探望，于是便吩咐秘书购买小礼物。秘书李女士不知日本人忌讳数字"9"，按照中国探望病人的习俗便选择了9支郁金香，当中国公司总经理将鲜花送给日方总经理母亲时，对方脸上呈现出了愤怒的表情。此时通过中方知情人士的提示，才知道是因为日本人忌讳数字"9"。于是，中方经理立即道歉，对方的脸色才稍微好些。

资料来源：陈薇薇，吴肇庆. 国际商务礼仪[M]. 成都：四川大学出版社，2016：95.

分析与思考：

通过案例总结，在商务馈赠礼仪中，我们应该注意什么？根据日常的积累，总结其他一些国家在馈赠礼品中的禁忌。

第四章 国际商务办公礼仪

学习目标

1. 了解办公室仪容礼仪,掌握办公室行为礼仪及办公区域礼仪。
2. 掌握拨打及接听商务电话礼仪和注意事项。
3. 了解使用手机的禁忌。
4. 熟悉传真机的使用及注意事项,掌握电子邮件使用礼仪。
5. 掌握国际商务活动各个环节信函的写法及应用。

第一节 办公室礼仪

礼仪小故事

小张给人感觉忙忙碌碌的,办公桌上摆满了文件、资料,杂志、报纸,甚至是几天前用过的一次性餐盒。单位给每位员工都配备了宽大的办公桌和卷柜,小张也都摆得满满的。一些重要的文件常常放在桌面上,一些需要紧急处理的文件,常常翻半天才能找到,有时甚至找不到。一找他办公,他常常说:"我太忙了,你先放着,我一会儿处理。"如果不及时跟着等待处理,常常会束之高阁。工作3年了,没有得到提升,出差和一些会议,领导宁可安排新同事或者有孩子的女同事,也不用他去,尽管他是单身。你知道为什么吗?

一、办公室行为礼仪

(一)关注形象

加入一个新的集体,无论是新参加工作还是新到一个单位,自然首先关注自身的职业形象,即使你是这个企业的老员工也要关注自身的职业形象。

职业形象包括言谈举止、着装、打扮,以及是否严格遵守单位的各项规章制度,不迟到、不早退等。这些不仅是个人习惯的问题,还从另一个方面反映了一个人的素质和修养,以及给领导和同事留下的外观印象。

企业性质不同、管理方式不同、文化习惯不同,企业内部人员的着装与称呼也不同,因此我们要与企业文化相容,入乡随俗,适应环境。

国企与私企、政府机关与学校等,称呼有差异,而且称呼上也因人而异,个人喜好也不一样,我们要礼貌待人,随机应变。

（二）公私有别

无论在任何情况下，都不要将工作关系与私人关系混淆。你与上级或同事，私人关系无论多亲密，在工作时，上下级和同事关系是不可打乱的，在工作上保持默契，不可逾越。私下和同事有纷争，不可带到工作上，不能给同事制造麻烦。工作上与同事或领导有分歧或争执，不要带到工作场合之外。要公是公，私是私，公私分明。

单位的设施与资源不可滥用，不要私用。例如单位的计算机、打印机、扫描仪、电话、打印纸等各种办公用品，不要变为私人用品，更不要变为私人财产。如单位的电话是办公用的，最好不要打私人电话，尤其不能长时间占用打私人电话。要公私有别。

每个单位都制定有规章制度，不同性质的工作岗位，不同规模的企业、单位所制定的规章制度不尽相同，即上班时间杜绝员工做私事。我们要做一个严格自律的员工，不要把办公室当成私人领地，不要把工作时间当成休闲时间，如上班时间私自外出，更不要在工作时间拉别人做私事，如玩游戏、打牌，尤其是趁领导不在时怠工甚至旷工。

（三）爱岗敬业，谨言慎行

有敬业精神、责任感强的员工，无论到任何单位都会得到领导的喜欢、同事的钦佩与尊重。工作时应该保持高昂的精神状态，对工作要有耐心、恒心和毅力。说得好不如做得好，没有过硬的业绩，只会夸夸其谈，是无法赢得同事的尊重的。勤勤恳恳、埋头苦干的敬业精神值得提倡，但必须要有效率，要注意工作方法。突出的工作成绩最有说服力，最能让人信赖和敬佩。

需要注意的是，工作时要谨言慎行，即使遇到挫折、饱受委屈、得不到领导的信任，也不要牢骚满腹、怨气冲天，因为这样做的结果是不仅得不到同情，还可能适得其反。得意之时也不要到处张扬，自己工作有成绩而受到上司表扬或者提升时不要飘飘然，以免引来不必要的麻烦。

（四）进出办公室的礼仪

早晨进办公室时，要主动向大家问好，下班时要与同事礼貌告别。进入他人办公室时，要敲门，敲门得体的做法是，手心向着自己，用指关节轻叩两三下，声音以能引起注意，而不感到突兀和无礼为宜，得到允许后，才可入内。要礼貌问好，方可办公，办完事后，要礼貌告别。如果是领导办公室，要主动征求领导意见，询问如"您还有什么事需要我做吗？"得到答复后，才可礼貌告退。出门时要轻轻关门。动作要轻柔、迅速、礼貌、优雅。

（五）注意事项

进入正在开会的会议室，不要敲门，动作要轻，不要打断会议，可把急需传达的内容写在字条上交给有关人员；办公时间不要大声说话，交流问题应起身走近，声音以不影响其他人员为宜；如果你要跟其他办公室的同事交代事情或交换看法，最好使用内线电话，打内线电话能节约花在寒暄、周旋、走路所用的时间，可以提高工作效率；在征得许可前不随便使用他人的物品，尤其是不翻看不属于自己负责范围内的材料及保密信息，当他人输入密码时自觉将视线移开。

二、办公室仪表礼仪

现代社会尽管人们追求时尚，突出个性，但是不同企业文化，着装打扮不同。我们每个人在着装打扮上要与企业文化相容，要牢记你代表的是企业形象，在办公室要注意仪表礼仪。

（一）办公室仪容礼仪

办公室工作人员必须仪表端庄、整洁，不许不修边幅。具体要求如下。

（1）头发：办公室人员的头发要保持清洁，做到无头皮屑、无异味；男士的头发两边长不能过鬓角，不要留长发；女士在办公室，前边刘海不能过眉毛，不要留披肩发，长发要盘上或扎上。

（2）指甲：指甲要保持清洁，不能太长，指甲缝不能有污垢，应经常注意修剪、清理。女性职员涂指甲油要尽量用淡色。

（3）口腔：保持清洁，不能有异味，尤其上班前不能喝酒或吃有异味的食品。

（4）面部：男士不能留胡须，胡须要经常修剪；女士要化淡妆上岗，切记不要在单位浓妆艳抹，甚至当众化妆。

（二）办公室服装礼仪

办公室的服装要与企业文化一致，与企业环境协调，以体现权威、声望和精明强干为宜。如银行男士最适合穿黑、灰、蓝三色的西服套装领带；女士则最好穿西装套裙。工作场所的服装应清洁、方便，不追求修饰。

无论哪种企业文化，女士在办公室里都不宜穿露、透、短的服装，服装要淡雅得体，不得过分华丽。男士不宜穿印花或大方格的衬衫。任何人工作时都不宜穿大衣或过分臃肿的服装，鞋子应保持清洁，如有破损应及时修补，不得穿带钉子的鞋。总之服装要干净、利落、整洁、合身、得体。

三、办公区域礼仪

（一）办公室环境礼仪规范

一个幽雅、整洁的办公环境会使人心情愉悦，产生积极的情绪，让人充满活力与干劲，自然工作业绩也会有所提升。因此，舒适、和谐的工作环境是办公室工作顺利运转的重要保障。

这就要求办公室内，每一位工作人员都要讲究卫生，不可随意乱扔垃圾。要保持公共区域及个人区域地面卫生，要做到干净清洁，无污物、污水、浮土，无死角。要做到窗明几净，保持墙壁清洁，表面无灰尘、污迹。办公室墙壁的挂件、画框及其他装饰品表面要干净整洁。

办公室内物品摆放要做到整齐、美观、舒适、大方，无关的物品最好清除。

文件资料柜要贴墙摆放。资料柜里的文件资料摆放要合理、整齐、美观。最好把各类资料、物品编号、设计定置图,并把定置图贴在文件资料柜内。资料柜里的文件资料摆放应符合定置图中的要求,做到号、物、位、图相符。要保持柜内清洁整齐,随时进行清理、整顿。

(二)办公室桌面环境礼仪规范

办公室的桌椅及其他办公设施,都需要保持干净、整洁,井井有条。为了更有效地完成工作,桌面上只摆放目前正在进行的工作资料;暂时离开座位时,如用餐或去洗手间,要将文件覆盖起来,重要文件或机密文件要锁好,方可离开;下班后的桌面上只摆放计算机,而文件或是资料会及时放到抽屉或文件柜中。

在办公室每个人都有自己的固定桌椅,桌面及抽屉里摆放的是个人的办公用品,有人以为是自己的空间,想怎么弄就怎么弄,其实不然。鲁迅先生曾言:"几案精严见性情",一个人的个性和心理状态在几案上可以很清楚地体现出来。人们往往从办公桌的状态可以看到使用者的状态,桌面洁净、整理有序的人,工作起来肯定也是井然有序,办事利落、爽快,领导也往往愿意把重要的工作交给他做。相反,办公桌面杂乱无章,给人"邋遢"的感觉的人,人们也会认为他做事同样也毫无条理,丢三落四,不管他实际上是不是这样,领导都很难会把重要的工作交给他。

为了提高办公效率,我们要把办公物品分类,分出哪些物品常用,哪些不常用,哪些天天用,按使用频率摆放。常用物品摆放位置要体现顺手、方便、整洁、美观,有利于提高工作效率;不常用物品放在抽屉或卷柜里面。与工作无关的物品不要放在办公桌内。

人们习惯的桌面物品摆放:桌面中上侧摆放台历、水杯、电话等;桌面右侧一般摆放文件筐、等待处理的管理资料;桌面中下侧摆放需要马上处理的业务资料;桌面左侧摆放有关业务资料。

需要注意的是:不把自己的物品放在别人桌上;别人桌上的物品、信件不应随便翻看。如果在办公室用餐,时间不要太长;准备好餐巾纸,不要用手擦拭油腻的嘴,应该用餐巾纸擦拭;要及时将餐具洗干净,用餐完毕要把一次性餐具立刻扔掉,不要长时间摆在桌子或茶几上,餐后要及时打扫桌面和地面。

此外,办公室座椅摆放也有要求:人离开一会儿,座椅不动,原位放置;人离开办公室短时外出,座椅半推进;人离开办公室,超过四小时或休息,座椅要完全推进。

第二节 电话礼仪

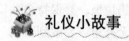 礼仪小故事

李丽毕业于某校秘书专业,声音甜美、形象好,刚刚参加工作就被安排到经理办公室,担任秘书。上班第一天,刚跟经理谈了几句,经理便急匆匆地外出了,期间李丽接了几个电话,并一一详细做了记录,经理回来后,李丽将记录交给经理。经理紧接着开始忙碌起

来，不一会儿，他办公桌上的电话响了，三声响铃之后，经理也没空理会，李丽见状把电话拿起，刚说了句："您好！请问您找哪位？"电话那头就传来一个中年男子低沉、沙哑、强硬的问话："你是谁？"浓重的口音里充满了怀疑和不友好，李丽用平静的语气反问他："那么，请问您要找哪一位呢？"对方有些急了，没好气地说："你先说你是谁？""你怎么回事？"李丽强压怒火回答，"请您注意一下您的电话礼仪好不好？您应该问：'请问您是哪位？'或者'请问×××在不在？'"李丽的教导果然奏效，对方的声调立刻低了很多，连声说："好好，我以后一定注意。请问王经理在不在？"李丽像一个得胜的将军一样把电话交给了经理。经理讲了一会儿电话后抬起头对李丽说："总经理请你接电话。"

思考：李丽这一天的工作是否得当？

在国际商务交往中，电话是最便利、对外联络使用最为频繁的通信工具。对于商界人士来讲，电话不仅是一种传递信息、获取信息、保持联络的寻常工具，还是商务人员所在单位或个人形象的一个载体。人们在通电话的整个过程中的语言、声调、内容、表情、态度等表现，反映出其个人的素质和通话者所在单位的整体水平，直接影响着一个公司的声誉。

一、拨打电话礼仪

（一）事先准备好打电话的谈话内容

通话之前，应做好充分准备。首先要把对方的姓名、电话号码准备好，一般有名片或记在电话本上。打电话时要有一个明确的指导思想，特别是在商界，尤其是打重要电话或国际长途时，除非万不得已，每次打电话的时间不应超过三分钟。因此，商界人士在打电话之前，为节省时间，一定要条理清晰地预备好提纲，写在便条上或打腹稿，然后，应根据腹稿或文字稿来直截了当地通话，这样就不容易出现丢三落四的情况了。通话时要干脆利落，不要东拉西扯、没有重点，既浪费时间，又给对方留下不良印象。

（二）选择对方方便的时间

（1）公务电话最好在上班时打。最好避开临近下班以及用餐时间，因为这些时间段打电话，对方往往急于下班或急于用餐，因而极有可能得不到满意的答复。如果确实有必要往对方家里打，应注意避开吃饭或睡觉时间。最佳打电话时间为上午 9~11 点，下午 2~4 点。需要注意的是，公务电话不要在他人的休息时间打。

（2）给海外商业人士打电话时，先要了解一下时差，千万不能骚扰人家。区时计算有一个简便方法，东加西减。以北京在东八区为标准，在北京东八区东侧的城市，相差几个时区就加几小时，如东京在东九区，与北京相差一个时区就加一小时，即北京时间 10 点时东京为 11 点（10+1=11），最东到东 12 时区。在北京西侧相差几个时区就减几小时，如纽约在西五区，与北京东八区相差 13 个时区（5+8=13），北京时间 4 月 8 日 10 点，即纽约时间 4 月 7 日（4 月 8 日 10-13=-3，4 月 7 日 24-3=21）21 点，最西到西 12 时区。

（3）避开对方的通话高峰时间、业务繁忙时间、生理厌倦时间。每日上午 7 点之前、晚上10点之后、午休时间和用餐时间，都不宜打电话，尤其是节假日时间。社交电话最好在工作之余拨打，最佳时间是晚上8～9点。与人通电话时，须顾及对方在作息时间上的特点。

（三）事先通报

电话接通后，先通报自己的姓名、单位和身份。如"您好，我是凯乐公司销售部的小王"。必要时，还要询问一下对方现在接听电话是否方便，在对方方便的情况下再开始交谈。如果接电话的人不是你要联系的人，可请代接电话者帮助叫一下，要礼貌地请人帮助，如"麻烦你，请找王刚接电话，谢谢！"也可以过后再打。在通话时，如果电话中途中断，按礼节应由打电话者再拨一次。拨通以后，须稍做解释，以免对方生疑，以为是打电话者不高兴而挂断的。一旦自己拨错了电话，切记要向被打扰的对方道歉。

（四）简明扼要

电话中讲话一定要务实。通话时，最忌讳说话吞吞吐吐，含糊不清，东拉西扯。寒暄后，就应直奔主题。力戒讲空话、说废话、无话找话和短话长说。通话时间一般应遵守通话"三分钟原则"。所谓"三分钟原则"是指在打电话时，发话人应当自觉地、有意识地将每次通话的时间限定在3分钟之内，尽量不要超过这一限定。不是十分重要、紧急、烦琐的事务，时间一般不宜过长。

（五）适可而止

要讲的话已说完，就应果断地终止通话。一般应该由通话双方中位高者终止通话，或打电话者主动挂电话。通话完毕时要说"谢谢！""打扰您了""再见"等礼节性用语。

（六）注意事项

（1）不要以笔代手去拨号。

（2）话筒与嘴的距离保持在3厘米左右，不可"吻"话筒。通话时嗓门不要过高，免得令对方觉得"震耳欲聋"。

（3）不打没有意义的电话。当遇到某些特殊情况时，如需要通报信息、祝贺问候、联系约会、表示感谢时，有必要利用一下电话。但毫无意义的电话，最好不要去打。如果想打电话聊天，也要尊重对方的意愿，先征询对方的意愿，然后选择适当的时间。

（4）切忌在单位打私人电话。

二、接电话礼仪

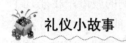 礼仪小故事

接听电话的礼仪

新加坡著名女作家尤今曾回忆起这样一件让自己惭愧的事。儿子从美国留学归来，应聘一家跨国银行理财专员的职位。没过几天，儿子接到伦敦总部的电话，约定了日期和具

体时间，要和他进行一轮电话会谈。约定通话的那天上午，尤今看到儿子很早就起来，郑重其事地穿上了西装，还打了领带，站在电话旁边等待着对方的电话。尤今和儿子开玩笑："这次只是电话会谈而已，对方又瞅不见你，干吗还穿戴得如此正式，犯得着这么大张旗鼓吗？"儿子严肃地答道："对方虽然看不到，但人家是从办公场所给我拨电话，他衣冠楚楚，我在家穿正装，是对他应该有的尊重。再说，我如果现在穿背心短裤，等会儿说出来的话可能会随意而不够慎重，这是对方能'看见'的。"最后，尤今的儿子毫无争议地争取到了这个有很好前途的职位。

资料来源：尤今. 小事情里的生活哲学[J]. 作文与考试：高中版，2014（16）：210-210.

（一）接听及时

（1）如果是单位的工作电话，电话铃声响起后，最好铃响两次就拿起话筒，不要让铃声响过三通，即"铃响不过三"，否则会让人怀疑你单位的工作效率，并进一步影响单位的形象。如果是在家里接电话，尽管没有必要像在单位里那样及时，但尽快去接是对对方的尊重。

（2）不要铃声才响过一次，就拿起听筒。这样会令对方觉得突然，而且容易掉线。

（3）电话铃响了许久才接电话的话，要在通话之初向对方表示歉意，解释一下延误接电话的原因是非常必要的。

（4）最好不要让别人代劳，尤其不要让小孩子代接电话。

（二）礼貌应答

（1）拿起话筒后，即应自报家门，并首先向对方问好："您好，这里是红海集团。"或"您好，我是红海集团公关部的李丽。"

（2）接电话时要聚精会神，语气应谦恭友好。接电话不能发怒，恶语相加，甚至出口伤人。不要拿腔拿调，戏弄嘲讽对方。

（3）通话终止时，要向对方道一声"再见"。

（4）接到误拨进来的电话，要耐心地告诉对方拨错了电话，不能冷冷地说"打错了"，就把电话用力挂上。

（5）通话因故暂时中断后，要耐心等候对方再拨进来。

（三）分清主次

（1）接听电话时不要与其他人交谈，也不能边听电话边看文件、看电视，甚至是吃东西。

（2）在会晤重要客人或举行会议期间有人打来电话，可以向其说明原因，表示歉意，并承诺稍后再联系。

（3）接听电话时，不要不理睬另一个打进来的电话。可对正在通话的一方说明原因，请其稍候片刻，然后立即去接另一个电话。待接通之后，先请对方稍候，或过一会儿再打进来，随后再继续方才正打的电话。

（四）如何挂电话

用电话同客户交谈时，由于只能听到对方的声音而看不到对方的表情或姿态，因此要想结束同他们的电话交谈，如何表达就显得极为重要了。一般分为以下几种情况。

（1）如果打电话的人和你非常熟悉，可以说："还有什么我可以帮忙的吗？"

（2）如果你认识对方家人但不太熟悉的话，不妨加上这样的问候："请代向您家人问安。"这样会增进彼此的情谊。

（3）如果你答应给别人传话，可以说："我一定会转达您的话。"

（4）如果接待的是你的客户，也可以说"谢谢您打电话来""很高兴与您通话""希望近日还能见面"等。

（5）当接电话方明白对方来电话的意图时，在放下电话前补充问一下："还有什么其他的事吗？"

通话终止时，要向对方道一声"再见"。需要强调的是，一定要等对方先放下电话，然后再放电话。

三、代接电话

在工作场合接听外来电话时，有的时候会出现这样的问题：外来电话需要找的人不在，自己成为电话的代接者。

（一）以礼相待

（1）接电话时，对方要找的人在现场，转电话给当事人时要用手遮住话筒再讲话："王经理，你的电话。"如果当事人正在听电话时，可以说："王经理正在接电话。请稍等。"如果当事人听电话时间较长时，可以说："对不起，王经理一直在通电话，稍后打过来好吗？"

（2）接电话时，如果对方要找的人不在现场，不要因为对方所找的人不是自己就显得不耐烦，以"不在"为理由来打发对方。应友好地答复："对不起，他不在，需要我转告吗？"

（二）尊重隐私

代接电话时，不要询问对方与其所找之人的关系；如果对方要找的人离自己较远，不要大喊大叫；别人通话时，不要旁听；不要插嘴；当对方希望转达某事给某人时，千万不要把此事随意扩散。另外，同事家中的电话号码不要轻易告诉别人。

（三）记忆准确

对方要找的人不在时，应向其说明后，询问对方是否需要代为转达。如"王经理有事出去了，我可以转达吗？"如对方有此请求时，应照办；对方要求转达的具体内容，最好认真做好笔录，对方讲完后，应重复验证一遍，以免误事；记录电话的内容主要包括通话者单位、姓名、通话时间、通话要点、是否要求回电话、回电话的具体时间、联络方式等。代接电话时，先要弄清楚"对方是谁""找谁"这两个问题。对方不愿讲第一个问题，不必勉强。对方要找的人不在，可据实相告，然后再询问对方"需要转告吗？"注意，这二者的先后次序不能颠倒。

(四)及时传达

答应对方代为传话，就要尽快落实，但是不要把自己代人转达的内容托他人转告，而要等当事人回来，及时传达。

四、注意事项

(一)重点情节要重复

在国际商务交往中接听重要电话时，需要进行重点的必要的重复。不论自己是否进行现场笔录，都需要把对方传递给自己的一些重要的信息，如商品的规格、具体的数量、销售的价格等重要参数加以重复，以免出现记忆性错误，这是非常重要的。一定要养成在重要的商务场合重复重点通话内容的习惯。

(二)电话掉线要迅速再拨

通话时出现话音不清楚，或掉线状态时要及时中断，并尽快向对方拨打，同时说明电话之所以中断是为了避免声音不清晰，有碍接听，或者说电话临时跳线所致，否则有自己向对方示威耍脾气之嫌。

(三)注意语言使用

杜绝使用	鼓励使用
喂？！	您好！……
你打错了！	可以确认一下电话号码吗？
找谁？	请讲……
不知道！	请稍等，给您转一下负责人。
他不在！	他暂时离开座位了……
我找王总。	麻烦您，能找一下王总吗？
你是谁？	请问您贵姓？
你是哪个单位的？	请问贵公司是……

(四)通话时语音语调要适合

电话交谈时，由于双方处于互相看不见的两地，人们往往通过对方的声音来揣摩对方的情绪、态度，并形成关于对方的电话形象。因此，使用合适的语音语调非常重要。电话交谈时，语调应尽量柔和，以此来表达自己的友善，生硬的语调容易让人觉得不大友好；吐字应当准确，句子应当简短，语速应当适中，语气应当亲切、和谐、自然。

(五)接打电话的举止

在办公室里接打电话，尤其是外来的客人在场时，最好是走近电话，双手捧起话筒，以站立的姿势，面带微笑地与对方友好通话。不要坐着不动，一把把电话拽过来，抱在怀里，夹在脖子上通话；不要拉着电话线，走来走去地通话；也不要坐在桌角、趴在沙发上或是把双腿高抬到桌面上，大模大样地与对方通话。挂电话时应轻放话筒，不要用力一摔，令对方起疑；不要骂骂咧咧，更不要粗暴地拿电话机撒气。

第三节　手机礼仪

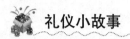 礼仪小故事

　　王刚是一家外贸企业的老总，性格豪爽，为人大方，结交了许多商界朋友。一次，英国客商约翰先生来到王总的企业商谈合作一事，宾主交谈十分愉快，热情的王总得知约翰喜欢台球，恰巧当时在北京举行斯诺克中国公开赛，便邀请约翰一起观看比赛。比赛开始，丁俊晖出场，王总兴奋地用手机拍照，其间王总手机铃声响了，这时组委会安排礼仪小姐举牌提醒请关闭手机，王总急忙关闭手机，看到约翰先生一脸严肃端坐的样子，王总非常不好意思。比赛后，王总驾车和约翰先生返回，途中王总打电话约朋友给约翰送行，约翰婉言谢绝，相约回国后电话联系合作事宜。过了一段时间，王总见约翰没有回信，就主动给约翰打电话，询问合作一事，并问约翰为什么不回电话，约翰有些疑惑，说："你不接我电话。"原来王总手机彩铃的歌词是"我就不接你电话……"这时王总才明白为什么最近约他的朋友少了，原来是彩铃惹的祸。而约翰也婉言拒绝了合作。

　　商界人士工作性质决定常常四处奔走，行踪不定，而且他们需要随时随地地了解商场上的信息，指挥工作。手机就成为广大商务人员随身必备、使用最为频繁的电子通信工具。

一、手机要置放到位

　　携带手机要将其放在适当的位置，不可以有意识地将其展示于人，不论使用的手机多么先进，多么昂贵，它就是通信工具，不是抬高个人身价的"装饰品"。因此，你若是把它握在手中或别在衣服外面，让人感觉你把它当成了装饰品，四处炫耀，从而降低了你的身份。

　　外出时手机要放在随身携带的公文包内，或上衣口袋里，并且要随时能拿出。需要注意的是，穿西服和套裙时手机最好放到包里，以免影响衣服的整体外观，切勿将其挂在衣内的腰带上，或把手机挂在脖子上、手上，这是非常不雅观的做法。

　　在参加会议、商务洽谈、签约时，可以将其暂交秘书、会务人员代管。在办公室可以将手机放到抽屉里。

二、拨打与接听手机

　　拨打他人的手机之后，如果对方没有及时接听，要有耐心，一般应当等候对方10分钟左右。在此期间，不宜再同其他人进行联络，以防电话占线。拨打他人手机后迅速离去，或是转而接打另一人的电话，都会被视为不礼貌的行为。

拨打他人的手机之后，手机接通后要互相问好，一般是接电话者先问好，打电话者问好后，往往要说："请问你是……吗？"然后再自报家门："我是……"同时要询问："现在通话方便吗？"打电话时如果没有特殊的原因，与对方进行通话的时间不应当超过5分钟。接听电话者，在暂时不方便使用手机时，可以在语音信箱上留言，说明具体原因，告之来电者自己的其他联系方式。有时，还可以采用转移呼叫的方式与外界保持联系，到方便时一定要回话。不及时回复他人电话，会被视为不礼貌的行为。

三、手机彩铃

手机彩铃内容繁多，内容要和身份相匹配，过于个性化的铃声与年轻人的身份比较匹配，一些长者或者有一定身份的人，如果选择与自己身份不太匹配的铃声，会损害自己的形象。最好不用彩铃，选择普通铃声为宜，为了宣传企业可以选择"……企业欢迎您！"

需要注意的是，商业人士的手机彩铃不能有不适合商界交往使用的内容，尤其是不能有不文明的内容，否则，不仅显得不雅，还会让拨打者尴尬，影响商务往来。

手机铃声音量不能太大，以离开座位两米可以听见为宜。铃声太大会影响他人，是不礼貌的行为。

四、手机短信

（一）短信的基本规范

（1）发短信要有称呼、问好和署名，这既体现了对对方的尊重，也为了让接短信者知道你的身份。

（2）短信祝福不宜太长，不要把别人的祝福短信转发过去，更有甚者连名字都没改就直接转发了，这是不礼貌的。节日期间，接到对方短信并回复后，一般就不要再发致谢之类的短信了。

（3）提醒对方最好用短信，有些重要电话可以先用短信预约。

（4）短信要及时清理，以免重要的短信进不来，要及时删除自己不希望别人看到的和无用的短信了。

（5）短信的内容选择和编辑要健康。短信反映了人的品位和水准，所以应当慎重。尤其收到色情、暴力等不文明的短信时，不应该再把它转发给别人。

（二）短信的分类及注意事项

（1）工作交流的短信：同事间一些简单的工作交流，或感情沟通可以用短信进行，但除非是上司主动要求或事先征得其同意，否则，下级不能以短信方式和上级谈工作。

（2）拜年短信：节假日通过发送短信表示祝福十分便捷、迅速，最亲密的朋友间用短信拜年应该自己编辑内容。对长辈不宜采取短信拜年的方式，而应该亲自登门或电话问候。

（3）提醒短信：对于一些重要事情，用短信方式婉转地提醒对方，比用电话多次确认要礼貌得多。但值得注意的是，在发短信之前，一定要进行电话或当面的邀请或确认。

（4）转发短信：转发短信要注意礼貌，一定要特别注意短信内容，不要发送调侃、无聊、有失大雅的短信。

使用移动通信工具时，绝对不允许扰乱公共秩序，给公众带来"听觉污染"。

五、使用手机的禁忌

（一）遵守公共秩序

在公共场合，如音乐厅、美术馆、影剧院、图书馆等要求安静的场合，应让其处于静音或振动状态，不能对着手机大声通话。

不能在楼梯、电梯、路口、人行道等公共场合以及人来人往之处，旁若无人地使用手机，妨碍他人交通。

（二）注意安全

（1）在驾驶汽车时，不要使用手机通话，即使有耳机也不要用，要注意安全。

（2）不要在加油站、面粉厂、油库、医院重症监护室等处和飞机飞行期间使用手机，因为手机所发出的信号可能引发火灾、爆炸，干扰医疗仪器的正常运行，给航班带来危险。

（3）涉及商业秘密、国家安全的事项最好不要在手机之中使用，因为手机容易信息外泄，产生不良事端。

（三）保证畅通

商界人士告诉交往对象自己的手机号码时，务必力求准确无误。如果是口头相告，应重复一两次，以便对方进行验证；如果是书写在纸上，应书写清楚。这是加强与外界联络的前提。

手机要及时交费，以免因为忘记交费而被停机，致使他人与你失去联络。如果改换了手机号码，应尽早告知于自己主要的交往对象，包括一些老客户，以保证彼此联络的顺畅。应经常使手机保持在开机状态，以方便他人与你联系。

别人拨打你的手机时，如果你不方便接听，可以先行挂断，但事后应及时与对方联络。没有特殊的原因，回复他人不宜延后，宜在5分钟内进行。尤其是商业人士，如果没有及时回复对方，很可能会失去商机。

很多商业人士喜欢把电话号码存在手机里，使用方便，但应该有一份备用的电话簿，以防手机丢失影响联络。

（四）尊重私密

如果是其他人想通过你得知别人的手机号码，你应该在得到对方的允许之后，再告诉他人。尤其是商业人士，不应该不负责任地将别人的手机号码转告给他人。

因为商业人士要用手机洽谈贸易，或用短信进行商业联系，里面涉及商业机密，因此商界人士不应随意将本人的手机借予他人使用，否则，可能会给公司造成巨大的损失。随意借用别人的手机也是不恰当的。

与他人的手机通话内容和发送的短信内容均属于你们两人之间的秘密，未经对方许可，不应擅自透露给第三人。

现在的手机大多都有拍照功能，有些商务人员在商场上往往没有多加考虑，未经他人许可就进行拍照，这是不礼貌的行为，商界人士不应随意地用手机拍摄和发送照片，因为这可能会侵犯他人的隐私。

知识链接

需要注意的手机礼仪

在会议中和与别人洽谈的时候，最好的方式还是把手机关掉，或者是调至静音或振动状态。这样既显示出对别人的尊重，又不会打断发言者的思路。而在会场上铃声不断，并不能反映"业务繁忙"，反而会显示出缺少修养。在一些场合，如在看电影时或剧院接打电话是极不合适的，如果必须要回话，采用静音的方式发送手机短信是比较合适的。在餐桌上，把手机调至振动状态还是很有必要的。无论业务多么繁忙，为了自己和乘客的安全，在飞机上都要将手机关机。在公共场所使用手机，应该把自己的声音尽量压低，以防打扰他人。

第四节　网络通信礼仪

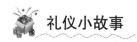礼仪小故事

电子邮件对商务活动的重要性

小李在公司负责电子邮件的收发工作。刚开始，电子邮件还比较少，小李便一封一封地查看并对邮件中提出的问题认真进行回复和解答。随着业务量增多，电子邮件也逐渐多起来，到了业务繁忙的时期，邮件如同雪片一般向他飞来。面对大量的电子邮件，小李也不像原来那样一封封细致耐心地查看了，有时只是挑着查看并且回复也不够及时，有的看完甚至都不回复。他发现，有不少电子邮件的发件人都是索要一些产品信息，于是他就把公司的产品信息说明像发广告单似的"群发"出去，至于邮件中客户提及的具体问题根本未得到解答。不久，客户纷纷反映，他们通过电子邮件提出的问题并未得到回复，收到的产品信息说明还真的以为是广告宣传单。为此，小李也受到了公司的处罚。

在国际商务交往中，经常需要将某些重要的文件、资料等快速地送到身在异地的交往对象手中，这时常常使用电子邮件和传真等网络通信。

一、传真机使用礼仪

（一）传真的特点

传真，又叫传真电报。传真按其内容及业务性质可以分为四种：相片传真、真迹传真、

文件传真、报纸传真。在一些发达国家已广泛使用，成为办公室内不可缺少的一种通信工具。其主要优点是操作简便、传送速度快、能传送真迹、可以自动收录稿件。

在电话机上安装一台传真机，通过国际国内长途线路，在很短的时间内，就能把写在纸上的各种文字、照片、图表、绘画等资料，包括一切复杂图案在内的真迹传送出去，传送到国际、国内拥有传真机设备的用户手里，他们收到的传真如同复印机印出的一份副本稿件。

传真机有自动收录功能，只要预先输入程序，传真机就可以在无人状态下自动收录稿件。

传真机的缺点是发送的自动性差，发送文件需要专人在旁边进行操作，而且有时它的清晰度不佳。

（二）写传真信件的礼节

写传真信件时，与写信一样，要真诚、文明、礼貌，格式与书信一样，称呼、问候语、签字、敬语、致谢辞等都不能缺少，特别是信结尾处的签字容易被忽略。因为签字代表这封信是发信者知道并且同意才发的，否则任何人都可以"冒名顶替"了。

（三）事前通报

现在许多传真机和电话机是一体的，为防止传真机同时也是办公电话，发传真前要先打个电话，告诉对方你将发送传真同时确认传真号码，传真信息应当在5分钟之内发送。发送时，要拨打对方传真号码，接通后听到传真信号，表示即可发送传真，如有人接电话，应通知对方有传真待发，等听到对方发出传真信号后才可以发送传真。

（四）注意事项

（1）要认真地记好主要对象的传真号码，把本人或本单位所用的传真号码准确无误地告知自己重要的交往对象。

（2）发送传真要避开对方工作繁忙的时间和休息时间，文件传真完后，要将文件拿走，否则容易丢失原稿，或走漏信息，造成严重后果；接收传真时，如果无人在场而又必须接收，应当使本人或本单位所使用的传真机处于自动接收状态。需要注意的是，接收重要传真时，必须本人在场，以防泄密。

（3）收到他人发送过来的传真后，应立刻通知对方，以免对方牵挂。需要转交、转送他人发来的传真时，应尽快将传真送到指定的人手中，千万不可拖延时间，以免误事。

（4）文件传真时要注意私人文件、机密文件不能发送，多于10~12页的文件也不适合发送。需要高清晰高质量的文件也不能发送，如个人简历和协议不适合发送。

（5）正式的传真必须有首页，上面应注明传送者与接收者双方所在单位及部门的名称、姓名、日期及总页数等信息。这样做可以使对方一目了然。如果是非正式传真，也应在所发资料上标注上4-1、4-2、4-3等，让对方很清晰地得知总共几页传真。如果其中一页不清楚或是没有收到，可立即告知，及时重发。

二、电子邮件

电子邮件，又叫电子信函或电子函件，它是利用电子计算机所组成的互联网络，向交往对象所发出的一种电子信件,其优点是方便、快捷、省时、省费用,而且容量大,节约资源,同时又不会造成不必要的打扰。

随着互联网的发展,电子邮件日益普及。国际商务往来中联系贸易业务等,也是通过电子邮件进行沟通与交涉的。许多大公司在沟通时也都使用电子邮件的形式,如工作总结报告、对某一项目的策划方案等。因此,商务人员在使用电子邮件时,电子邮件书写规范与书信书写规范一样,只是发送方式不同,此外,有些必要的礼节规范是需要注意的。

(一)每一封邮件都应有一个主题

电子邮件在发送过程中,都有一个主题,而且许多网络使用者习惯看标题决定是否继续详读信件的内容,因此主题词应尽量与邮件的内容相关。一方面,收件人见到它便对整个电子邮件一目了然了,以便对方快速了解与记忆,有助于对方权衡邮件的轻重缓急,分别处理,也有利于对方管理,有助于以后查询邮件;另一方面,由于计算机病毒猖獗,如果发送的邮件没有主题词的话,很可能会被收件人认为是计算机病毒为侵入他的电脑而自动寄出的信,结果还没开启就先被删除了。

收到对方发送的电子邮件,回信时如果标题与内容不符,应该加以修改或重新命名。如果你与对方讨论一个新的内容,最好重新撰写一个新的邮件而不要使用"回复",这样便于收件人能准确判断,重新分类。

(二)事先要杀毒

发送电子邮件时,若以附件形式发送邮件,应事先运用杀毒程序进行扫描,防止将文件中的病毒发给收信人;如果实在没有把握,也可以将发送内容剪切至邮件正文中。

接收邮件时,对于来历不明的信件一定要谨慎处理,最好也先进行杀毒处理。

(三)注意写编码

我国内地与香港、澳门、台湾地区以及外国的中文编码各不相同,通信时如果使用不同编码,会出现乱码现象。因此,在国际商务交往中,商界人士使用中国内地的编码系统向生活在除中国内地之外的其他一切国家和地区里的中国人发出电子邮件时,必须同时用英文注明自己所使用的中文编码系统,以确保发信成功,使对方可以收到自己的邮件,并能正确阅读。

(四)注意语言规范

(1)在书写英文邮件时,要注意避免单词拼写和语法错误,不要在英文邮件里全部使用大写字母,否则会给收件人阅读邮件造成困难,甚至可能被认为你是在故意为难他人。

(2)邮件中不可滥用简写词。在写电子邮件时,很多人为了方便喜欢用一些简化字,例如用"u"代替"you",用"c"代替"see"。其实这些简化字原本是在发电报时为了节省而使用的,如果用在邮件上会显得不够庄重和正式。商界人士发送的每一封商业邮件都可能会影响到客户关系的成败,因此应尽量避免此种情况的发生。

(3)语言要简洁。邮件中的主要内容不要太长,语言描述要简练,主题要突出,行文要流畅。在线沟通讲求时效,电子邮件的内容力求简明扼要,并追求沟通效益。一般信件所用的起头语、客套语、祝贺词等,在线沟通时都可以省略。

（4）电子邮件要便于阅读，尽量不要写生僻字、异体字。有些人为了强调和省略，在电子信件中大量使用惊叹号，如"！！！！！！"如要强调事情，应该在用词遣字上特别强调，而不应使用太多不必要的标点符号。写完后还应该审查核定一下所有的字体和字号是否合适，因为太小的字号不仅使收件人看起来费力，也显得发件人粗心和不礼貌。当然，在邮件发送之前，还应检查一下打字是否正确。

（5）文字要谨慎。现在法律规定电子邮件也可以作为法律证据，因此，对公司不利的话，千万不要写上，如报价等。发邮件时一定要慎重。

（6）签名时将自己的名字写全。发邮件添加个人签名栏也是很有用的，即在你的邮件末尾增加几行字，包括你所在的部门名称、你的电话号码和传真号码，如有必要，还可以包括你的详细地址。

（五）谨慎选择电子邮件功能

为了强化电子邮件的个人特色，许多先进的电子邮件软件提供多种字体备用和各种信纸，但是这类功能商界人士是必须慎用的。一方面，电子邮件的收件人所拥有的软件不一定能够支持上述功能。这样一来，他所收到的那个电子邮件就很有可能会大大地背离了发件人的初衷，因而使之前功尽弃。另一方面，对电子邮件修饰过多，会使其容量增大，收发时间增长，浪费时间，而且往往会给人以华而不实之感。

（六）邮件的收发

（1）确保邮件发送成功。有时因为网络的问题或计算机本身的故障，邮件可能发送不到收件人那里，因此重要的电子邮件在发邮件以前要得到对方的允许，或者至少让他知道有邮件过来，以确认你的邮件对他有价值。当邮件发送完毕后，你还可以通过电话等询问对方是否收到邮件并通知收件人及时阅读，以免贻误商机。

（2）及时反馈。收到客商或他人的重要邮件，一定要及时回复，告知对方信件已经收到，请对方放心。当然，我们在发邮件给别人时，如果需要对方尽快做出回应，可以在邮件中注明"请回复"类字样。

（七）及时清理电子邮箱

电子邮箱容量空间有限，毫无意义的电子邮件会占用空间，也不方便文件的分类管理。因此商界人士要定期及时清理电子邮箱，将无用的电子邮件清除掉，空出邮箱空间，但是在删除邮件前，要及时将一些有用的电子邮件地址记下来并存入通讯簿中。

第五节　商务信函礼仪

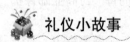
礼仪小故事

中文系毕业的李丽和王芳在公关部工作，二人在接到客户投诉函写回信时，因是否写"质量"二字产生分歧。李丽在信函中写道："我们非常遗憾地得知你从我处购买的产品出现了质量问题，我方……"。而王芳在信函中写道："我们非常遗憾地得知你从我处购买的产品出现了问题。我方……"。公关部长肯定了王芳的信函，因为在当事人双方都不知道产品出现问题的原因所在时，回复调查投诉的信函是不能写"质量"二字的，如果写上就会被认定是公司产品质量问题。同时也不能对客户所说的问题表示质疑，这是对客户最大的不尊重。只能写"出现问题"，然后向客户说明我们会采取何种措施处理，让客户相信此次投诉将会得到积极的解决。二人通过部长的谈话，感到小小的信函里面大有文章。

一、信函设计

在动手书写商务信函时，应先在脑海中形成一个粗略的草稿，做到胸有成竹。

首先，应仔细考虑一下写此信函的目的。

其次，在头脑中列出与此信函相关的所有事实，做到完全熟悉并了解本事件最新的情况。

最后，尽可能地了解看信的人。

"这对我有什么好处？"是大多数读信者的下意识的想法。

综合以上几点以后，一个粗略的草稿就拟定出来了。有时也可以将收信人希望得到的解决方案列出来，便于其参考。当所有这些要点都被放进草稿中以后，就可以着手考虑其外观、版面、格式、风格，最终撰写出一封完整的信函，并于适当的时间寄给收信人。

（一）外观设计

一封信的外观如何，如采用何种颜色的信封、使用何种规格的信纸、手写还是打印等，将给收信人留下最直观的第一印象，甚至会影响收信人收信和回应的方式。所以，许多大型的公司或企业为了对外树立统一的形象，都采用统一的信封和信纸，对正文的编排也有公司内部统一的要求。这为撰写商务信函提供了方便。但在没有统一设计要求的情况下，建议写信人尽可能认真挑选信封和信纸，用心设计正文的外观，如是私人信件，可以随信函附带一些表示问候或祝愿的小卡片，力求为自己塑造一个美好形象。

1. 信封（Envelop）

目前的商务信函多以电子邮件或传真的形式发出，因此略去了信封和信纸选择的难度。如需要选择信封，应选择质量好的信封，因为这会为自己创造一种职业的、精致的印象。

（1）信封的颜色最好是白色、米色、灰色以及其他保守的颜色。

（2）在信封正面的中心写上或印上收信人的姓名、头衔、地址和邮编。

（3）本公司的名称、徽标或标语的印章，应盖在信封下部的左边或中心。

（4）将邮票贴在信封的右上角，不同的贴法会表达不同的含义。

例如，邮票向右倾斜表示"我绝不再生你的气！"向左倾斜表示"实在太抱歉了，请你原谅我吧！"

2. 信纸（Paper）

在书写商业长信时，最理想的选择是带有水印的 A4（29.7 厘米×21.0 厘米）信纸。短信和私人的致谢信、慰问函等则可以选用一半大小的 A5 信纸。为确保所用的信纸和信封相互匹配,用小一号的信封装 A5 的信纸,这会给收信人留下和谐的印象。如果大小合适的话,也可以把 A4 的信纸折成 1/3 大小,而不是对折再对折,这样可以确保信从信封中取出时少些折痕,从而更易于阅读。

3. 正文(Body)

在正式的情况下,如需拟写纸质信函,如代表公司订购商品或解决客户的投诉时,信函应采取打印的形式。而私人信函,或代表公司处理一些微妙的事件时,则应采取手写的形式,以便更好地表达写信人的感情。

4. 卡片(Greeting Card)

针对私人信函,适时地配一些小卡片,有时会比一封单一的信函更合适,更能表达写信人所要表达的情感。如向读信人表达谢意、祝贺或慰问等感情时,一张令人愉快的卡片配上文字,通常更具有吸引力。

(二)版面设计

一般来说,商务信函是由各个部分按同一的基本顺序和方式组织起来的。一封完整的传统商务信函一般应包含以下几个部分。

1. 信头(Letter Head)

信头应包含写信人的公司的名称、地址、电话和传真号码、网址或电子邮件地址,还应有公司的徽标或标语等。信头一般都是事先印好的,位于信纸上方的左边、中部或右边的任意一个位置上。

有些国家的信头中还包括其他细节,如在英国,信头中就印着公司经理的姓名。

2. 编号和日期(Reference and Date)

在商务信函中,当一个公司向另一个公司发函时,双方都会给信函编号。编号应包括卷宗号码、部门代码或者该封信的签发人及打字员的姓名的首写字母。所有这些一般标有"我方编号:""贵方编号:"以防混淆,例如:

我方编号:JBD/WM(Your ref: JBD/WM)

贵方编号:WDW/LP(Our ref: WDW/LP)

这些内容打印在紧挨信头下面的位置。

日期中月份应打印成英文全名,避免使用缩写,如 Dec.应改成 December。序数词后面的词尾-th,-st,-nd,-rd 可以省略,如可以用 May 5 代替 May 5th。年份中不能用 10 年代替 2010 年。

要避免将日期打印成数字形式(如 10/05/2019),否则容易引起混淆。因为英国人遵循日、月、年的顺序,而美国人遵循月、日、年的顺序,所以,10/05/2019 既可以理解为 2019 年 10 月 5 日,也可以理解成 2019 年 5 月 10 日。

3. 封内姓名和地址(Inside Name and Address)

在距日期两至三行的左边是封内姓名和地址,其形式与其在信封上的形式完全相同。包括收信人的姓名、头衔(相关的)和地址。而政府机构所发的信函则有可能在信末的左下端。注意拼写,以确保信函能迅速送达收信人。

4. 经办人/注意事项（Attention Line）

当发信人希望将信寄给某个具体的人或部门时，便加注经办人，置于封内地址下的二至三行处。如果收信人在前一封同一主题的信中有"主办人"一项，则回信时也必须使用。

5. 称呼（Salutation）

每封商务信函的开头必有称呼，它是在信的开头对收信人所表示的敬语，其具体形式取决于写信人和收信人的关系。如果写信人熟悉收信人，并与其有着良好、平等的关系，应称呼其名，如 Dear Harry；如果写信人不熟悉收信人，则称呼他们的姓，如 Dear Mr. Smith；如果写信人根本不知道应该如何称呼收信人，则用表示尊敬的通用语，如 Dear Sir。

称呼通常打印在比封内姓名和地址或经办人低两行的位置。

6. 标题/事由（Subject Line）

一般来说，商务信函应一事一函。若一封信只涉及一件事，则应在称呼下面空两行的中央写标题，并加上底线以提醒收信人注意，这一标题叫主标题。若一封信涉及几件事，则应把每件事分段写，在每段的开始写分段标题。主标题不需要加句号，而分段标题后则应加上句号、冒号或破折号。

7. 正文（Body）

正文是商务信函最重要的部分，表达了写信人的目的。所以，正文应整洁、易读，以激发收信人继续阅读的兴趣。因此，在拟写时应注意以下几点。

（1）简明扼要，合乎语法，重点突出。

（2）每段主要讲述一个主题，并尽可能让每个段落的长短大致相同。

（3）打印无误，布局艺术，力求让收信人有耳目一新的感觉。

由于信文的四周的空边起着对信文定格的作用，所以信纸两边边缘一般留 3 厘米空白，以避免拥挤。

若以前已有通信联系，应在回信的第一段中提及，而写信人的计划、希望及期望应在结尾段中表明。

8. 结尾敬语（Salutation）

结尾敬语的书写是一种习惯，表示信函的结束。与主要正文间应空开一行，并与称呼配套使用，如下所示。

称呼	结尾敬语
Dear Mr. Health	Yours sincerely
Dear Sir	Yours faithfully
Gentlemen	Truly yours

由于称呼语和结尾敬语的使用只是出于一种礼貌而对内容无什么影响，所以在当前的简化式信函中常常被省略。

当拟写纸质信函使用结尾敬语时，绝不能将其单独另页打印。万一出现这种情况，则应重新打印全信，要么缩小正文行距，使其与正文打印在同一页上，要么重新排版，将正文的一部分内容移至下一页。当需要使用续页时，应该使用与信头页质量相同的纸张，并且打印时包括下列内容的信头。

（1）页码（左右居中）。
（2）收信人姓名（位于左边）。
（3）写信日期（位于右边）。

9. 签署（Signature）

通常情况下，在结尾敬语下一行，应将写信人公司的名称打印好，以表示该信系公函，而非私人函件，然后再由写信人用黑色或蓝色墨水笔在公司名称之下签署自己的姓名，避免使用图章。由于手写签名有时难以辨认，大多数商务信函里应在手写签名之下用打字机打上写信人的姓名及职务。

10. 附件（Enclosure，缩写为 Encl.）

若随信附有附件，须在签署下注明，通常注明附件中的内容及份（件）数。
如：Encl. Price List（价格单）。

11. 抄送（Carbon Copy Notation，C.C.）

若该封信函有副本寄给他人或其他单位，则应在签署下边的左边打印上"C.C."字样，并注明抄送单位。
如：C.C. The Osaka Chamber（大阪商会）。

12. 附言（Postscript，P.S.）

如果在信的正文中遗漏了某事或者需要提醒对方某事，常常将附言补写在比"抄送"低两行的地方。现代信函多以电子邮件形式发出，所以避免了此项。如果拟写纸质信函，请尽量避免使用此项，因为附言可能产生写信人在下笔前计划不周之嫌，给收信人不好的印象。

如：P.S. As requested, we will airmail you three samples tomorrow morning.（应贵方要求，我方将于明天早晨航寄 3 份样品。）

由于现代通信工具发达，大部分信函都以邮件或传真的方式发出，省略了纸质信函中的很多项目，如信头多半被设置为发出邮件时自动生成。

（三）格式设计

一封商务信函的格式通常有四种：齐头式、混合式、改良式和简化式。书写时可以沿袭公司规定的格式，也可以自己选择格式。

1. 齐头式

在齐头式的信函中，每行都从左边边线开始，但信头有时也可以置于中央。此种格式最受欢迎，便于打印，但布局不够美观。

2. 混合式

在混合式中，写信人的地址打印在信纸的中上部，而收信人的地址是从左边边线开始打印，结尾敬语连同签名是从中间稍偏右处开始打印。

由于商务信函要求简单、明了，于是又出现了改良式和简化式。

3. 改良式

在改良式中，除了日期、结尾敬语和签名的排列与混合式相同外，其余部分是从左边边线开始。

4. 简化式

简化式有点儿像齐头式，但又省略了称呼和结尾敬语等部分。

以上是广泛应用的国际商务信函的书写格式。当今由于主要的商务信函都是以传真或电子邮件的形式书写的，对格式的选择，更多会考虑整体布局，给收信人一种清晰悦目的感觉。

（四）选择书写风格

完成以上三个步骤后，一封粗略的信函基本完成。接下来所要做的就是设计信函的语言、语气和长度，使其更加完美。

1. 语言

写信的目的是让读信人明白写信人所要表达的意思，因此，在设计信函之前应仔细了解收信人，使信函的语言尽量符合收信人的学识和理解力。当信函是面向大众时，尽量使用简单的词语。而对于合作伙伴，则应使用专业术语，以表示对对方的重视。在任何情况下都应使用通用语言，如个人的俚语、内部行话和当地的表达方式等尽量不要使用。

2. 语气

信函的语气应能反映出写信人的个性以及信件本身的性质。如果想让收信人看信时有耳目一新的感觉，拟写的信函就一定要具有自己特有的风格。要清楚信函的目的，是劝慰、抱歉还是强硬。一定要尽量自然地运用自己的语言，适时地加上表示礼貌和尊敬的用语，如"Please…""Thank you for…""Regret to say…"等。如果对收信人不是十分了解的话，不要使用幽默的手法，因为应该让收信人正确意识到所谈论问题的严肃性。

3. 长度

简洁是商务信函的特点之一，所以写作时应控制信函的长度。要时刻谨记写信的目的，只说必须说的，其他的则一律不提。收信人想看到的是写信人如何解决问题，而不是一封解释问题为何会出现的长信。

4. 检查

当完成上述步骤后，还需要从头开始检查有没有拼写、标点或语法的错误。如有可能的话让别人帮忙检查。因为人通常很难发现自己的错误。检查完毕，各方面都没有问题时，一封完美的信函就诞生了。

二、建立业务关系信函（Establishing Business Relations）

建立业务关系是国际商务的第一个环节。良好的开端是成功的一半。因此，在拟写有关建立业务关系的信函时，应礼貌、得体，并应将自己要表述的内容清楚地叙述完整。它可能会帮助写信人获得客户，成功销售产品或服务，也可能起到相反的作用。通常可以按如下步骤拟写。

（1）向收信人说明获得对方信息的方法和途径，以给收信人一个真诚的印象。

（2）简单明了地向收信人说明写信的意图。

（3）应向收信人介绍写信人公司的经营范围，以引起收信人的兴趣。

（4）为收信人提供一个有关公司财务状况及信誉状况的查询之处，进一步体现写信人想与收信人建立业务关系的真诚态度。

（5）写信人常常表达期盼合作与早日答复的愿望。

如写信人有意进口，还可以向收信人索要产品目录、样品、价格单等。如写信人是想推销自己的公司或产品，应用简洁的语言提及一些能给收信人带来崇敬之情的事情，如向收信人阐述自己与某些知名的公司做过的业务。最重要的是，要向收信人逐条列出自己公司所能提供的产品或服务及对方能够获得的利益。可附上价格单和产品目录。

例文 4-1　出口商给进口商的信（Exporter Writes to Importer）

敬启者：(Dear Sirs,)

伦敦的怀特有限公司向我公司介绍，贵公司是中国棉织品的主要进口商。这正好是我公司的经营业务范围。因此，殷切希望尽早与贵公司建立直接业务往来。(Your company has been kindly introduced to us by Messrs. White & Co., Ltd., London, as a prospective buyer of Chinese Cotton Piece goods. As this item comes within the scope of our business, we shall be pleased to enter into direct business relations with you at an early date.)

为使贵公司对我公司目前可供出口的棉织品有一个总体的了解，特随函附寄目录和价格单各一份。如收到贵方具体的询价，将立即航空邮寄询价单和样品书。(To give you a general idea of the various kinds of cotton piece goods now available for export, we enclose a brochure and a price list. Quotations and sample books will be airmailed to you upon receipt of your specific inquiry.)

期盼贵方早复！(We are looking forward to your early reply.)

谨上（Yours faithfully,）
销售经理（Sale manager）

附件（Encl.）：目录（Brochure）
　　　　　　　价格单（Price list）

例文 4-2　生产厂家的自我介绍（Self Introduction by Manufacturer）

敬启者：(Dear Sirs,)

我公司从互联网上得知，贵公司是家用电器的主要进口商，目前贵方想要购买电风扇。(We have learned from the Internet that you are a leading importer of household electric appliances, and at present you are in the market for Electric Fans.)

因此，我方非常高兴地告诉贵方，我厂生产各种电风扇，最近又生产了一种名为"长风"牌的微风电风扇，它的质量和性能都经过了严格的检验，在附寄的附有插图的目录中对其设计及颜色做了清楚的解释。(We, therefore, take pleasure in informing you that we are an enterprise manufacturing various electric fans and have recently produced a new model of gentle breeze electric fan entitled "Chang Feng", whose quality as well as functions has been proved by a scrupulous test, and the designs and colours have been clearly explained in our illustrated catalog enclosed.）

由于此电风扇有许多改进之处，我方相信"长风"牌电风扇一定会畅销于贵方市场。（Considering the improvement it offers, we believe you will find our "Chang Feng" a very good seller in your market.）

若贵方有意经销"长风"牌电风扇或我方目录中的其他型号的电风扇，请告知详细的要求及贵方银行的名称和地址。（If you have interest in dealing with us in "Chang Feng" or other types of the goods shown in our catalog, please inform us of your requirements together with your banker's name and address.）

关于我方的资信情况，请向中国银行上海分行查询，地址为……（For our credit standing, please refer to the following bank, The Bank of China, Shanghai Branch（address）...）

若蒙贵方及时回复，将不胜感激。（Your immediate reply would be highly appreciated.）

谨上（Your faithfully,）
销售经理（Sale manager）

三、日常询函及回复（Inquiries, Requests and Replies）

在商务活动中，每天拟写大量的询问信函是不可避免的，因为交易一方可能需要了解对方具体的情况。例如：写信人想要获得有关商品的价格或技术指标等信息；写信人收到一些产品目录或价格单等印刷品，想要进行询问；写信人收到一些感兴趣的样品而进行询问；写信人想要订购产品；写信人从事产品维修或维护等工作；写信人想要预订酒店、饭店或剧院等做产品活动的宣传；写信人想要获得一些特殊的帮助，如特别许可、赞助或意见等。在很多情况下，在写信人初次与对方交流，想要建立贸易关系的信函中就包括了询问函的内容。

（一）一般询函（Requests）

一般询函，如订购商品，中心思想是非常重要的。如果想让看信的人立即做出反应，一些技巧和礼貌的用语在拟写信函的时候是尤其重要的。因此，所有的日常询函都应该具体、简洁、合乎常理，向对方提供想要了解的完整、准确的信息。写信人首先要阐述写信的中心思想，然后详述自己做此询盘的原因，接着详列自己想要了解的详细信息，最后以礼貌的方式将此询函结尾。

（二）正式询盘（Inquiries）

在国际商务中，询函通常是买方为了向卖方索要有关商品的目录、价格单、样品，更详细一点儿的是为了询问卖方有关商品的具体交货期或其他交易条件而发出的，通常称为询盘，可以以邮件或传真的方式发出，或者亲自送交到对方手中。通常按如下步骤拟写。

第一，如是初次接触应向收信人说明获得对方信息的方法和途径，以给收信人一个真诚的印象；已经有过信函往来的，写信人应首先对前一封往来信函进行回应，如"贵方××月××日的来函已收悉"。

第二，写信人表达清楚所要询问的所有信息，如商品的价格、交货期、运输方式和付款方式等。

第三，写信人表达期盼合作与早日答复的愿望，如"如蒙贵方早日回复，我方将不胜感激"。

例文 4-3 对办公复印机的询盘（Inquiry for Office Copiers）

敬启者：（Gentlemen,）

我公司有意购买大量不同品牌的办公复印机，如蒙告知中国深圳的成本加保险费加运费价将不胜感激。（We are interest in buying large quantities of Office Copiers in different brands. We would be obliged if you would give us a favorable quotation CIF Shenzhen, China.）

如能惠寄样品和价格表，亦必感激不尽。（It would also be appreciated if you could forward samples and your price list to us.）

我公司素来向其他国家购买此类产品，获悉贵公司能大量供货且价格有吸引力，此外，我们相信贵公司产品的质量。（We used to purchase these products from other countries. We may now prefer to buy from your company because we understand that you are able to supply large quantities at more attractive prices. In addition, we have confidence in the quality of your products.）

盼早复。（We look forward to hearing from you soon.）

诚挚问候。（Kindest regards.）

谨上（Yours truly,）

（三）询盘的回复（Replies）

在回复询盘时一定要及时、认真，因为每接到一封询盘的信函，就意味着有了做成交易的机会。即使一时无货，也不要置之不理或者简单地说句"无货"了事。要采取积极主动的态度，有礼貌地、得体地做出回复。通常，回复询盘的信函按如下步骤拟写。

首先，写信人先对收信人的询盘表示感谢。

其次，对收信人所询问的所有信息，写信人都应一一作答。

最后，再次感谢收信人的询盘并期盼对方早日回复。

如果真的遇到无货的情况，写信人应在回复的开头先对询盘表示感谢，然后说明无货，并向对方致歉；如果是暂时无货，写信人为了达成交易，可以在交货期上进行变通，如询问对方晚些时候交货是否可以。还可以向对方推荐类似的产品，或请对方看看你方商品目录，也许收信人会对目录中的其他产品感兴趣。

例文 4-4 对办公复印机的回复（Reply to Office Copiers）

敬启者：（Gentlemen,）

欢迎贵方 6 月 10 日的询盘，并感谢贵方对我方办公复印机感兴趣。（We warmly welcome your inquiry of June 10th and thank you for your interest in our office copiers.）

现随函附上我方附插图的产品目录和价格表，上面有贵方想要了解的详细情况。至于付款条件，我方通常要求是保兑的、不可撤销的即期信用证付款。（We are enclosing our illustrated catalogue and pricelist giving the details you ask for. As for the payment terms, we usually require confirmed, irrevocable Letter of Credit payable by draft at sight.）

我方已向中国销售过此类产品，并且由北京的东南进出口有限公司代理。敬请贵方直接与该公司联系。我方认为，该公司会向贵方提供有关我方产品的详细情况，并且相信贵方定会发现我方产品物美价廉。（We have already sold some of those copiers to China and now represented there by The South East Import & Export Ltd., Beijing. May we suggest that you contact the company directly? We think the company may supply you with more details of our copiers. We feel confident that you will find the goods are both excellent in quality and very reasonable in price.）

谨致问候。（With best regards.）

谨上（Yours sincerely,）

四、报价、发盘和还盘（Quotation, Offer and Counter Offer）

（一）报价（Quotation）

报价是指按照规定的条款提供货物的一种承诺。报价可以有不同的方式，可以给买方开个价，供其参考。报价作为磋商的邀请，若卖方后来决定不出售，它不像实盘那样具有法律约束力，是可以撤销的。

例文 4-5 CN233 型密封电池的报价（Quotation of Type CN233 12-volt sealed batteries）

敬启者：（Dear Sir,）

去年此时贵公司所订购的 BS362 型号 12 伏密封电池，现已停止生产。（This time last year you placed an order for Type BS362 12-volt sealed batteries. This is a discontinued line which we had on offer at the time.）

现有同类型产品 CN233，存货共 590 件，特惠价每件 CIF30 英镑。贵公司如感兴趣，敬请参看随附的简介说明。（We now have a similar product on offer, Type CN233. It occurs to us that you might be interested. A descriptive leaflet is enclosed. We have a stock of 590 of Type CN233 which we are selling off at CIFGB £ 30 each.）

大批订购可获八五折优惠，整批购入则可享八折特惠。为感谢贵公司以往的惠顾，特此给予订购优惠。（We can offer a quantity discount of up to 15%, but we are prepared to give

20% discount for an offer to buy the complete stock. We are giving you this opportunity in view of your previous order.）

急盼立即回复，如贵公司不打算订购，本公司亦能尽早另作安排。（We would appreciate a prompt reply, since we will put the offer out in the event of your not being interested.）

谨上（Yours faithfully,）
托尼·史密斯（Tony Smith）
销售部主任（Sale Leader）

（二）发盘（Offer）

发盘多半是指卖方按照一定的交易条件在规定的期限内向买方出售某种商品的一种承诺，即实盘。发盘一经对方接受，就具有法律效力，卖方不随意撤回。发盘要首先感谢对方的询盘（如果有），然后列明商品的名称、质量、数量及规格，商品的价格、支付条件、佣金或折扣、包装及交货日期等详细情况，最后还要列明发盘的有效期。如该发盘有效期为3天（This offer is valid for 3 days）。

发盘通常分为实盘和虚盘，报价就是发虚盘，发盘人不受法律约束，而实盘的发盘人是受法律约束的。但报价和实盘在实际的商务活动应用过程中，可以不必深究其具体的区别，只要交易双方认可即可。在实际交易的过程中，往往虚实结合，反复洽商，直到双方对交易的条件达成一致意见。卖方为了争取灵活主动，在交易的过程中往往发虚盘。如该发盘以我方最后确认为准（This offer is subject to our final confirmation）。

例文4-6　手工手套的发盘（Offer of Hand-made Gloves）

乔·布朗：（Dear Joe Brown,）

手工手套（Hand-made Gloves）

兹确认贵方8月10日来函，要求我方报上述手工手套的CIF多伦多价。现发盘如下。（We confirm your fax of 10th August, asking us to make you an offer for the captioned Hand-made Gloves, CIF Toronto. Now we are making you an offer as follows:）

1．品名和数量：5 000副手工手套。（Goods and quantity: 5 000 gloves (Hand-made Gloves).）

2．价格：每副2.38美元CIF多伦多。（Price: USD 2.38 CIF Toronto each.）

3．装运期：2018年10月。（Shipment: October, 2018.）

4．支付方式：即期不可撤销信用证。（Payment: immediate irrevocable letter of credit.）

5．包装：每箱1 200副。（Packing: 1 carton 1 200.）

6．有效期：10天。（The offer is valid for 10 days.）

谨上（Yours sincerely,）
南京德创伟业进出口有限公司（Nanjing Dechuangweiye Import & Export Co., Ltd.）
凯茜·李（Cathy Lee）

（三）还盘（Counter Offer）

还盘是指交易一方在接到一项发盘后，不能完全同意对方的交易条件，为了进一步洽商交易，针对另一方的发盘内容提出不同建议，这种口头或书面的表示在国际商务中被称为还盘。但还盘不一定是还价格，对支付方式、装运期等主要交易条件提出不同的建议，也属于还盘的性质。还盘中所提出的不同意见，不管多么微不足道，都意味着交易要在新的基础上重新谈判。原来的发盘人变成了受盘人，完全有权利接受或拒绝还盘。还盘的过程可以进行很多回合，直到达成交易或取消交易。

在拟写还盘信函时，要有礼貌：第一，应对对方的发盘表示感谢；第二，谈及非常抱歉不能接受对方的某项交易条件的原因；第三，陈述不能接受的理由，如装运期太晚或价格太高等；第四，陈述自己的建议；第五，表示希望对方能够接受，并早日回复，等等。

例文 4-7 要求降价（Asking for Lowering the Price）

敬启者：（Dear Sirs,）

事由：自行车的还盘（RE: Counter-offer for Bicycles）

感谢贵方对上述自行车的发盘。（Thank you for your letter about the offer for the captioned bicycles.）

我方对贵方自行车的质量非常满意，但价格太高，我们不能接受。（Although we appreciate the quality of your bicycles, their price is too high to be acceptable.）

贵方可查询到，在第 89SP-754 号销售确认书中，我方以比现在价格低 10% 的价格购买了 1 000 辆同品牌的自行车。（Referring to the Sales Confirmation No.89SP-754, you will find that we ordered 1 000 bicycles with same brand as per the terms and conditions stipulated in that Sales Confirmation, but the price was 10% lower than your present price.）自上次订单后，金属原料价格一直大幅度下跌，贵方自行车的零售价降低了 5%。（Since we placed the last order, the price for raw materials has been decreased considerablely. Retailing price for your bicycles here has also been reduced by 5%.）如接受贵方目前价格，会给我方带来巨大损失。（Accepting your present price will mean great loss to us.）

如果贵方能将价格降低至少 15%，我方将再次订购。否则，我方将转向其他符合条件的供应商。（We would like to place repeat orders with you if you could reduce your price at least by 15%. Otherwise, we have to shift to the other suppliers for our similar request.）

希望贵方仔细考虑我方的建议，并尽早回复。（We hope you can take our suggestion into serious consideration and give us your reply as soon as possible.）

谨上（Yours truly,）

（四）拒绝还盘

在交易磋商中，买方和卖方也许不同意还盘的条件或建议，如买方也许会认为卖方的价格还是不切实际而再一次还盘，而卖方却坚持认为价格合理，尽量劝买方接受价格。在这种情况下，为了达成更有利的条件，谈判、争论、讨价还价将持续进行。

例文 4-8　拒绝降价的还盘（Rejecting the price of the counter-offer）

敬启者：（Dear Sirs,）

我方已经仔细讨论了贵方 8 月 5 日关于我方棉织品发盘的还盘，非常抱歉，我方不能接受贵方的还盘。（We have carefully studied your counter proposal of 5 August to our offer of Cotton Knitwear, but very much regret that it is impossible for us to accept it.）

对我方来说，7 月 25 日的发盘价格已经是最微利的。（The prices we quoted in our letter of 25 July leave us with only the smallest of margins.）实际上，我方的价格比同类产品供应商的价格都低。（They are, in fact, much lower than those of other suppliers for products of similar quality.）事实上我公司是本国棉织品的最大供应商，因此，也说明了我方的产品价值。（The fact that we are the largest supplier of Cotton Knitwear in this country is in itself evidence of the value of our products.）

贵方接受我方目前的发盘，或者与我方联系修改其他条款，我方都非常欢迎。（We will be equally happy whether you accept our present offer or contract us regarding other items.）希望能尽快收到贵方回复，我方定会仔细思考贵方建议，愿意与贵方进一步交往。（We hope to hear from you and will carefully study any proposals likely to lead to future business between us.）

谨上（Yours faithfully,）

五、订单（Order）

订单既可能是买方对发盘的接受，也可能是买方主动寄发的购货单。订单的书写应该清晰，语言准确。买方发出的订单一经卖方接受，就不能随意撤回，买卖双方就将按照订单上的条件签署合同并执行合同。因此在国际商务活动中，拟写订单时，一定要将主要的交易条件叙述完整，如商品名称、规格、包装、价格、总金额、支付条件、交货期等。现在，大部分企业都使用正规的印刷订单，将交易条件的一些通用文字事先打印在订单上，并没有固定的格式，待具体交易达成时再将具体的价格、装运期等填在相应条件内，以确保不会疏漏任何重要的条件，这样的订单通常被称为开口订单（Open Order）。

例文 4-9　订购毛绒玩具（Order of Plush Toys）

敬启者：（Dear Sirs,）

贵公司的毛绒玩具样品在我方客户中深受欢迎，兹随函附寄我方第 345 号订单。（Your samples of Plush Toys received favorable reaction from our customers, and we are pleased to enclose our Order No. 345.）由于此货急需，所以如若贵方能及时装运，将不胜感激。（The goods are urgently required, so prompt delivery will be most appreciated.）

谨上（Yours faithfully,）

附件（Encl.）：345 号订单（Order No. 345）

345 号订单

（Order No.345）

JB 辛普森公司

汀斯门布莱普 18 号

J B SIMPSON & CO. LTD.

18 Deansgate Blackpool

FY37JG

订单

ORDER FORM

2018 年 7 月 4 日

July 4, 2018

订单号：345

Order No. 345

中国纺织品进出口公司

China National Textiles IMP & EXP Corporation

中国北京

Beijing, China

请贵方提供

Please supply

数量	货品	目录编号	单价
Qty	Item	Catalogue No.	Price net
200	FRJBCC	75	US $ 8.00 each
250	FRJBDD	82	US $ 9.00 each
50	FRWSS	150	US $ 11.00 each

FOB 新港

FOB Xingang port

JB 辛普森公司

for J B Simpson & Co., Ltd.

销售经理：詹姆斯

W. James

Sales Manager

六、合同及确认书（Contract and Confirmation）

在国际商务活动中，买卖双方经过磋商，一方的发盘被另一方有效接受，交易达成，合同即告成立。但在实际业务中，按照一般习惯做法，买卖双方达成协议后，通常还要制作书面合同，将各自的权利和义务用书面形式加以明确，这就是所谓的签订合同。

常用的书面合同的形式有下列几种：合同（Contract）（较为正式）、确认书（Confirmation）、协议（Agreement）、备忘录（Memorandum）等。在我国的进出口业务中，书面合同主要采用两种形式：一种是条款较完备、内容较全面的正式合同，如进口合同（Import Contract）、购货合同（Purchase Contract）、出口合同（Export Contract）、销售合同（Sales Contract）；另一种是内容较简单的简式合同，如销售确认书（Sales Confirmation）、购货确认书（Purchase Confirmation）。

进口或出口合同的内容比较全面、完整，除商品的名称、规格（型号）、数（重）量、价格、付款方式、交货期、包装、装运港和目的港、运输标志、商品检验等条件外，还有异议索赔、仲裁、不可抗力等条件。由于这种合同明确了双方的责任和权利，并对发生争议后如何处理均有全面的规定，因此，多选用于大宗商品或成交金额较大的交易。

销售或购货确认书中所包括的条款较销售或购货合同简单，属于一种简式合同。这种形式的合同适用于金额不大、批数较多的交易，或者已订有代理、包销等长期协议的交易。

书面合同的内容一般由下列三部分构成。

（1）约首。约首是指合同的序言部分，包括合同的名称、订约双方当事人的名称和地址（要求写明全称）。除此之外，还常常需写明双方签订合同的意愿和执行合同的保证，序言对双方均有约束力，因此，在规定序言时要慎重考虑。

（2）正文。这部分是合同的主体，包括交易的各项条款，如品名、品质规格、数量、价格、支付方式、包装、交货时间和地点、运输及保险条款，以及检验、索赔、不可抗力和仲裁条款等。上述各条款明确了双方当事人的权利和义务。

（3）约尾。一般列明合同的份数、使用文字及效力、订约的时间和地点，以及合同生效的时间，最后是双方签字。订约合同的地点往往要涉及合同所依据的法律的问题，因此不能随便填写。我国出口合同的订约地点往往写我国进出口公司的所在地。有的合同将"订约时间和地点"在约首订明。

例文 4-10　购货合同（Purchase Contract）

购 货 合 同 PURCHASE CONTRACT		
合同编号： Contract No.:	签订日期： Date:	签订地点： Signed at:
1. 买方： 　　The Buyers: 　　地址： 　　Address: 　　电话（Tel）：		传真（Fax）：

续表

购 货 合 同 PURCHASE CONTRACT			
合同编号： Contract No.:	签订日期： Date:		签订地点： Signed at:
2. 卖方： The Sellers: 地址： Address: 电话（Tel）：		传真（Fax）：	
3. 商品名称及规格 Name of Commodity & Specification	4. 数量 Quantity	5. 单价 Unit Price	6. 总金额 Amount
7. 总值（大写）： Total Value (in words):			
8. 允许溢短_____%。 % more or less in quantity and value allowed			
9. 成交价格术语： Terms: ☐ FOB　　　☐ CFR　　　☐ CIF　　　☐ DDP			
10. 包装 Packing:			
11. 运输唛头： Shipping Mark:			
12. 运输起讫：由_____（装运港）到_____（目的港）。 Shipment from　　　(Port of Shipment) to　　　(Port of Destination)			
13. 转运：☐允许　☐不允许；　　分批：☐允许　☐不允许 Transhipment:　　☐Allowed　　☐Not Allowed Partial shipment:　☐Allowed　　☐Not Allowed 运输时间：收到不可撤销即期信用证后 20 天内。 Shipment Time: WITHIN 20 DAYS AFTER RECEIPT OF IRREVOCABLE SIGHT L/C			
14. 保险：由_____方按发票金额的_____%投保_____，加保_____从_____到_____。 Insurance: to be covered by the_____for_____% of the invoice value covering additional _____from_____to_____			
15. 付款条件： Terms of Payment: ☐　买方应不迟于_____年____月____日前将 100%货款用即期汇票/电汇支付给卖方。 The buyers shall pay 100% of the sales proceeds through sight (demand) draft/by T/T remittance to the sellers not later than_____. ☐　买方应于_____年____月____日前通过_____银行开立以卖方为受益人的____天不可撤销信用证，有效期至装运后____天在中国议付，并注明合同号。 The buyers shall issue_____days irrevocable L/C at in favour of the sellers through the _____before_____, valid until_____days after the shipment and indicate the Contract Number. ☐　付款交单：买方应凭卖方开立给买方的____期跟单汇票付款，付款时交单。 Documents against payment (D/P): the buyers shall dully make the payment against documentary draft made out to the buyers at_____sight by the sellers. ☐　承兑交单：买方应凭卖方开立给买方的____期跟单汇票付款，承兑时交单。 Documents against acceptance (D/A): the buyers shall dully accept the documentary draft made out to the buyers at_____days by the sellers			

续表

购 货 合 同 PURCHASE CONTRACT			
合同编号： Contract No.:		签订日期： Date:	签订地点： Signed at:

16．装运通知：一旦装运完毕，卖方应立即电告买方合同号、品名、已装载数量、发票总金额、毛重、运输工具名称及启运日期等。 Shipping advice: the sellers shall immediately upon the completion of the loading of the goods advise the buyers of the Contract No., names of commodity, loaded quantity, invoice value, gross weight, names of vessel and shipment date by TLX/FAX
17．检验与索赔： Inspection and Claims: ① 卖方在发货前由＿＿＿＿检验机构对货物的品质、规格和数量进行检验，并出具检验证明。 The seller shall have the qualities, specifications, quantities of the goods carefully inspected by the＿＿＿＿ Inspection Authority, which shall issues Inspection Certificate before shipment. ② 货物到达目的口岸后，买方可委托当地的商品检验机构对货物进行复验。如果发现货物有损坏、残缺或规格、数量与合同规定不符，买方须于货物到达目的口岸的＿＿＿＿天内凭＿＿＿＿出具的检验证明书向卖方索赔。 The buyers have right to have the goods inspected by the local commodity inspection authority after the arrival of the goods at the port of destination. If the goods are found damaged/short/their specifications and quantities not in compliance with that specified in the contract, the buyers shall lodge claims against the sellers based on the Inspection Certification issued by＿＿＿＿within＿＿＿＿days after the goods arrival at the destination. ③ 如买方提出索赔，凡属品质异议须于货物到达目的口岸之日起＿＿＿＿天内提出；凡属数量异议须于货物到达目的口岸之日起＿＿＿＿天内提出。对所装货物所提任何异议应由保险公司、运输公司或邮递机构负责的，卖方不负任何责任。 The claims, if any regarding to the quality of the goods, shall be lodged within＿＿＿＿days after arrival of the goods at the destination, if any regarding to the quantities of the goods, shall be lodged within＿＿＿＿days after arrival of the goods at the destination. The sellers shall not take my responsibility if any claims concerning the shipping goods in up to the responsibility of Insurance Company/Transportation Company/Post office
18．不可抗力：如因人力不可抗拒的原因造成本合同全部或部分不能履约，卖方概不负责，但卖方应将上述发生的情况及时通知买方。 Force Majeure: the sellers shall not hold any responsibility for partial or total non-performance of this contract due to Force Majeure. But the sellers shall advise the buyers on time of such occurrence
19．争议的解决方式： 任何因本合同而发生或与本合同有关的争议，应提交中国国际经济贸易仲裁委员会，按该会的规则进行仲裁。仲裁裁决是终局的，对双方均有约束力。 Disputes settlement: All disputes arising out of the contract or in connection with the contract, shall be submitted to the China International Economic and Trade Arbitration Commission for arbitration in accordance with its Rules of Arbitration. The arbitral award is final and binding upon both parties
20．法律适用：本合同的签订地或发生争议时货物所在地在中华人民共和国境内或被诉人为中国法人的，适用于中华人民共和国法律，除此规定外，适用《联合国国际货物销售合同公约》。 Law applications: it will be governed by the law of the People's Republic of China under the circumstances that the contract is signed or the goods while the disputes arising are in the People's Republic of China or the defendant is Chinese legal person, otherwise it is governed by United Nations Convention on Contract for the International Sale of Goods. 本合同使用的 FOB、CFR、CIF、DDP 术语系根据国际商会《INCOTERMS 2010》。 The terms in the contract based on *INCOTERMS 2010* of the International Chamber of Commerce
21．文字：本合同中、英文两种文字具有同等法律效力，在文字解释上，若有异议，以中文解释为准。 Versions: This contract is made out in both Chinese and English of which version is equally effective. Conflicts between these two languages arising there from, if any, shall be subject to Chinese version

续表

购 货 合 同　PURCHASE CONTRACT			
合同编号： Contract No.:		签订日期： Date:	签订地点： Signed at:
22．附加条款：（本合同上述条款与本附加条款有抵触时，以本附加条款为准） Additional Clauses: (conflicts between contract clauses here above and this additional clause, if any, it is subject to this additional clause)			
23．本合同共＿＿份，自双方代表签字/盖章之日起生效。 This contract is in＿＿copies, effective since being signed/sealed by both parties			
买方代表人： Representative of the buyers: 签字 Authorized signature: （买方公司盖章）		卖方代表人： Representative of the sellers: 签字 Authorized signature: （卖方公司盖章）	

七、支付（Payment）

支付在国际商务活动中非常重要，该程序通常非常复杂。每笔交易的支付方式都应在发订单或签合同时由交易双方达成协议，通常的支付方式有汇付（Remittance）、托收（Collection）、信用证（Letter of Credit，L/C）、银行保函（Letter of Guarantee，L/G）和福费廷（Forfeiting）。在国际商务活动中最常用的支付方式是信用证。

（一）信用证（Letter of Credit，L/C）

信用证是一种银行开立的有条件的承诺付款的书面文件，它是把由进口人履行付款的责任转为由银行来履行，银行保证出口人安全迅速收到货款，买方按时收到货运单据，从而提取货物。采用信用证支付的好处是信用证项下首先负付款责任的是开证行。只要所提供的单据和信用证与规定完全相符，即使买方倒闭、货价下跌，银行都得付款。

信用证没有统一的格式，但内容基本是相同的，总的来说，就是国际货物买卖合同的有关条款与要求受益人提交的单据，再加上银行保证。一般主要包括以下内容。

1. 信用证本身的说明

如信用证的编号、开证日期、到期日和到期地点和交单期限等。

2. 信用证的种类

分为即期付款、延期付款、承兑、议付及可否转让等信用证。

3. 信用证的当事人

包括开证人、开证行、受益人和通知行等。

4. 汇票条款

包括汇票的种类、出票人、受票人、付款期限、出票条款及出票日期等。凡不需要汇票的信用证无此内容。

5. 货物条款

包括货物的名称、规格、数量、包装和价格等。

6. 支付货币和信用证金额

包括币别和总额，币别通常应包括货币的缩写与大写，总额一般分别用大写文字与阿拉伯数字书写。信用证金额是开证行付款责任的最高限额，有的信用证还规定有一定比率的上下浮动幅度。

7. 装运与保险条款

包括装运地或启运地、卸货港或目的地、装运期限、可否分批装运、可否转运以及如何分批装运、转运的规定，以 CIF 或 CIP 贸易术语达成的交易项下的保险要求，所需投保的金额和险别等。

8. 单据条款

通常要求提交商业发票、运输单据和保险单据，此外，还有包装单据、产地证、检验证书等。

9. 特殊条款

视具体交易的需要各异。常见的有：要求通知行加保兑；限制由某银行议付；限装某船或不许装某船；不准在某港停靠或不准采取某条航线；俟具备规定条件信用证方始生效；等等。

除此以外，信用证通常还有开证银行的责任条款，根据《跟单信用证统一惯例》开立的文句，以及开证行签字和密押，等等。

例文 4-11 信用证（LETTER OF CREDIT，L/C）

信用证（LETTER OF CREDIT）

跟单信用证的性质（PORM OF DOC. CREDIT）：	不可撤销跟单信用证（IRREVOCABLE）
跟单信用证号（DOC. CREDIT NUMBER）：	7015822
开证日期（DATE OF ISSUE）：	2015/10/07
信用证有效期及到期地点（EXPIRY）：	2016/01/15 在波兰到期（DATE 2016/01/15 PLACE POLAND）
开证行（ISSUING BANK）：	波兰格但斯克的桑银行，邮箱是 201（SUN BANK, P.O.BOX 201 GDANSK, POLAND）
开证申请人（APPLICANT）：	波兰格但斯克的 BBB 贸易公司，邮箱是 203（BBB TRADING CO., P.O.BOX 203 GDANSK, POLAND）
受益人（BENEFICIARY）：	中国大连的 AAA 贸易公司，地址在建国路 222 号（AAA IMPORT AND EXPORT CO., 222 JIANGUO ROAD, DALIAN, CHINA）
金额（AMOUNT）：	45 600.00 美元（CURRENCY USD AMOUNT 45 600.00）

议付行（AVAILABLE WITH/BY）：	中国银行大连分行（BANK OF CHINA DALIAN BRANCH）
延期付款详情（DEFERRED PAYM. DET.）：	提单签发后60天（BY DEF PAYMENT 60 DAYS AFTER B/L DATE）
可否分批装运（PARTIAL SHIPMENTS）：	不允许分批装运（NOT ALLOWED）
可否转运（TRANSSHIPMENT）：	可以转运（ALLOWED）
装运港（LOADING IN CHARGE）：	大连（DALIAN）
目的地（FOR TRANSPORT TO…）：	格但斯克（GDANSK）
最迟装运期（LATEST DATE OF SHIP）：	2015/12/31（Dec. 31, 2015）
货物描述（DESCRIPT. OF GOODS）：	女士裙子，65%聚酯纤维，35%棉（65%POLYESTER, 35% COTTON, LADIES SKIRTS）货号为101的200打，每件60美元；货号为102的400打，每件84美元（STYLE NO. 101 200 DOZ @ USD 60/PCS）（STYLE NO. 102 400 DOZ @ USD 84/PCS）货物的其他详细信息参照2015年8月10日签订的第LT07060号合同。（ALL OTHER DETAILS OF GOODS ARE AS PER CONTRACT NO.LT07060 DATED AUGUST 10, 2015.）价格术语为《2010通则》的CIF格但斯克 TERMS: CIF GDANSK (*INCOTERMS 2010*)

单据要求（DOCUMENTS REQUIRED）：

1．经签署的商业发票正本2份，副本1份，以波兰格但斯克的DDD贸易公司为抬头，邮箱为211。（COMMERCIAL INVOICE MANUALLY SIGNED IN 2 ORIGINALS PLUS 1 COPY MADE OUT TO DDD TRADING CO., P. O. BOX 211, GDANSK, POLAND.）

2．全套已装船清洁提单正本一式三份，加不可转让副本一式三份，以开证行为抬头，空白背书的，通知方为开证申请人，并注明运费预付及毛重和净重。（FULL SET(3/3) OF ORIGINAL CLEAN ON BOARD BILL OF LADING PLUS 3/3 NON NEGOTIABLE COPIES, MADE OUT TO ORDER OF ISSUING BANK AND BLANK ENDORSED,NOTIFY THE APPLICANT, MARKED FREIGHT PREPAID,MENTIONING GROSS WEIGHT AND NET WEIGHT.）

3．分箱单正本2份，副本1份。（ASSORTMENT LIST IN 2 ORIGINALS PLUS 1 COPY.）

4．由中国贸促会签发的原产地证书正本1份，副本2份。（CERTIFICATE OF ORIGIN IN 1 ORIGINAL PLUS 2 COPIES SIGNED BY CCPIT.）

5．与信用证相同金额的空白背书的海洋货物运输保险单，投保中国人民财产保险公司的一切险，投保金额为CIF价加成10%。索赔在波兰进行。（MARINE INSURANCE POLICY IN THE CURRENCY OF THE CREDIT ENDORSED IN BLANK FOR CIF VALUE PLUS 10 PCT MARGIN COVERING ALL RISKS OF PICC CLAUSES INDICATING CLAIMS PAYABLE IN POLAND.）

附加条款（ADDITIONAL COND）：

　　+ 所有的单据必须用英文书写。（ALL DOCS MUST BE ISSUED IN ENGLISH.）

　　+ 必须以整箱货装运。（SHIPMENTS MUST BE EFFECTED BY FCL.）

　　+ 提单上必须注明唛头。（B/L MUST SHOWING SHIPPING MARKS: BBB, S/C LT07060, GDANSK, C/NO.）

　　+ 所有的单据上都不能体现出本信用证的号码 7015822。（ALL DOCS MUST NOT SHOW THIS L/C NO. 7015822.）

　　+ 如果单据与信用证规定的不符，我行每处将扣除 50 欧元或以同等价值的美元支付，再加上由此产生的 SWIFT 的相关费用。（FOR DOCS WHICH DO NOT COMPLY WITH L/C TERMS AND CONDITIONS, WE SHALL DEDUCT FROM THE PROCEEDS A CHARGE OF EUR 50.00 PAYABLE IN USD EQUIVALENT PLUS ANY INCCURED SWIFT CHARGES IN CONNECTION WITH.）

费用详情（DETAILS OF CHARGES）：	除在波兰外的所有银行费用都由受益人负责。（ALL BANKING CHRGS OUTSIDE POLAND ARE ON BENEFICIARY'S ACCOUNT.）
交单期限（PRESENTATION PERIOD）：	提单签发后 15 天内，并在信用证的有效期内。（15 DAYS AFTER B/L DATE, BUT WITHIN L/C VALIDITY.）
是否保兑（CONFIRMATION）：	未经保兑（WITHOUT）
特别条款（INSTRUCTIONS）：	我行将按贵方指示付款。（WE SHALL REIMBURSE AS PER YOUR INSTRUCTIONS.）
信用证条款根据（SEND TO REC. INFO）：	本信用证是根据国际商会的《跟单信用证统一惯例》2006 年的第 600 号出版物开立的。（CREDIT SUBJECT TO ICC PUBL 600/ 2006 REV.）

（二）催证（Urging Establishment of L/C）

　　在以信用证方式付款的合同中，一般都明确规定买方应在什么时间开来信用证，并规定信用证的有效期。例如，在装船前 30 天开来信用证，有效期为装船后 15 天在中国到期。但在实际业务中，买方在市场发生变化或自己资金短缺时，往往迟迟不开证。所以卖方催促买方开立信用证常常是成交后一项十分重要的工作。

例文 4-12　货已备妥——催开信用证（Urging Establishment of L/C–Goods are Ready）

　　敬启者：（Dear Sirs,）

　　敬请贵方注意，贵方第 123 号订单的信用证目前还没到达我方，而我方已经反复要求过了。（We invite your attention to the fact that the letter of credit covering your order No.123 has not reached us in spite of our repeated requests.）为满足贵方的要求，我方督促供应商以偏高的成本尽早交货。（We urged our suppliers to execute an early delivery of product at higher costs to suit your requirements.）

如果仍收不到贵方信用证的话，我方将不得不取消订单。（As we have not received your L/C, we may be forced to cancel your order.）为了能使双方一贯的友好关系持续，我方更希望贵方本月底前开立信用证。（However, we would prefer you to establish your L/C by the end of this month so that we can continue our usual friendly business relations.）

谨上（Yours faithfully,）

（三）改证（Amendment to L/C）

信用证应该严格按照合同条款的规定开立。然而在实践中，由于种种原因，如工作的疏忽、电文传递中的错误、贸易习惯的不同、市场行情的变化或进口商故意加列对其有利的条款等，所开出的信用证往往与合同的规定不符，如果卖方没有严格地审核对方开来的信用证，没有将信用证中出现的问题（尤其是影响合同执行或卖方安全收汇的问题）及时要求对方修改，那么，将会给卖方造成重大的经济损失，带来严重的后果。因此，审核信用证是一项很重要且要求很细致的工作。

对信用证审核的内容，一般应包括以下几个方面。

（1）审核信用证的性质。

（2）审核信用证的金额及货币。

（3）审核信用证的有效期和到期地点。

（4）审核信用证中规定的装船日期。

另外，还应对信用证里所规定的每个细节，如品名、规格、数量、单价、包装、装运港和目的港等各项内容均进行仔细审核，看看是否与合同的规定相符，所要求的单据是否能提供；除此之外，还应该特别注意信用证中有没有提出特殊要求。

对信用证进行了全面细致的审核以后，如果发现问题，首先应分析问题的性质，凡是影响合同执行和安全收汇的情况，必须要求国外客户通过开证行进行修改，并坚持在收到修改信用证通知书后才能对外发货。

例文 4-13　要求改信用证的金额和包装条款（Ask to Amend the Amount & Packing Terms）

敬启者：（Dear Sirs,）

我方已收到贵方所开立的支付贵方第 678 号订单下 200 箱化学品的 345 号信用证。（We have received the L/C No.345 established by you in payment for your Order No.678 covering 200 cases of chemicals.）

同有关合同核对之后，我方发现，信用证金额不足，贵方订单中 CIF 纽约价总额是 2 750 美元，而不是 2 550 美元，两者相差 200 美元。（When we checked the L/C with the relevant contract, we found that the amount in your L/C is insufficient. The correct total CIF New York value of your order comes to US$ 2 750.00 instead of US$ 2 550.00, the difference being US$ 200.00.）

贵方信用证中只容我方半个月时间交货。但在签订合同时我们已经达成协议，在收到信用证后一个月交货。（Your L/C allows us only half a month to effect delivery. But when we signed the contract we have agreed that the delivery should be made within one month upon receipt of the L/C.）

关于包装，合同规定是用纸箱包装，外用尼龙带加固，而贵方信用证中要求用金属带加固。我方认为应按合同规定进行包装。（As to packing, the contract stipulates that the goods should be packed in cartons and reinforced with nylon straps outside, but your L/C required metal straps instead. We think we should arrange the packing according to the contract.）

基于以上所述，特请贵方增加信用证金额200美元，将装船期和有效期分别延至9月15日和30日，修改包装条款。同时希望传真通知我方。（In view of the above, you are kindly requested to increase the amount of your L/C by US$ 200.00, extend the shipment and validity to September 15 and 30 respectively, as well as amend the term of packing. Meanwhile please advise us by fax.）

谨上（Yours faithfully,）

八、申诉、索赔和理赔（Complaint, Claim and Settlement）

（一）申诉（Complaint）

在国际商务活动中，索赔虽然不在每笔交易中都涉及，但还是有时会发生。有时在损失不大时，受损方不一定会为了补偿而提出索赔。但是，可能会写一封申诉信以引起对方的注意，以免类似的事情再次发生。

例文 4-14 对空调制冷旋钮故障的申诉（Complaint for the Malfunction of Stay-Cool window air conditioner）

敬启者：（Dear Sirs,）

事由：45347系列M号的制冷故障。

（Subject: Malfunction of Stay-Cool, Model M, Serial No.45347.）

我方确信，贵方一定想了解我方5月7日订购的空调制冷窗制冷效果不好一事。（You will want to know, I feel sure, that the Stay-Cool window air conditioner I ordered from you on May 7 is not performing well.）

很显然，问题出在温度调节器不能持续恒温。（Apparently, the difficulty is in the thermostat, for the unit will not maintain a consistent temperature.）尽管压缩机在不停地开关，但室内温度在很大的幅度内波动。（Although the compressor does cut on and off automatically from time to time, the room temperature fluctuates widely between changes.）此外，这个温度调节器配备的是一个残次的温度控制旋钮，已经严重开裂，刚用就碎了。（In addition, the unit arrived with a defective temperature control knob. It was severely cracked, and after short use it broke completely.）

此等小事，我方不打算多说什么，但贵方也必须引起注意。(I had not intended to say anything about so small a matter, but I feel certain that you will want to take care of this matter, also.) 贵方在这里没有维修代理为我方服务，如贵方能寄两个配件过来，我方不介意自己安装。如贵方同意，我方将残次旋钮寄过去。(As you have no repair representative convenient to me, I would be happy to install these two parts myself if you will send them to me. If you wish, I will gladly send you the defective ones.)

天气逐渐变得糟糕，如蒙贵方尽快邮寄配件，将不胜感激！(As the weather is becoming unbearable, I will appreciate your promptness in mailing the parts to me.)

谨上（Yours sincerely,）

（二）索赔（Claim）

一般情况下，索赔是在购买方受到某种较大的损失时，为了获得赔偿而向卖方提出来的。此损失可能是由于货物没有送达、推迟交货、短装短量、质量低劣、不良包装、违约等原因而造成的。当然，卖方也可以因为买方未开信用证或者违约而向买方提出索赔。

提出索赔时要有理有据，首先要表明提出索赔的原因，陈述清楚遭受损失的程度，然后提出要求对方赔偿损失的方法，是重新发货、补发货物，还是赔偿金额。在向对方发索赔信函时，还应附上货到目的港后当地商检机构出具的商品检验证明书作为索赔的依据。发给对方的索赔信函一定要在合同规定期限内出具。

例文 4-15　因质量低劣提出的索赔（Claim for Inferior Quality）

敬启者：(Dear Sirs,)

事由：对 10 000 个阀门的索赔（Re: Claim for 10 000 pcs. Of Valves）

兹随函附寄北京商品检验检疫局出具的第 09204 号检验单副本一份。该单证明我方 5 月 5 日收到的上述货物的品质比贵方预先提供的样品差得多。(We are enclosing a copy of the Inspection Certificate No.09204 issued by the Beijing Commodity Inspection Bureau. The certificate proved that the above goods we received on May 5 are much inferior in quality to your previous samples.)

由于这批货物对我方毫无用处，我方向贵方提出 5 350 美元的损失赔偿，包括发票金额和检验费用。(As this lot of goods is of no use at all to us, we require you refund the invoice amount and inspection fee of the goods amounting to US$ 5 350.)

相信贵方能及时理赔，一旦贵方理赔，我方将把货物退还给贵方。一切费用由贵方承担。(We trust you will promptly settle this claim. As soon as the settlement is accomplished, we will send the goods back to you. All the expenses will be for your account.)

谨上（Yours faithfully,）

附件（Encl.）：如文所示（As Stated）

（三）调查索赔（Investigating the Claim）

在收到对方索赔信函时，因为买卖双方都不知道索赔发生的真正原因，不知道是产品或服务本身的缺陷还是对方的不正确使用造成的，所以在首次处理索赔信函时，不应对客户做出任何承诺，写信人唯一能承诺的是积极地调查并妥善地处理此次索赔事件。由于此信函可能成为法律上的书面证据，所以，在处理这类信函时应采取谨慎的态度，措辞上要亲切，让对方有亲近感。少用法律术语、专用名词、外来语及圈内人士的行话，而使用结构简单的短句，使对方一目了然，容易把握重点，不致产生歧义。

回复索赔信函时，在首段中应对所发生的事件表示遗憾，但不要使用任何消极的词语，如"缺陷"等。

接下来表达一个意思，即通过对方的描述尚不能确定出现问题的原因，因为公司所有的产品在投放市场之前都经过了彻底的检验，只有经过详细的调查之后才能给问题定性。千万不要对对方所说的问题表示质疑，这是对客户最大的不尊重，要相信客户的索赔会有助于公司完善产品或服务。

然后，向对方说明己方会采取何种措施处理此次事件，并表示会立即采取措施。

最后，让对方相信此次索赔将会得到积极的解决，表示己方会尽力调查清楚此次事件，并能完全遵守承诺。

例文 4-16　调查索赔事件（Investigating of the Claim）

敬启者：（Dear Sirs,）

贵方 5 月 10 日传真已收悉，非常遗憾得知贵方认为从我处购买的阀门质量有问题。（We have received you fax of May 10 and regret to hear that you think the above valves are inferior quality.）

我方所有的产品都是经过了严格的质量检验后出厂的，因此在进一步的检查结果出来之前，我方不能确定贵方所购货物质量低劣的原因。（All of our products are inspected strictly in the factory. So we cannot be sure the reason about the goods you have purchased were inferior quality before the further inspection result comes out.）

我方将立即派人对此事进行调查，如果责任在我方，我方将立即做出赔偿。（We will immediately send a representative to investigate this matter. If our party was at fault, the compensation will be made at once.）

给贵方造成的麻烦深表歉意，并保证会给贵方做出满意的答复。（We apologize for the trouble caused to you and assure you that we will give you a satisfactory answer.）

谨上（Yours sincerely,）
客户部经理（Custom Depart Manager）

（四）理赔（Settle the Claim）

理赔就意味着要主动承认自己的产品或服务存在缺陷。虽然向对方暴露了自己的缺点或错误，却能避免引发进一步的冲突。

在拟写理赔信函时，首先应感谢对方对问题的关注，然后坦诚地承认产品或服务存在问题或缺陷的事实，以一种肯定的语气告诉对方，己方公司一定会承担相应责任并向对方致歉。

其次，根据对方提出的解决方案处理，若对方并未提出任何方案，则应代其提出可接受的、合理的理赔方案。

最后，对对方再次表示歉意。同时，要注意信函用语应礼貌而积极乐观。

例文 4-17 理赔（Settling the Claim）

阁下：（Dear Sirs,）

感谢贵方 5 月 10 日传真就 10 000 个阀门质量低劣问题进行索赔的信函。(Thank you for your fax of May 10 claiming for inferior quality on the consignment of 10 000 pieces of valves.) 我方代表已对此事进行了调查，发现是我方货仓职员的工作失误。(Our representative has looked into the matter and found that it was a mistake by our staff at the warehouse.) 所以，将进行理赔。(We are going to settle the claim.)

但我方建议的解决方式是我方立即发运质量有保证的替代品。(But our proposal of settlement is that we will immediately send to you replacements of which the quality is guaranteed.) 至于贵方收到的阀门，如果能代我方在贵国市场上销售，我方将不胜感激。售价按我方报价，即每个 6 美元，包括贵方 3%的佣金。(As to the valves you received, we will highly appreciate it if you will try to sell for us in your market at our quoted price, i.e. US$ 6 per piece including your 3% commission.) 若同意上述意见，请传真告知。(If you agree with our proposal, please inform us by fax.)

此事给贵方带来不便，在此深表歉意。并保证将采取一切措施避免此类差错再次发生。(We feel greatly regretful for the inconvenience you have sustained and would like to assure you that all possible steps will be taken to avoid such mistakes happening again.)

谨上（Yours faithfully,）
客户部经理（Custom Depart Manager）

（五）拒绝索赔（Rejecting the Claim）

若经过调查，对方的索赔不是由于己方原因造成的，己方还需要发信通知对方他们的索赔遭到了拒绝。此类信函比理赔信函更难处理。因为双方仍希望保持良好的关系，但拒绝索赔无论如何都会在一定程度上影响双方的商业往来。因此，拒绝索赔的信函必须礼貌而委婉，但同时又要明确有力地拒绝。

拟写拒绝索赔的信函时，首段只需表明对方的索赔信函已收到，不需要进行任何额外的评论。注意不要使用对抗性的语言。

接下来，委婉地拒绝索赔，告诉对方调查的结果，若能提供确凿可信的证据应随信附上。

为了避免造成对方情绪上的不满，在成本不高的情况下，可以为客户提供一些形式上的帮助或折中的处理方法，如派人指导对方如何使用产品或服务以发挥其最大功用。这种做法也能减少后续的索赔。

例文 4-18 拒绝索赔（Rejecting the Claim）

敬启者：（Dear sirs,）

感谢贵方5月10日传真就10 000个阀门质量低劣问题进行索赔的信函。（Thank you for your fax of May 10 claiming for inferior quality on the consignment of 10 000 pieces of valves.）

我方已对此事进行了详细的调查，认为贵方提出的索赔是没有根据的。（We have looked into this matter in details and so far as we have found that there is no ground for such a claim to be lodged against us.）如果贵方能将货物与样品进行仔细比较，贵方就会发现两者的质量完全相同。（If you can examine the goods with great care with the sample you will find they are of the exactly same quality.）因此，货物是按照贵方提供的样品生产的，并且符合要求，所以如果贵方现在认为此货不宜在贵方市场销售，我方不承担任何责任。（Since the goods are manufactured according to your supplied sample and all your requirements are complied with, we assume no responsibility what so ever if you now find them unsuitable for sale in your market.）

由于我方对产品质量不负有责任，所以很抱歉不能受理贵方索赔。（As we are in no way liable for the quality of the goods, we regret being unable to entertain your claim.）

希望我方的解释能使贵方撤回索赔，并且在未来的交易中不会受到不利影响。（We hope our explanation will convince you to withdraw your claim and hope this matter will have no harmful effect on the dealings between us in future.）

谨上（Yours sincerely,）
客户部经理（Custom Depart Manager）

练习题

1. 简述打电话和接电话中应注意的事项。
2. 使用电子邮件应注意些什么？
3. 如何使用传真？
4. 从下面五个方面给你的新客户拟写一封初次相识的信函。
   （1）获得对方信息的方法和途径。
   （2）写信的意图。
   （3）本公司的经营范围。
   （4）本公司财务状况及信誉状况的查询单位。
   （5）写信人的期望。
5. 根据拟写询盘信函的写作技巧，结合如下内容写一封询盘信函。
   （1）想了解的商品：长虹牌液晶电视机。
   （2）有关商品需要了解的信息：
   　　① 规格、型号；　　② 样品书；　　③ 价格单；
   　　④ 付款方式；　　　⑤ 交货期；　　⑥ 其他情况。

6. 根据上一题的询盘,向询盘人发出发盘信函,具体信息如下。
(1) 长虹牌液晶电视机。
(2) 规格、型号、价格见样品书及价格单。
(3) 由装船前 30 天开立保兑、不可撤销即期信用证支付。
(4) 装运期为 2019 年 9 月。
7. 根据拟写索赔信函的写作技巧,结合如下内容写一封索赔信函。
(1) 订单 625 号制冷空调货物已收到。
(2) 其中有 7 个空调的调温器工作失灵。
(3) 检验报告是运输过程中野蛮装卸所致。
(4) 要求运输方赔偿发票金额及检验费 4 950 美元。

礼仪训练

1. 电话礼仪训练。学生以 2 人为一组,分别模拟业务员与客户,模拟拨打电话和接听电话的基本礼仪,教师及其他学生观摩并指出问题。
2. 事先找一些同学排练几个接打电话中有错误的小场景,在课堂上表演给学生观看。教师与学生共同讨论,找出场景中的错误并提出修改意见。

案例分析

王芳想买一台打印机,好友告诉她北京一家公司生产的打印机又便宜又好,于是她在上午上班时间拨通了这家公司的电话。第一次电话响了七八声,却没有人应答。下午,王芳又拨通了这家公司的电话,电话铃响了五六声后,终于有人不紧不慢地接起:"喂!"对方拿起电话,没有报自己的名字,也没有报自己公司的名称,只是懒洋洋地吐出这一个字。"您好,请问这里是某某公司吗?"王芳不太确定自己是否打对了电话。"什么事啊?"对方冷淡地问。"你好,我想买一台打印机,请你给我介绍一下你们公司的产品好吗?"王芳问道。"我们公司的产品有很多,打印机也有很多型号,你想要哪种?"对方马虎地回答道。"你能不能详细一点地告诉我到底有哪几种型号和功能呢?我也好选择一下。"王芳有些困惑地问道。"哎呀,这个问题一时半会儿说不清楚啊!"对方有些不耐烦了,并没有详细地解答王芳的疑问,接着电话中传来了吃东西的声音。"噢,那谢谢你啊!我考虑一下再决定吧。"王芳挂上了电话,第二天,她直接去商场买了其他品牌的打印机。

分析与思考:
(1) 王芳为何不买这家公司的产品?
(2) 这家公司负责接线的员工有何失礼之处?这家公司应如何培训员工?

第五章 国际商务会议礼仪

学习目标

1. 了解商务洽谈的基本原则及洽谈前的准备工作；掌握洽谈礼仪。
2. 了解商务会展的筹备和接待服务礼仪。
3. 了解商务年会的准备工作；熟悉商务年会礼仪。

第一节 商务洽谈礼仪

礼仪小故事

瑞士某财团副总裁率代表团来华考察合资办厂的环境和商洽有关事宜，国内某企业出面接待安排。洽谈会第一天，瑞士一方人员全部西装革履，穿着规范出席，而中方人员有的穿夹克衫、布鞋，有的穿牛仔裤、运动鞋，甚至还有人穿毛衣外套。结果，当天的会谈草草结束后，瑞士一方连考察的现场都没有去，第二天找了个理由就匆匆回国了。

资料来源：于少杰，李元杰，倪丽琛. 商务礼仪[M]. 北京：清华大学出版社，2017：171.

点评：商务洽谈属于正式场合，要讲究仪容整洁、服饰规范、言谈举止文明得体。穿着随意，既不尊重自己，也不尊重他人，同时会被认为是不重视商务洽谈的表现。

商务洽谈是指在商务交往中，交易双方在维护各自经济利益的前提下，进行双向沟通，拟订协议、签署合同、要求索赔，或是为了处理争端、消除分歧，而坐在一起进行面对面的讨论，经过协商达成交易的行为。商务洽谈礼仪不是附着在商务洽谈上的一种形式，而是商务洽谈本身的重要组成部分。它既是一门科学，也是一门艺术。

在国际商务交往中，商务洽谈是许多商界人士都会经历的一种商务活动，对外贸易发展得越快，商务洽谈也就越频繁，商务洽谈活动也就越显得重要。因洽谈而举行的有关各方面的会晤，称为洽谈会。洽谈比起商务谈判更普遍、更经常、更简约，是更突出彼此和睦对话的方式，色彩更温和，形式更灵活。

一、商务洽谈的基本原则

（一）平等互利原则

在国际商务洽谈中，平等是国际商务洽谈的基础，互利是国际商务洽谈的目标。在商务洽谈中，无论国家的大小、贫富，无论各方的经济实力强弱、组织规模大小，参与洽谈的团体、组织，只要有诚意，并且带着共同合作的愿望走到洽谈桌前，那么参加商务洽谈的主体地位都是平等的，没有高低贵贱之分，这是洽谈的一个前提条件。当事各方对于交易项目及其交易条件都拥有同样的否决权，协议的达成是双方相互协商共同认可的，不能一家说了算。这种相同的否决权和协商一致的要求，客观上赋予了各方平等的权利和地位。洽谈双方或多方应在权益、责任上一律平等，这是国际商务洽谈的基础。

互利是指洽谈达成的协议对于各方都是有利的。洽谈的某一方在某一问题上的让步，就是另一方在该问题上的需求；而对于接受让步的一方，也会在其他问题上做出让步才能得到这些需求。这是互利原则的本质。只有充分认识并做出让步才能换取自己的真正需求。洽谈各方只有在追求自身利益的同时，也尊重对方的利益追求，立足于互补合作，才能互谅互让，使各自的需求都有所满足，此所谓互利原则。只有坚持这种平等互利的原则，商务洽谈才能在互相尊重的气氛中顺利进行，才能达到互助互惠的洽谈目标。

平等互利是商务洽谈中必须遵循的一条重要原则。本着平等互利的原则出发，有助于企业同外界建立良好的业务往来关系，是维持长期业务关系的保障。

（二）求同存异原则

求同存异原则是国际商务洽谈成功的关键。求同存异原则，是指洽谈作为一种谋求一致而进行的协商活动，参与洽谈的各方一定蕴藏着利益上的一致和分歧。因此，为了实现谈判目标，谈判者还应遵循：对于一致之处，达成共同协议；对于一时不能弥合的分歧，不强求一律，允许保留意见，以后再谈。

在国际商务洽谈中面对各方的利益分歧，各方都应从大局着眼，把共同利益作为出发点。国际商务洽谈不是兵战，也不是竞技场，要把谈判对象当作合作伙伴，而不是敌人。根据"两利相权取其重，两弊相衡取其轻"的古老教训，在可能力争时应尽量力争，在不可能奢望时，应考虑做出局部牺牲，让出眼前利益去换取长远利益。因此，贯彻求同原则，要求谈判各方善于从大局出发，要着眼于自身发展的整体利益和长远利益的大局，着眼于长期合作的大局，要在利益分歧中寻求相互补充的契合利益，达成能满足各方需求的协议。要善于运用灵活机动的谈判策略，通过妥协寻求协调利益冲突的解决办法，构建和增进共同利益。

表面上看，参与洽谈的各方，其价值观、需求、利益的不同会带来谈判的阻力，事实上并非如此，正是由于利益需求上存在分歧，才使得各方可能在利益需求上相互补充、相互满足，此所谓洽谈各方的互补效应和契合利益。因此求同存异还可以通过优势互补、劣势互抵的原理调动双方可以调动的各种因素，创造条件，趋利避害，把双方的利益最大化，使双方都成为赢家。可以说，善于求同存异，反映了谈判者较高的素质，历来是谈判高手智慧的表现。

（三）目标原则

目标原则是洽谈各方最终为寻求好的谈判结果要遵循的原则。目标原则是，洽谈各方都要树立双赢的概念，一切好的洽谈结局应该使洽谈各方都有赢的感觉。目标原则的运用，实际上是在遵循以上原则的基础上，尽量扩大双方的共同利益，即通过双方的努力降低成本、减少风险，使双方的共同利益得到增长，以最终使双方都有利可图。项目越大，越复杂，把蛋糕做得更大的可能性也越大，而后再讨论与确定各自分享的比例，这就是我们通常所说的"把蛋糕做大"。一切好的谈判不是拿一个蛋糕就急于一切两半，而是不仅仅注意切在什么地方，更应该注意在切分这个蛋糕之前尽量使这个蛋糕变得更大。

在商务洽谈中，如果把主要方面的原则先确定好，然后通过双方的努力把"蛋糕"做得足够大，那么其他方面的利益及其划分就显得相对容易多了。这就是我们应该在谈判中注意创造双赢的解决方案的原因，也是谈判各方要运用的目标原则。

（四）效益原则

人们在洽谈过程中，应当讲求效益，提高洽谈的效率，降低洽谈成本，这是经济发展的客观要求。效益原则是国际商务洽谈成功的保证。效益原则包括洽谈自身的效益和社会效益。

洽谈自身的效益是指以最短的时间、最少的人力和资金投入，达到预期的谈判目标。如今科学技术的发展可谓日新月异，新产品从进入市场到退出市场的周期日益缩短。因此，企业往往在产品还没有上市之前就开始进行广泛的供需洽谈，想尽早打开市场，多赢得顾客，以取得较好的经济效益。这就从客观上要求国际商务洽谈人员要讲求洽谈效益，提高洽谈效率。

社会效益，是要综合考虑项目对社会宏观的影响，是洽谈主体应承担的社会责任。例如，在引进技术时要考虑是否符合本国的国情，在引进设备时要充分考虑本国的消化能力，在与外商合资建厂时要考虑该项目投产是否会对环境造成污染，等等。效益的原则要求把实现组织自身微观效益和社会宏观效益统一起来。所以，在谈判中既实现了谈判者自身效益，又实现了良好的社会效益，才符合效益的原则，只有这样才能保证谈判的成功。

（五）遵法守约原则

遵法守约原则是商务洽谈的根本。遵法原则是指商务洽谈必须遵守本国的法律、法规、政策，国际商务洽谈还应当遵循有关的国际法和对方国家的有关法规。商务洽谈的合法原则具体体现在：一是洽谈主体合法，即要审查洽谈参与各方组织及其洽谈人员的合法资格；二是洽谈议题合法，即洽谈所要交易的项目必须是法律允许的，对于法律明文规定禁止交易的项目，其洽谈显然违法，如买卖国家保护文物、贩卖毒品、贩卖人口、走私货物等；三是洽谈手段合法，即应通过公正、公平、公开的手段达到洽谈的目的，而不能采用某些不正当的手段来达到洽谈的目的，如窃听暗杀、暴力威胁、行贿受贿等。

守约原则，商务洽谈的结果是以双方协商一致的协议或合同来体现的，协议或合同条款实质上反映了洽谈各方的权利和义务，是洽谈活动的结晶。它代表着洽谈双方或各方在洽谈过程中的相互承诺，又根据有关的国际法规和国际惯例的要求制定，因此对洽谈各方具有同等的权威性、指导性和约束性，成为一定时期内在某项国际经济活动中洽谈各方的行为准则，各方必须遵守。在洽谈时，无论是货物买卖、合资经营、技术服务、工程承包、合作生产，还是委托代理、运输、信贷、租赁、保险等，都要依据某一国际法律或某种国际惯例的要求订立有效的契约。

二、洽谈前的准备工作

在洽谈过程中,洽谈者之所以能够有理有据、滔滔不绝地阐述自己的观点,是因为洽谈前周密的准备工作使洽谈者充满自信。洽谈之前,准备工作做得是否充分,对洽谈结果有着直接的影响。

(一)确定洽谈目标

商务洽谈的目标,是洽谈过程的核心和导向。一般都由公司的决策层提出主导意向,再经各有关部门和业务专门人员进行可行性研究,多次反复推敲而成,最后报公司决策层审核通过,形成洽谈目标。洽谈目标是对主要洽谈内容确定的期望值,包括技术要求、考核和验收标准、技术培训要求、产品的质量和价格水平等。洽谈目标要有弹性,一般分为最高目标、中间目标、最低目标。洽谈者在谈判过程中根据洽谈目标,在其范围内自主掌握,留有余地。

(二)选择人员

1. 首席代表

根据对方的洽谈阵容,选出公司在洽谈时的主谈人,即首席代表。要求双方的主谈人应当在职务、身份上大体相当。

2. 洽谈班子

商务洽谈涉及的范围很广,它包括产品、技术、金融、市场、运输、保险、法律等,国际商务洽谈还包括海关条例、外语等。因此洽谈班子的组成首先要考虑洽谈人员的知识结构,在此基础上,还要考虑参加洽谈人员的谈判经验、个人性格、应变能力等因素,组成合适的洽谈班子。参加洽谈的人员数量在五人以下为宜。

(三)信息搜集

"知己知彼,百战不殆。"双方在洽谈之前,如果能全面而深入地了解洽谈方,早做准备,就能在洽谈过程中"以我之长,克敌之短",达到预期的效果。为此,在洽谈前必须广泛搜集对手的信息,了解对手的各种资料。这些信息通常包括以下几点。

1. 对方公司的基本情况

国际商务洽谈首先要查清对方法人资格、对方身份以及经中国银行认可的外国银行的资本和信誉证明。然后了解洽谈方的诚信状况、经营范围、历史沿革、主导产品、市场占有率、产品竞争情况、公司规模与管理水平等。

2. 洽谈对手的基本情况

洽谈前一定要充分了解主谈对手的个人情况,包括他的年龄、学历背景、资历、性格、爱好、做事风格以及他对我方的态度与评价等。对于参与此次洽谈的其他对手及对方的整个团队情况也应做到心中有数。

(四)制订洽谈方案和策略

商务洽谈人员根据商务洽谈的目标和对洽谈方的了解制订洽谈方案和策略。洽谈方案的内容主要包括：洽谈的总体思想、原则和战略；洽谈各阶段的目标、准备和策略；洽谈准备工作的安排；提出条件和讨价还价的方法；对各种突变情况的预测与对策以及后方工作的安排；等等。

在国际商务洽谈中，从洽谈双方见面商议开始，到最后签约或成交为止，整个过程往往表现为开局、报价、磋商和成交四个阶段。洽谈人员要想在全局上控制住整个谈判，同时又能正确处理好洽谈过程中出现的诸多问题，就必须把握好洽谈的各个阶段并采取相应的策略。如在洽谈时应当何时报价，就是一个策略性很强的问题。如果想要先入为主，率先夺得主动权，就要选择抢先出价。要是想后发制人就选择后报价。而且报价策略就有西欧式报价策略、日本式报价策略、加法报价策略、除法报价策略等，需要根据具体情况来制订。

（五）确定洽谈地点

根据商务洽谈举行的地点，可以分为客座洽谈、主座洽谈、客主座轮流洽谈以及第三地点洽谈。客座洽谈，即在洽谈对手所在地进行的洽谈。主座洽谈，即在我方所在地进行的洽谈。客主座轮流洽谈，即在洽谈双方所在地轮流进行的洽谈。第三地点洽谈，即在不属于洽谈双方任何一方的地点所进行的洽谈。

以上四种洽谈地点的确定，应通过双方或多方协商一致，不可以自作主张。如果我方担任东道主出面安排洽谈，一定要在各个环节安排到位，合乎礼仪。

三、洽谈礼仪

（一）迎见礼仪

作为东道主，要提前到达约好的洽谈地点，迎接洽谈客户。迎见地点可以选择在大楼门口，也可以选择在洽谈厅门口。宾主相见，主人应与客户方的洽谈代表一一握手，并伴随介绍（注意介绍礼仪），邀请对方进入洽谈厅，请客人首先入座，或双方人员同时落座，主人一定不能自己抢先坐下。如果是等待客人已久，事先坐下了，当客户到来时，应马上起身致意邀坐。宾主双方人员到齐并均已入座后，非谈判人员应退出洽谈场所，不准随意出入，以免影响洽谈的进行。

（二）安排洽谈座次

在洽谈会上，如果我方身为东道主，那么不仅应当依照礼节布置好洽谈厅，预备好相关的用品，还应特别重视礼仪性很强的座次问题。因为它既是洽谈者对对方的尊重，也是洽谈者给予对手的礼遇。只有在某些小规模洽谈会或预备性洽谈会中，座次问题才不那么重要。

举行双边洽谈时，应使用长桌子或椭圆形桌子。宾主应分坐于桌子两侧。若桌子横放，则面对正门的一方为上，应属客方；背对正门的一方为下，应属主方，如图 5-1 所示。若桌子竖放，则应以进门的方向为准，右侧为上，属于客方，左侧为下，属于主方，如图 5-2 所示。

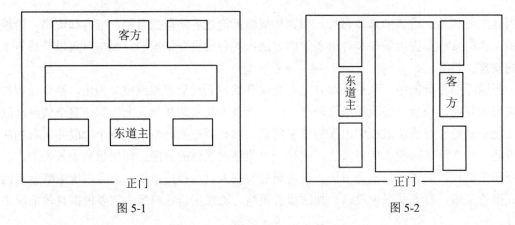

图 5-1　　　　　　　　　　　　图 5-2

在进行洽谈时,各方的主谈人员应在自己的一方居中而坐。其余人员则应遵循右高左低的原则,依照职位的高低自近而远地分别在主谈人员的两侧就座。国际商务洽谈需要译员,应安排其就座于仅次于主谈人员的位置,即主谈人员之右。

举行多边洽谈时,为了避免失礼,按照国际惯例,一般均以圆桌为洽谈桌来举行"圆桌会议"。如此一来,尊卑的界限就被淡化了,如图 5-3 所示。

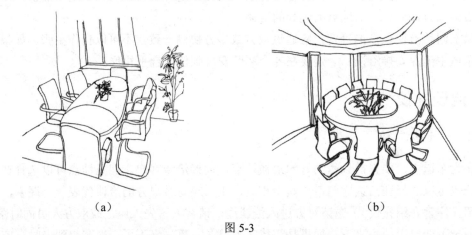

（a）　　　　　　　　　　　　（b）

图 5-3

（三）要用心倾听对方论述

商务洽谈中要健谈,更要成为一个好的倾听者。倾听能更好地了解对方的需求、目的、意图、立场、观点、态度等。倾听对方谈话时要用心,要真诚,要善于从对方的谈话中发现问题,从而也可以有的放矢地打动对方。口若悬河、滔滔不绝,不给对方发表意见的机会,甚至不礼貌地打断对方谈话,往往会让对方产生强烈的反感,使洽谈无法顺利进行,甚至导致洽谈失败。

（四）洽谈要沉着冷静,人事分开

在洽谈时指望谈判对手对自己手下留情那是不可能的,要正确处理双方的关系,做到人事分开,朋友归朋友,谈判归谈判。商务洽谈在某种意义上来说是一种心理上、精神上、智力上的较量。因此,作为洽谈人员,与对手"交战"时要时刻保持头脑清醒、心态平和,只有这样才能沉着应战，以智取胜。洽谈中最忌讳的就是不冷静、急躁。当洽谈遇到挫折时，洽谈人员要冷静地分析洽谈的进展与已经达成的共识，希望能求同存异，寻找"柳暗花明"的最佳途径，避免洽谈陷入僵局以致关系破裂。

（五）洽谈用语要文明

洽谈中的寒暄、开场、交谈、结束用语等，都应注意谈吐的礼貌文明：既要充满自信，又不能显得自傲；既要热情友好，又要不卑不亢；既要据实争辩，又要适度退让，以达到双赢的最佳结果。洽谈既是一个紧张思考的过程，又是一个具有高度语言运用艺术的过程。在这一过程中，洽谈手段如叙述、辩驳、论证、说服等被加以综合运用，并得到最大限度的发挥。洽谈的成功与失败，以及如何在最有利的条件下达成一致，建立合作协议，取得圆满的结果，在一定程度上都取决于洽谈中语言技巧的运用以及语言表达的礼仪。

在洽谈过程中，无论何种情况，都应待人谦和、彬彬有礼，要友善对待对方，即使存在严重的利益之争，也要尊重对方的人格。

（六）洽谈时间要合理

商务洽谈的时间要视具体情况而定。洽谈之前一定要对洽谈内容进行充分而妥善的准备，以便在最短的时间内以最有效的方式完成洽谈任务，实现洽谈目标，同时也可以有效地提升工作效率。

四、注意事项

（一）规范着装

洽谈人员在参加洽谈时着装要庄重，男士要穿西装，系领带，西装颜色以黑色为最佳，其次为深蓝色、灰色，领带颜色要与西装颜色相协调，不要选花色图案，以单色或斜条纹图案为佳，衬衫以白色为最佳，皮鞋以黑色为最佳。女士要求穿套装，化淡妆。其他服饰要求见第二章。

（二）注意举止

体态是一种身体语言。洽谈中，有人会有一些不经意的动作，它们能透露出有关内心动态的有用信息。如双手放在桌上，挺腰靠近桌面坐，表示洽谈态度积极；站立时双脚并拢，双手自然前合，目光友善，面带微笑，是谦恭、礼貌、诚意的表现；摸鼻梁或摸脑门、扶眼镜，同时闭目休整，是表示正集中精神思考某个问题，准备做出重大决策，有时也可以视作进退两难，内心紧张；洽谈者谈话时掌心向上，表示谦虚、诚实，愿意合作；握拳或紧握双手是感到信心不太足，鼓劲和自我激励的表现。以上这些动作表现出一定的人情味，能增加一个人的潜在影响力，也是一种礼仪和风度，在洽谈活动中能起到良好的效果。

人在某种环境下，可以通过自觉的意识，在语言、语气等方面显示出强硬和雄辩，显示出信心十足，绝不后退。但因为内心并不踏实，没有把握，便在下意识中借助动作来掩饰自己，平衡内心的紧张和冲突。如频繁地擦汗、抚摸下颌、敲击桌面等都反映心情的紧张不安;洽谈者双臂紧紧交叉于胸前,流露出的是防御和敌意。这表示警觉和戒备心理。

通过观察洽谈者的动作也可以了解洽谈者的状况,如一只手撑着头,另一只手摆弄着笔、本子、钥匙等小东西,表明对讲话不感兴趣,精力不集中;稍息式的站姿,双手垂直或放在背后,眼光散视,不随话题的变化而变化,表明洽谈者倦怠分神;掌心向下,有控制、压抑、强制感;十指端相触撑起,呈塔尖状,并伴以身体后仰,则有高傲之嫌。

有经验、训练有素的洽谈人员能最大限度地避免无意识动作,镇定自若,显示出风雨袭来安如山的风度。

当然,洽谈人员也不能总是正襟危坐。随着洽谈过程的进展,可以或坐或站,甚至做些必要的手势以助思想的表达、观点的阐发。同时,洽谈人员也应通过观察对方的举止,来理解其自觉不自觉发出的诸多信息。自觉的体态运用也能微妙地、不知不觉地影响对方的心理,但切忌做出抓耳挠腮等不雅观的动作。

第二节 商务会展礼仪

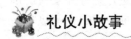
礼仪小故事

在东北亚博览会上,一外商相中一家企业的产品,正因语言沟通困难而着急时,大学生志愿者王芳恰巧碰到,王芳运用熟练的国际贸易专业知识和外语技能帮助他们解决了难题,受到外商和参展企业的好评。王芳从上大一开始就是东北亚博览会的志愿者,她熟悉展会的礼仪,并因彬彬有礼的服务和熟练的专业技能,被多家外贸企业看中。这些企业纷纷要与她签订就业协议。现在王芳即将毕业,在别的同学为找工作而烦恼时,她却为选择去哪个单位工作而犹豫。

会展是会议、展览、大型集体活动的简称,而商务会展是指为了推销产品、技术或专利而组织的宣传性聚会。商务会展最常见的就是一些产品的展销会和一些培训会议。在商务会展上,参展商为卖而参展,参观者为买而参观,均有备而来。参展商可以在有限的时间内最广泛地接触买主,购买商可以在有限的空间里最广泛地了解产品。参展商可以与潜在客户在表示出兴趣时就抓住机会开展推销、洽谈工作,直至成交甚至当场回款。买卖双方可以完成介绍产品、了解产品、交流信息、建立联系、签约成交等买卖流通过程,展会起到沟通和交易作用。因此参展商和主办单位非常重视提高工作人员的礼仪素质。会展礼仪服务是指在会展活动过程中一系列的礼仪服务,包括会展前的准备和会展中的接待服务。

一、商务会展的筹备

(一)明确商务会展的主题

任何一个展览会都有一个鲜明的主题,一般来说,要根据展会举办地及其周边地区的经济结构、产业结构、地理位置、交通状况和展览设施等条件。首先,要根据本区域的优势产业和主导产业来确定主题；其次，要根据国家或本地区重点发展的产业来确定主题；再次，要根据政策扶植地的产业来确定主题。主题确定后才能明确展览会的对象、展览会的规模、展览会的形式等，并以此来进行展览会的策划、准备和实施。

（二）确定会展的时间和地点

会展举办的时间、地点，应根据会展的目的、对象、形式以及效果等多种因素综合考虑。

1. 确定会展时间

会展时间的确定要根据市场对展品需要的季节变化来选择，如市场对服装的需求季节变化大；根据展品生产周期来选择适当的时间，如农作物最好选择作物成熟期举办；展会举办时间不要和相同相似的其他展会冲突；时间的选择要方便参展者和举办者，并考虑本行业的淡、旺季；考虑气候因素，一般展会选择春秋两季为宜。

2. 确定会展地点

会展地点的选择主要考虑两个问题：一是选择主办城市或主办地；二是选择举办的场馆。

地点的选择可以根据参展单位的地理区域不同、产品的消费市场来确定在本地、外地或国外。选择主办城市或主办地，要考虑当地的市场开发程度、产业结构、经济特色和经济辐射能力；要考虑当地举办展览的硬件条件，如展览馆、会场、视听设备、通信设备、新闻中心、供水能力、供电能力；要考虑当地的交通运输条件、客运和货运能力；要考虑当地接待的能力，如住宿是否方便、辅助设施是否齐全等问题；要考虑当地的软件条件，如当地政府、相关行业、新闻媒体等是否支持，是否有足够的专业会展人才。

场馆的选择，一是要考虑展馆的面积是否适合展览规模的需要。大型展览需要将展览分成若干个展区，每个展区由若干展馆组成。小型展览在一个展馆内举行。二是要考虑展馆的管理水平和服务质量，了解办展业绩和办展能力，它们直接影响展会的效果。此外，还要考虑价格，如果是重型设备，还要考虑它的承重能力。

（三）发布举办信息和邀请函

当展览会的主题、时间、地点确定后，要根据举办内容确定参展单位，对参展的单位发出正式邀请函，同时向社会发布招商广告。

邀请函或广告中应明确展览会的名称、举办者、宗旨、展会活动的形式、参加的对象、规模、举办展览会的时间和地点、报名参展的具体时间和地点、咨询有关问题的联络方法、展位费用、截止时间。注意不能以任何方式强迫对方参展。

（四）展览会的广告宣传

1. 展览会的广告宣传内容

展示展览会的会徽、会标和相关的宣传标语。

介绍展览会的宗旨、主题、特色、规模、内容、时间、地点、范围、配套活动的内容与形式、参展与参观的办法等，要做广泛的宣传，吸引各界人士的注意和兴趣。

宣传主办、承办、协办、支持、顾问单位的强大阵容，用以显示实力雄厚。

2. 展览会的广告宣传形式

首先要成立一个专门的新闻发布组织，负责与新闻界的联系，提供有价值的新闻资料，以扩大影响范围，增强展览会的效果。然后利用各种宣传形式广为宣传。

宣传形式主要有电视、电台、报纸、网络、新闻发布会、媒体报道、期刊等。

（五）展览会的布展制作

布展工作主要包括：区域的合理分配；文字风格、色彩基调、图表、展品陈列方式、模型与实物的拼接组装；灯光、音响、饰件的安装；展板、展台、展厅的设计与装潢；参观线路；等等。布展的效果应达到与展出的物品合理搭配、互相衬托、相得益彰，以烘托展览会的主题，给人一种浑然一体、井然有序的感觉。

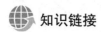

知识链接

展台创意与装饰

大部分展览会提供给参展商天花板聚光灯，或参展者自己会准备携带式照明系统。根据产业调查，照明可以将展品认知度有效提高 30%～50%。另外，选用少量、大幅的展示图片，可以创造出强烈的视觉效果。太过密集或太小的图片都是不易读取的，同时限制了宣传文字的使用。要将图片放置在视线以上的地方，并且使用大胆而抢眼的颜色，避免使用易融入背景的中性色彩，这样使展台从远距离可以突显出来。此外，参展商在采用传统方式依赖大规模场地展览的同时，一定要突出创新设计，以达到吸引观众的目的。要依据展台大小选择合适的展示用品及参展产品，避免过度拥挤或空洞。

资料来源：参展商如何在展览会上出奇制胜[EB/OL]. (2018-10-21)[2019-04-01]. https://wenku.baidu.com/view/a1f84531326c1eb91a37f111f18583d049640fae.html.

（六）其他辅助工作

其他辅助工作包括：展览会的安全保卫工作；展品的运输、安装与保险；车、船、机票的订购；通信联络设备的准备；公关、服务人员的选拔与培训工作；为了预防不测向保险公司进行数额合理的保险。如果主办的是国际展览，主办方还要选拔大量的精通外国语言的公关、服务人员，并对其进行礼仪和各国民俗习惯的培训。主办方要协助国外企业办理相应的手续。

二、会展接待服务礼仪

（一）主办方人员礼仪

主办方人员穿着要庄重，举止要文雅，在左胸佩戴胸卡，标明本人的单位、职务、姓名。主持人应表现得庄重、诚恳、气派，增强公众对其主持的展览会和产品的信赖感。主办方对既定的展期、展位、收费标准等不能随意改动。

主办方人员要负责搞好与各参展单位的关系，做好各项服务工作。如对参展商的接待服务，协调参展商与参观者之间的关系，对参观者的引导服务、组织疏通等。

（二）参展方人员礼仪

参展方的礼仪小姐应身穿色彩鲜艳的单色旗袍，胸披写有参展单位或其展品名称的红色绶带。参展方的工作人员应统一着装，最好穿本单位的制服，胸前佩戴标明本人单位、姓名、职务的胸卡。参展方要准备小礼品和展台资料，小礼品的目的是吸引客户的注意，展台资料包括企业介绍、产品目录、产品和服务说明、价格单、展台人员名片等。资料分为两类：一类成本较低，可以散发给每位观众，如单页和折页资料；另一类是提供给目标客户的成套的、成本高的资料，这类资料不宜在展场提供，最好是展览后邮寄给客户。

参展方人员应具备与产品有关的专业素质。掌握展览的知识和技能，热情、诚恳、礼貌地接待每一位参观者。当参观者进入展位时，要面带微笑，主动与之打招呼："你好！欢迎光临！"对于观众提出的问题，要做到百问不烦、认真回答。在讲解产品时，要注意语言流畅、声音洪亮。介绍的内容要实事求是，并突出自己展品的特色，必要时，还可以做一些现场示范。讲解完毕后，应对听众表示谢意。当观众离开时，工作人员应主动用"谢谢光临""再见"等词与观众道别。

如果企业是在国外参加展览，尤其是国际著名的展览会，经常有首席执行官和高层决策者来参观，他们需要与级别相当的人进行交流，因此，参展方除了安排销售人员和技术人员外，还要选派高层管理人员在展位工作。

需要注意的是，参展方人员要各尽其责，不得东游西逛、无故脱岗。绝不允许在参观者到来时怠慢对方。对于个别不遵守展览会规则、乱摸乱动展品的观众，要以礼相劝。要避免与参观者直接发生冲突，必要时，可以请保安人员协助。

三、参观展览会的礼仪

展览会的参观者，一般分为专业观众和消费展观众。展览会的参观者都要遵守大会的秩序，服从有关工作人员的管理。要与组织者共同维护展览会的秩序和声誉，不在会场嬉笑打闹，不乱动、乱拿展品，要对讲解员的讲解要表示感谢。

消费观众大多是希望以比较优惠的价格购买自己喜爱的消费品，在展览会上他们通常是与逛商场差不多的一种休闲购物方式，会边比较边采购；事先并没有明确的购买目的，如果看到中意的消费品就购买。

商业人士通常是专业展的观众。作为专业展的观众其花费（住宿费、餐饮费、交通费）由其所在的企业承担，他们根据企业的安排，收集有关资料，参加有关会议，了解行业的竞争或产品状况；在入场前需要预先注册，有时需要支付一定的费用。

专业观众举止着装要职业化，到达展会现场要在登记处登记（当前一般的做法是留一张名片），获得入场券，凭入场券入场。现在不少展览会都配备了安检设备，观众随身携带的物品需要通过安检。在入口处观众将入场券交给工作人员，工作人员将发给专业工作证，观众要将该证件挂在脖子上，然后就可以按事先拟好的顺序参观。

专业观众在参观时要穿舒适的鞋，同时要注意休息，要带充足的饮用水，专业展观众应有的放矢，安排合理的参观顺序，目标要明确，一些与自己企业业务无关的展台可以迅速通过。在大企业、重点企业的展台和有新产品的展台前应花较多时间参观交流。专业观众在与参展商交流时应简明扼要地做自我介绍，并告诉他们你在展位停留的目的。要了解参展商的产品能给用户带来什么好处，产品的竞争优势在哪里。要明确交流的目的，交流时要注意言简意赅，抓住主要问题，不要偏离话题。最好随身携带备忘本，在和参展商交谈时，对交谈中的要点要做记录，并随时检查核实。作为专业观众的商业人士对产品的选择既要谨慎，又要果断自信，充分利用展览会提供的优惠价格，选择合适的产品。

知识链接

会 展 经 济

会展经济，即通过举办大型会议、展览活动，带来源源不断的商流、物流、人流、资金流、信息流，直接推动商贸、旅游业的发展，不断创造商机，吸引投资，进而拉动其他产业的发展，并形成一个以会展活动为核心的经济群体。

会展经济从内容上可分为会议与展览两个基本组成部分，二者多融为一体。国际性会议多以会议为主，但在会议同期举办一些商业展览活动；而国际性展览会虽以展览为主，但展出期间各种研讨会、专题会等也同时举行。会议因展览而增加了内容，有了直观效果；而展览因会议提升了档次，更显其专业性。会与展就这样相得益彰。在国外，会展业与旅游业、房地产业并称为世界"三大无烟产业"。

会展经济具有以下作用：一是会展经济可以带动相关产业的发展。会展经济不仅本身能够创造巨大的经济效益，而且还可以带动交通、旅游、餐饮、住宿、通信、广告等相关产业的发展。据专家测算，国际上展览业的产业带动系数大约为1∶9，即展览场馆的收入如果是1，相关的产业收入则为9。二是为企业开展营销活动提供了很好的场所。在市场竞争日益激烈的情况下，企业都想寻找机会搜集市场信息，促进产品销售，而参加会展无疑是一个契机。一方面，企业通过参加会议和展览，可以及时、准确、低成本地获取各种有效的信息。然后，根据这些信息，实施恰当的市场营销组合策略。另一方面，企业在展览会上通过产品，尤其是新产品展示，可以诱导甚至创造消费者的需求。三是会展经济能够促进城市的发展，提高城市的知名度和美誉度。

在我国，许多中心城市和省会城市纷纷兴建现代化的大型展馆，着力培育"会展经济"。北京、上海、大连等城市明确将会展业纳入重点扶持的都市型产业和新的经济增长点。以北京、上海、广州、武汉、深圳、大连、沈阳等城市为中心的全国性展览网络现已形成。

资料来源：https://baike.baidu.com/item/%E4%BC%9A%E5%B1%95%E7%BB%8F%E6%B5%8E/6852948?fr=aladdin#1.

第三节 商务年会礼仪

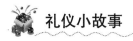礼仪小故事

请柬发出之后

某公司定于年末某日下午在单位礼堂召开总结表彰大会,特意发请柬邀请有关部门领导光临。请柬上开会的时间、地点写得一清二楚。接到请柬的几位部门领导很积极,提前来到会场,但看会场的布置不像是开表彰大会的样子,经询问礼堂负责人才知道,当天上午礼堂开报告会,该公司的总结表彰大会改换地点了。几位领导同志感到莫名其妙,为什么改地点不重新通知?一气之下,全都回家去了。事后,会议主办的公司领导才解释说,因秘书人员工作粗心,在发请柬之前还没有与礼堂负责人取得联系,一厢情愿地认为不会有问题,便把会议地点写在了请柬上,等开会的前一天下午去联系,才得知礼堂早已租给别的单位用了,只好临时改换会议地点。但由于邀请单位和人员较多,来不及一一通知,结果造成了上述失误。尽管公司领导登门道歉,但造成的不良影响是难以消除的。

资料来源:于少杰,李元杰,倪丽琛. 商务礼仪[M]. 北京:清华大学出版社,2017:187.

思考: 会议准备需要注意哪些问题?

商务年会通常是指商家或行业协会通过组织各类活动,在年终对本年度工作进行总结与庆祝,并对下一年工作进行规划与展望。

一、年会的准备工作

商务年会有各种不同的类型。从举办单位来看,有行业举行的行业年会,有企业举行的年会;从举办的目的看,有同行业各企业的技术或负责人代表的技术交流大会,有员工总结大会,有答谢客户的;从形式看,有表彰性的,有娱乐性的,还有赛事性的。因此,在计划之前需要明确召开会议的目的和目标,不同的会议需要不同的环境。

(一)明确年会主题

任何商务年会都有自己的主题、举办日、举办形式,主题的确定一般由领导集体决定,只有主题明确,负责筹备会议的领导班子成员才能围绕会议主题,有的放矢地确定计划、议程、期限、出席人员、预算等。

(二)建立商务年会筹备班子

召开一个大型的商务年会,要有许多人参与组织和服务工作。这些人应有明确的分工,各负其责。要建立各种小组,可以使他们在统一领导之下,各自独立地开展工作。一般会议由大会秘书处负责整个会议的组织协调工作。秘书处下设:秘书组,负责会议的日程和人员安排,文件、简报、档案等文字性工作;总务组,负责会场、接待、食宿、交通、卫

生、文娱和其他后勤工作;保卫组,负责大会的安全保卫工作。根据会议规模的大小、性质的不同,还可以增设其他必要的小组。

负责筹备会议的领导班子成员,应根据年会主题明确分工,确定工作任务及具体的要求,只有责任到人,最终才能实现商家举办年会的目的。

(三)确定与会人员和日程安排

根据年会主题和对象确定与会人员,确定与会人员是非常重要的工作。该到会的,一定要通知到;不应当到会的,就不应当参加。这里出现了差错,后果是很严重的。确定与会人员,可以采用以下方法:查找有关文件、档案资料;请人事部门提供;征求各部门的意见;请示领导。

根据年会主题,秘书处要在会前把会议要讨论、研究、决定的议题搜集整理出来,列出议程表,合理安排日程,提交领导确定,以保证会议有秩序地进行。

(四)确定年会场地

商务年会场地的选择要根据年会主题、出席会议的人数及与会人员的身份、会议的目标和与会者的偏好等因素来综合考虑。

商务年会的场地按类型划分为商务型酒店和度假型酒店,按地理位置划分为市中心酒店和市郊酒店。

1. 商务型酒店

这类酒店无论在外部设计还是在内部装修,以及可提供的先进通信工具、适合会务的商用场地方面(有特定的商务楼层),一般都充分体现了现代商务高效、快捷的内涵。酒店既能接待小型会议,也能接待大型会议,有一个或多个多功能厅,24小时全天候办公,有较强的服务能力,此外还有多个中西式餐厅、各种商店、健身房、游泳池等设施。

2. 度假型酒店

这类酒店一般建在旅游胜地或海边,外部设计、园林规划、内部装修都充分体现了当地特色,集休闲、娱乐于一体。同时随着社会的发展,度假型酒店也能提供相应的会议设施、美食和各种代表地方和季节特色的活动,这些无疑大大方便了会议单位。

3. 市中心酒店

在选择位于市中心的酒店时需考虑酒店与机场距离(包括交通是否拥挤)。如果与会者来自国内或本地区,那么选择这样的酒店是明智的。会议筹划者一般喜欢选择位于理想的城市里且设施和功能齐全的市中心酒店,这样与会者的随行家属便有很多活动可以安排。

4. 市郊酒店

对于在当地可驱车前往的与会者来说,这一类酒店是大受欢迎的。明确场地之后,需要同会议场所的销售部门直接联系,进行一个非常详细的报价咨询,建议最好货比三家,当然也需要同时与一两个会议场所保持联系以备急需时进行调整。

(五)发出通知

参加商务年会的名单确定后,即可向与会人员发出通知,便于他们做好准备工作。有时准备工作量比较大,而距离开会时间还远,可以先发一个关于准备参加会议的通知。在开会前,再发出开会通知。通知一般用书面形式,内容包括会议名称,开会的目的、内容,与会人员应准备什么,携带什么,开会日程、期限、地点,报到的日期、地点、路线等。与会人员接到通知后,应向大会报名,告知将参加会议,以便于大会发证、排座、安排食宿等。

(六)做好年会的预算工作

1. 交通费用预算

交通费用的预算要根据年会主题、举办地与出席人员的构成以及其所在地来考虑。交通费用可以分为:出发地至会务地的交通费用,包括航班、铁路、公路、客轮以及目的地车站、机场、码头住宿地的交通费用;会议期间的交通费用,主要是会务地的交通费用,包括住宿地至会所的交通费用、会所到餐饮地点的交通费用、会所到商务交际场地的交通费用、商务考察交通费用以及其他与会人员可能使用的预定交通费用;欢送交通费用及返程交通费用,包括航班、铁路、公路、客轮及住宿地至机场、车站、港口的交通费用。

2. 会议厅的租借费用

会议厅的租借要根据企业具体情况和年会的主题以及规模来决定。

会议厅场地租赁包括常用设施,如音响系统、主席台、桌椅等。有些会议设施的特殊设备是另计费的,如投影仪、多媒体系统、摄录设备、移动式翻译系统、会场展示系统等,这些特殊设备在租赁时通常需要支付一定的使用保证金。租赁费用中包括设备的技术支持与维护费用。

3. 住宿费用

根据年会主题、举办地与出席人员的构成以及其所在地和年会时间的长短来考虑住宿费用,住宿费用是年会的主要开支之一。正常的住宿费用除与酒店星级标准、房型等因素有关外,还与客房内开放的服务项目有关,如客房内的长途通信、洗换、互联网、水果提供等。会议主办方应与酒店方明确关闭或者开放的服务项目及范围。

4. 餐饮费用

餐饮费用是年会最主要的开支之一,费用的多少与会议的规模、出席人员的构成和数量有直接关系。

早餐通常是自助餐,当然也可以采取围桌式就餐方式,费用按人数计算即可。中餐及午餐基本属于正餐,可以依据参与人数拟定就餐形式,既可以选择自助餐形式,也可以采用传统的圆桌就餐形式。需要注意的是,年会的餐饮费用还应包括联谊酒会的费用。

5. 会场茶歇费用

此项费用基本上是按人数预算的,预算时可以提出不同茶歇时段的食物、饮料组合。承办者告知的茶歇价格通常包含服务人员费用,如果主办方需要非程序服务,可能需要额外的预算。通常情况下,茶歇的种类可以分为西式与中式两种——西式基本上以咖啡、红茶、西式点心、水果等为主,中式则以开水、绿茶或者花茶、果茶、水果、咖啡及点心为主。

6. 其他费用

其他费用是指年会过程中一些临时性安排产生的费用,包括打印、纪念品、模特与礼仪服务、演员演出、临时道具、传真及其他通信、快递服务、临时保健、翻译与向导、临时商务用车、汇兑等费用。

（七）现场考察

做好年会预算后，进行实地考察是十分重要的，以确保年会当天万无一失。

实地考察的内容可以包括：视察选定的场所和设施，检查并比较各项设施；协调会务工作人员的活动；根据会议的具体情况，设计并安排会场的布局，细致周到地设计好所有的细节；准备年会所需要的所有设备，并提前安放在指定位置，提前调试好设备，并进行演练，确保年会的顺利进行。

（八）拟定商务年会餐单

餐饮安排通常有两种形式——自助餐或者圆桌餐，类别有中式、西式及清真系列。事先要依据餐饮预算、与会人员情况、个人私忌等选定好菜式，明确好菜单及上菜顺序。

需要特别注意的是，会议前期考察时要注意餐厅及用具的卫生情况，不能让就餐者出现健康问题。

（九）安排年会节目

商务年会中为烘托气氛一般都安排节目演出，节目内容要与年会主题相辅相成，特别是有外国宾客在场的情况下，节目既要体现年会主旨，又要满足宾客品位，照顾到外国客人的感受和兴趣。可以选取一些带有我国传统民俗特色的节目供他们欣赏，也可以精心挑选一些有他们国家特有风情的文娱节目，让外国宾客能在异国他乡体验到宾至如归的亲切感觉。

许多商务年会的余兴活动是舞会，举行舞会既可以活跃气氛，也可以拉近公司员工与员工、员工与领导之间的距离，增强交流，打破隔阂。年会舞曲的确定要事先选取好。选择曲目时应根据与会人员的年龄、身份、职务进行挑选，多以交谊舞曲为主，如若年轻人较多，可以适当穿插几支快节奏的迪斯科舞曲、拉丁舞曲、恰恰舞曲助兴。

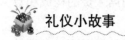
礼仪小故事

令人难忘的年会

年末，某电视传媒公司按惯例准备本年度员工总结大会，王丽负责这项工作，王丽和办公室人员商议后决定召开一个特殊的总结大会。会前，王丽专门派人到各部门将其在拍电视和广告时有工作人员工作画面的胶片取来，制作了他们工作和生活录像片，刻成了光盘在会上发给大家，而且在会上播放，同时伴有深情的讲解，到场的每个人都非常感动。他们一直是录制别人，而今天他们有机会看到自己在银幕上的镜头，再加上深情的讲解，使他们感到公司没有忘记自己，因而很自然地加深了对公司的感情，团队的凝聚力大增。

点评：企业组织年会等活动，主要目的就是为了增强集体凝聚力，推进企业发展壮大。因此此类聚会不应只注重形式，更要注重与员工情感的互动。

二、年会礼仪

（一）会议签到

为了掌握到会人数，严肃会议纪律，凡大型会议或重要会议，通常要求与会者在入场时签名报到。商务年会最好要有签到制度，便于掌握出席人数。会议签到的通行方式一般有签名报到、交券报到、刷卡报到。负责签到工作的人员，应及时向会议的负责人通报人数。

（二）装扮得体

出席商务年会服装一定要整齐，装扮一定要得体。通常年会的请柬上都会注明参加时对着装的要求。着装要根据商务年会的日程安排选择合适的服装，一般男士应穿西服套装或其他突出个性的正装，出席较隆重的舞会最好穿晚礼服或燕尾服，女士应穿长或短的晚礼服。

出席年会前还应进行必要的修饰。最好事先沐浴，除去身上的异味，换上干净衣服，梳理好发型。为防止体味可以适当喷一些香水，但不要太浓，留一些淡淡的香气即可。出席年会特别是舞会前最好不要吃葱、蒜等刺激性食品，不要吃得过饱以免出现打嗝等生理反应。去舞会前最好清理好牙齿。女士出席舞会要化妆，妆容不宜过浓。

（三）准时到会

商务年会是公司一年中规模较大、较为隆重的一次商业聚会。所有与会人员都应高度重视，积极参与。准时到会是商务人员高度重视的表现之一。应邀参加公司年会的人员，必须按邀请函上规定的出席时间准时到达现场，最好提前几分钟。迟到、早退都是对举办方、组织者的不尊重。

（四）会间茶歇

大型商务年会一般不需要会间茶歇，但是答谢大客户的商务年会和对公司或者组织高层的会议，会间茶歇是很重要的。

茶歇通常准备包括点心、饮品、摆饰、服务等，一般不同时段可以更换不同的饮品、点心组合。

茶歇大致上有中式与西式之分，中式的饮品包括矿泉水、开水、绿茶、花茶、红茶、奶茶、果茶、罐装饮料、微量酒精饮料，点心一般是各类糕点、饼干、袋装食品、时令水果、花式果盘等。西式茶歇饮品一般包括各式咖啡、矿泉水、低度酒精饮料、罐装饮料、红茶、果茶、牛奶、果汁等，点心有蛋糕、各类甜品、糕点、水果、花式果盘，有的还有中式糕点。

（五）现场记录

商务年会是商家一年一次的重要的会议，要进行现场记录，记录方式一般有笔记、录音录像等，一般可以单用某一种，也可以交叉使用。负责手写笔记会议记录时，对会议名称、出席人数、时间地点、发言内容、讨论事项、临时动议、表决选举等基本内容要力求做到完整、准确、清晰。

根据现场记录编写简报。有些重要会议，往往在会议期间要编写会议简报。编写会议简报的基本要求是快、准、简。快，是要求其讲究时效；准，是要求其准确无误；简，则是要求其文字精练。

（六）认真听讲，专心观看

到达会场要进出有序，按照会议安排落座，开会时应认真听讲，不要私下小声说话或交头接耳，发言人发言结束时，应鼓掌致意，中途退场应轻手轻脚，不影响他人。

年会中一般穿插节目表演，演出前商务人员不要高谈阔论，或走来走去找熟人，若见到熟人点头致意即可，不可大声说笑和喊叫。在观看演出时，要认真观看，作为观众应将一切通信设备关掉或将其设置为无声状态，演出过程中不能发出声音，如说话、对节目大加评论、随着音乐打拍子、哼曲调等。观看演出要尊重每一个演员的劳动，每逢一个节目结束时，都应当报以热烈的掌声。

（七）邀舞礼节

商务年会上一般安排舞会，每位参与者都应注意邀舞礼节。

正规的舞会第一场舞由主人夫妇、主宾夫妇共舞。第二场舞由男主人与主宾夫人、女主人与男主宾共舞。舞会上男主人应起到组织作用，要尽可能多地与女宾跳舞，首先要陪没有舞伴的女宾跳舞，或者为她们介绍舞伴，并照顾好其他客人。其他男士带女伴出席舞会时，应把女伴介绍给女主人，并与女伴跳第一支与最后一支舞。当有人把女宾介绍给一位男宾时，这位男宾必须要请这位女宾跳一支舞。

在舞会上，男士应处于主动地位，主动邀请女士跳舞，但不能仅同一位女士跳舞。舞会上不可以男士与男士、女士与女士共舞。男士邀请女士应当走到其面前，向对方点头邀请，待对方同意后，请女士走在前面，陪伴其步入舞池。如果女士婉拒则不应勉强对方。

舞会上，女士可以拒绝男士的邀请，但是要婉言谢绝，注意不要伤及对方的情面，可以称自己身体不适，想休息一会儿。特别需要注意的是：当你拒绝了一位男士的邀请后，就不能在一曲未完时又接受另一位男士的邀请。

三、年会的会后结算总结

商务年会结束时，要把年会的纪念品发给参会者，将年会期间的录像刻成光盘发送给参会人员。商务年会的结算是指商务年会中与各个合作方进行对账结算，开具发票；商务年会总结包括年会的会议资料的收集和保管；对整个会议流程进行详细的总结；等等。商务年会会后结算总结是成功的商务会议必不可少的最后环节，既体现了组织者的优质服务，又能为下一次年会再次成功举办积累经验。

练习题

1. 简述商务洽谈的原则。
2. 商务洽谈前应做哪些工作？

3．商务会展的筹备工作包括哪些内容？
4．简述会展接待服务礼仪。
5．简述商务年会礼仪。

礼仪训练

1．情境模拟。学生以 5 人为一组，模拟商务人员在组织和参加商务会议、展会和进行商务洽商时应注意的礼仪。学生和教师观摩并共同评价和选出优秀的小组。

2．制订年会方案。学生以 5 人为一组，拟订公司的年会方案并形成方案报告。年会主题自定，鼓励创新，形式灵活多样。学生进行课堂展示，由教师和学生共同点评选出最优方案。

案例分析

柯经理与马经理的木炭交易谈判

某年夏天，H 市木炭公司经理柯女士到 G 市金属硅厂洽谈木炭的销售合同。H 市木炭公司是生产木炭专业厂，想扩大市场范围，对这次谈判很重视。会面那天，柯经理脸上粉底打得较厚，使涂着腮红的脸尤显白嫩，戴着垂吊式的耳环、金项链，右手戴有两枚指环、一枚钻戒，穿着大黄衬衫、红色大花真丝裙。G 市金属硅厂销售科的马经理和业务员小李接待了柯经理。马经理穿着布质夹克衫、劳动布的裤子，皮鞋不仅显旧，还蒙着车间的硅灰。他的胡茬发黑，脸色更显苍老。

柯经理与马经理在会议室见面时，互相握手致意，马经理伸出大手握了下柯经理白净的小手，马上就收回了，并抬手检查手上情况。原来柯女士右手的戒指、指环扎了马经理的手。看着马经理收回的手，柯经理眼中掠过一丝冷淡。小李眼前一亮，觉得柯经理与马经理的反差大了些。

双方就供货量及价格进行了谈判，G 厂想独占 H 厂的木炭供应，以加强与别的金属硅厂的竞争力，而 H 厂提出了最低保证量及预先付款作为滚动资金的要求。马经理对最低订量及预付款原则表示同意，但在"量"上与柯经理分歧很大。柯经理为了不空手而回，提出暂不讨论独家供应问题，预付款也可以放一放，等于双方各退一步，先谈眼下的供货合同问题。马经理问业务员小李，小李没应声。原来他在观察研究柯经理的服饰和化妆，柯经理也等小李的回话，发现小李在观察自己，不禁一阵脸红。

但小李没提具体合同条件，只是将 G 工厂"一揽子交易条件"介绍了一遍。柯经理对此未做积极响应。于是小李提出，若谈判依单订货，可能要货比三家，愿先听 H 厂的报价，依价下单。柯经理一看事情复杂化了，心中直着急，加上天热，额头汗珠汇集成流，顺着脸颊淌下来，汗水将粉底冲出了一条沟，使原本白嫩的脸变得花了。见状，马经理说道："柯经理别着急。若贵方价格能灵活，我方可以先试订一批货，也让您回去有个交代。"柯经理说："为了长远合作，我们可以在这笔交易上让步，但还请贵方多考虑我厂的要求。"

双方就第一笔订单做成了交易，并同意就"一揽子交易条件"存在的分歧继续研究，择期再谈。

该案例较集中地展现了谈判人的行为与心理动态，对谈判中的态度影响较大，两位经理的表现值得研究：柯经理与马经理在礼仪方面做得如何？他们在谈判中的追求是什么？该案例中谈判人的感情表现在何处？

从案情上看：柯经理在服饰上想到了要体现重视该场谈判，但在搭配上存在"艳"的问题。具体来讲，装饰品太多，耳环、项链、指环等；衣服颜色太扎眼，没有形成人的品位的魅力，反而招来对方的"观戏"。马经理的服饰不够得体，鞋脏、胡子未刮；举止不够绅士，握手时被扎，不应马上缩手，因为这会让对方难堪。

柯经理为企业工作，她要为本厂的生产发展着想，同时怕空手而回对自己不利。马经理只为工作，完成该项交易即满足，致使在"一揽子交易条件"谈判中并不想深究。条件谈不拢则停，能与对手签一笔合同也很满足。在谈判中，柯经理担忧的感情流露充分，担心签不下合同空手而归。

分析与思考：

（1）如果柯经理的表现改变一点，对谈判效果是否会好些？

（2）从心理表现角度看，"一揽子交易条件"谈判时，柯经理一方应做何种调整？

第六章 国际商务仪式礼仪

学习目标

1. 了解开业仪式的常见形式；掌握开业仪式的筹备工作。
2. 了解剪彩仪式的准备工作及人员的安排；熟悉剪彩的程序。
3. 了解交接仪式的准备工作；熟悉交接仪式的基本程序。

第一节 开业仪式礼仪

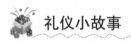 礼仪小故事

别开生面的开业典礼

李奥·贝纳广告公司 1935 年成立于美国芝加哥。公司成立之初只有几家客户，年营业额也只有 20 万美元左右，但是创始人李奥·贝纳并没有气馁，他精心策划了一场别开生面的开业典礼，全力调动前来参加庆典的宾客注意力，一点一滴的惊喜，一层一层的意外，让参加典礼的宾客赞美不断。李奥·贝纳认为典礼并不是要做得"不合常规"才有趣，而真正有趣味的典礼要本身新奇和难得一见，才不落俗套。到庆祝开业 25 周年时，李奥·贝纳公司已成为全美第六大广告公司，营业额达 1.1 亿美元，900 多名员工。每年的 8 月 5 日这一天，全世界的李奥·贝纳人都会在同一个主题下共同庆祝。

资料来源：王玉苓. 国际商务[M]. 2 版. 北京：人民邮电出版社，2018：145.

开业仪式也称开业典礼，是指在公司开业、项目完工、某一建筑物正式动工，或某项工程正式开始，为了表示庆祝，而按照相应的程序所进行的一项专门的仪式。一个好的开业典礼不但能赢得参加开业典礼的人们的信赖，而且还能借此机会在社会公众中广为传播。从仪式礼仪的角度方面来看，开业仪式只是一个统称，它包括开幕仪式、开工仪式、奠基仪式、破土仪式、竣工仪式、下水仪式、通车仪式和通航仪式等。

一、开业仪式的常见形式

（一）开幕仪式

开幕仪式是开业仪式的具体形式之一。通常它是指企事业单位、宾馆、商店、银行等公司正式启用之前，或是商品的展示会、博览会、订货会正式展示之前，将要举行的相关仪式。当开幕仪式举行之后，公司、企业、宾馆、商店、银行将正式营业，有关商品的展

示会、博览会、订货会将正式接待顾客与观众。

举行开幕仪式需要宽敞的活动空间，一般商店门前广场、展厅门前、室内大厅等处，可以作为开幕仪式的举行地点。

开幕仪式的主要程序包括以下几点。

（1）主持人宣布仪式开始，介绍来宾，全体肃立。

（2）邀请专人来揭幕或剪彩。揭幕的具体做法如下：揭幕人走向彩幕前，礼仪小姐用双手将开启彩幕的彩索递交给揭幕人，揭幕人随后目视彩幕，双手拉启彩索，使其展开彩幕，全场目视彩幕，全体人员鼓掌并由乐队奏乐。

有的开幕仪式设有可以进入的幕门，在本单位主要负责人的亲自引导之下，全体人员依次进入幕门，有的是象征性的幕门，不能进入。

（3）本单位主要负责人致辞答谢与会者。

（4）来宾代表发言祝贺。

（5）本单位主要负责人陪同来宾做随行参观。开始正式接待顾客或者观众，对外营业或对外展览。

（二）开工仪式

开工仪式是指工厂准备正式开始生产产品、矿山准备正式开采矿石而专门举行的庆祝性活动。

举行开工仪式的场所大都在生产现场，参加开工仪式人员的着装除司仪人员按惯例应着礼仪性服装之外，东道主一方的全体职工均应穿干净整洁的工作服。

开工仪式的主要程序包括以下几点。

（1）主持人宣布仪式开始。介绍各位来宾，全体肃立，然后开始奏乐。

（2）在司仪的引导下，本单位的主要负责人陪同来宾到开工现场的机器开关或电闸附近肃立。

（3）主持人宣布正式开工；此时应请本单位的职工代表或参会来宾代表来到机器开关或电闸旁，先对到场的人欠身施礼，再用手启动机器或合上电闸；全体人员此时应鼓掌致贺，并由乐队开始奏乐。

（4）全体职工各就各位，上岗进行操作。

（5）在本单位主要负责人的带领下，全体来宾参观生产现场。

（三）奠基仪式

奠基仪式，通常是一些重要的建筑物，如大厦、场馆、亭台、楼阁、园林、纪念碑等，在动工修建之初正式举行的庆贺性活动。

奠基仪式现场的选择与布置有一定规矩。奠基仪式举行的地点，应选择在动工修筑建筑物的施工现场。奠基的具体地点，按常规在建筑物正门的右侧。在一般情况下，用以奠基的奠基石应为一块完整无损、外观精美的长方形石料。在奠基石上，通常文字应当竖写，其右上部位刻有建筑物的正式名称；在其正中央，刻有"奠基"两个大字；在其左下部位刻有奠基单位的全称以及举行奠基仪式的具体时间。奠基石上的字体为楷体，并且最好是白底金字或黑字。

在奠基石的下方或一侧，一般还安放一只密闭完好的铁盒，内装有与该建筑物相关的各项资料以及奠基人的姓名。届时，它将同奠基石一同被奠基人等培土掩埋于地下，以示纪念。

在奠基仪式的举行现场一般设立彩棚，里面安放该建筑物的模型或设计图、效果图，在现场各种建筑机械就位待命。

奠基仪式的程序主要包括以下几点。

（1）主持人宣布仪式开始，介绍来宾，全体肃立。

（2）奏国歌。

（3）单位负责人对该建筑物的功能以及规划设计进行简介。

（4）来宾致辞道贺。

（5）主持人宣布正式进行奠基。同时乐队演奏喜庆乐曲，或锣鼓喧天。首先由奠基人双手持握系有红绸的新锹为奠基石培土。随后，再由主人与其他嘉宾依次为之填土，直至将其埋没为止。

（四）破土仪式

破土仪式是为道路、河道、水库、桥梁、电站、厂房、机场、码头、车站等正式开工而举行的破土动工仪式。

由于破土仪式举行的地点在工地的中央或其某一侧，为防止举行仪式的现场出现道路坎坷泥泞、飞沙走石的状况，要事先进行清扫、平整、装饰。

如果来宾较多，尤其是有年龄较大的来宾时，要在现场附近临时搭建供休息的帐篷或活动房屋，以使来宾免受风吹、日晒、雨淋。

破土仪式的程序主要有以下几点。

（1）主持人宣布仪式开始，介绍来宾，全体肃立。

（2）奏国歌。

（3）主要负责人致辞。内容以表示感谢和对该项目的介绍为重点。

（4）来宾致辞祝贺。

（5）主持人宣布正式破土动工。一般的做法是：首先由众人在破土之处周围肃立，并且目视破土者，以示尊重。破土者一般由单位的主要负责人担任。接下来，破土者双手执系有红绸的新锹垦土三次，以示良好的开端。最后，全体在场者一道鼓掌，并演奏喜庆音乐或燃放鞭炮。

一般而言，奠基仪式与破土仪式在具体程序方面大同小异，适用范围亦大体相近。故此，这两种仪式不宜同时举行于一处。

破土仪式涉及面广、影响大、时间紧凑，要在短时间里营造出现场的热烈气氛，需要精心准备。

（五）竣工仪式

竣工仪式，又称落成仪式或建成仪式，是指本单位所属的某一建筑物或某项设施建设、安装工作完成之后，或者是某项纪念性、标志性建筑物，如纪念碑、纪念塔、纪念堂、纪念像、纪念雕塑等建成之后，以及某种意义特别重大的产品生产成功之后所专门举行的庆贺性活动。

举行竣工仪式的地点，一般应以现场为第一选择。例如，新建成的厂区之内、新落成的建筑物之外，以及刚刚建成的纪念碑、纪念塔、纪念堂、纪念像、纪念雕塑的旁边。

在竣工仪式举行时，全体出席者的情绪应与仪式的具体内容相适应。例如，在庆贺工厂、大厦落成或重要产品生产成功时，应当表现得欢快而喜悦；在为纪念碑、纪念塔、纪念堂、纪念像、纪念雕塑建成举行的竣工仪式上，则应表现得庄严而肃穆。

竣工仪式的程序主要有以下几点。

（1）主持人宣布竣工仪式开始，介绍来宾，全体肃立。
（2）奏国歌或演奏本单位标志性歌曲。
（3）本单位主要负责人发言，以介绍、感谢、回顾为主要内容。
（4）进行揭幕或剪彩。
（5）全体人员向竣工仪式的"主角"——刚刚竣工或落成的建筑物，郑重其事地行注目礼。
（6）来宾致辞。
（7）进行参观。

（六）下水仪式

下水仪式，是指在新船建成下水之时所专门举行的仪式。准确地讲，下水仪式是造船厂在吨位较大的轮船建造完成、验收完毕、交付使用之际，为其正式下水启航而特意举行的庆祝性活动。

按照国际上目前通行的做法，下水仪式基本上都在新船码头上举行。届时，应对现场进行一定程度的美化。例如，船坞门口与干道两侧应饰有彩旗、彩带；在新船所在的码头附近，应设置专供来宾观礼或休息之用的彩棚。

对下水仪式的主角——新船，亦须认真进行装扮。一般要在船头扎上由红绸结成的大红花，并且在新船的两侧船舷上扎上彩旗，系上彩带。

下水仪式的主要程序有以下几点。

（1）主持人宣布仪式开始，介绍来宾，全体肃立，乐队奏乐，或锣鼓齐奏。
（2）奏国歌。
（3）由主人介绍新船的基本状况。例如，船名、吨位、马力、长度、高度、吃水、载重、用途、工价等。
（4）由特邀掷瓶人行掷瓶礼。砍断缆绳，新船正式下水。

行掷瓶礼是下水仪式独具特色的一个节目。它在国外由来已久，并已传入我国。它的目的是要渲染出喜庆的气氛。它的做法是身着礼服的特邀嘉宾双手持握一瓶正宗的香槟酒，用力将瓶身向新船的船头投掷，使瓶破之后酒香四溢，酒沫飞溅。在嘉宾掷瓶以后，全体到场者须面向新船行注目礼，并随即热烈鼓掌。此时，还可以在现场再度奏乐或演奏锣鼓，施放气球，放飞信鸽，并且在新船上撒彩花、落彩带。

（5）来宾代表致辞祝贺。

（七）通车仪式

通车仪式也称开通仪式，是指在重要的交通建筑完工并验收合格之后所举行的正式启用仪式。例如，公路、铁路、地铁以及重要的桥梁、隧道等，在正式交付使用之前，均会举行一次以示庆祝的通车仪式。

举行通车仪式的地点，通常为铁路、公路、地铁新线路的某一端，新建桥梁的某一头，或者新建隧道的某一侧。在现场附近，以及沿线两旁，一般插上彩旗、挂上彩带。在通车仪式上，被装饰的重点是用以进行"处女航"的汽车、火车或地铁列车。在车头之上，一般系上红花。在车身两侧，一般插上彩旗，系上彩带，并且悬挂上醒目的大幅宣传性标语。

通车仪式的程序主要包括以下几点。

（1）主持人宣布仪式开始。介绍来宾，全体肃立。

（2）奏国歌。

（3）主要负责人致辞，主要介绍即将通车的新线路、新桥梁或新隧道的基本情况，并向有关方面表示谢意。

（4）来宾代表致辞祝贺。

（5）正式剪彩。

（6）首次正式通行车辆。届时，宾主及群众代表一起登车而行。有时，往往还须由主人所乘坐的车辆行进在最前方开路。

（八）通航仪式

通航仪式，又称首航仪式，指的是飞机或轮船在正式开通某一条新航线之际，所正式举行的庆祝性活动。通航仪式的程序与通车仪式相同。

> **知识链接**
>
> ### 开业仪式的作用
>
> 开业仪式在商界一直颇受人们的青睐，开业仪式除了能够为商家讨上一个吉利之外，对商家自身事业的发展大有裨益。一般认为，举行开业仪式还有以下几个方面的作用。
>
> 一是有助于塑造出本单位的良好形象，提高自身的知名度与美誉度；二是有助于扩大本单位的社会影响，吸引社会各界的重视与关心；三是有助于将本单位的建立或成就"广而告之"，为自己招徕顾客；四是有助于让支持过自己的社会各界与自己一同分享成功的喜悦，进而为日后的进一步合作奠定良好的基础；五是有助于增强本单位全体员工的自豪感与责任心，从而为自己创造出一个良好的开端，或是开创一个新的起点。
>
> 资料来源：金正昆. 商务礼仪教程[M]. 五版. 北京：中国人民大学出版社，2016：82.

二、开业仪式的筹备工作

（一）筹备原则

开业仪式的筹备要遵循热烈轰动、丰俭有度和安排周密的原则。

（1）热烈轰动是指在开业仪式的进行过程中营造出一种欢快、喜悦、隆重而又令人激动的气氛。

（2）丰俭有度是指举办开业仪式及其对仪式筹备工作的整个过程中，对于经费的支出要量力而行，既要该花得花，又要节约、节制、俭省。

（3）安排周密是指在筹备开业仪式时，一方面要遵行礼仪惯例，另一方面又要根据具体情况具体分析，要周密细致、妥善安排、注重细节、分工明确、有条不紊，防止临场时"兵荒马乱"。

（二）舆论宣传工作

开业仪式的目的是为了扩大宣传，树立企业形象，因此舆论宣传工作十分重要。

要做好舆论宣传工作，就要选择有效的大众传播媒介，广泛张贴告示，以引起公众的注意。其内容一般包括：开业典礼举行的日期和地点；单位的经营特色；开业时对顾客的馈赠和优待；购物折扣；顾客光临时应乘坐的车次、路线等。需要注意的是，应把广告设计得美观、大方、有特色，因为这也是企业形象的一个方面。开业广告或告示一般在开业前的3~5天内发布为宜。另外，还可以邀请一些记者在开业典礼时到现场进行采访、报道，正面宣传。

（三）来宾邀请工作

开业典礼是否成功，在很大程度上与参加典礼的主要宾客的身份、职能部门的范围和参加典礼的人数有直接关系。因此，在开业典礼准备工作中，邀请上级领导、知名人士、各职能部门负责人或代表、合作单位与同行单位的领导、社会团体的负责人、新闻媒体方面的人士等参加。

邀请来宾的请柬应认真书写，并应装入精美的信封，须提前几天邮寄给有关单位和个人。重要人物的请柬，由专人送达对方手中，以便对方早做安排。

（四）场地布置工作

开业典礼的现场布置很重要，能够起到烘托气氛的作用。

（1）开业仪式举行的地点可以在正门之外的广场，也可以在大厅。

（2）来宾一律站立。一般不布置主席台或座椅。贵宾站立之处铺设红色地毯，并在场地四周悬挂横幅、标语、气球、彩带等装饰物。

（3）来宾赠送的花篮、牌匾应在醒目之处摆放。

（4）提前备好来宾的签到簿、本单位的宣传材料。

（五）接待服务工作

在开业仪式现场，一般由事先安排的专人负责来宾的接待服务工作。服务接待人员要分工负责，各尽其职。主要负责人亲自出面接待贵宾；礼仪人员接待一般来宾；准备饮料和点心。

（六）礼品馈赠准备工作

举行开业仪式向来宾赠送的礼品如果选择适当会有很好的效果。礼品应具有宣传性、独特性和纪念意义。向来宾赠送的礼品应既与众不同，又具有本单位的特色，使人爱不释手、过目不忘，同时具有一定的纪念意义，使拥有者能珍惜、重视。礼品可以选用本单位的产品，也可以在礼品及外包装上印上本单位的企业标志、广告用语、产品图案、开业日期等，具有广告宣传的作用。

（七）开业程序的拟定工作

开业仪式一般有开场、过程、结尾三大基本程序。
（1）开场程序主要包括奏乐，邀请来宾就位，宣布仪式正式开始，介绍主要来宾。
（2）开业过程是开业仪式的核心内容，一般包括本单位负责人讲话、来宾代表致辞、启动某项开业标志等。
（3）结尾主要包括开业仪式结束后的现场参观、联欢、座谈等内容。它是开业仪式必不可少的尾声。

为使开业仪式顺利进行，在筹备时要根据开业形式拟定具体程序，并选定适合的仪式主持人。

三、参加开业典礼礼仪

（一）主办方礼仪

（1）仪容仪表。出席开业典礼的人员要做到仪容整洁、服饰规范。女士要适当化妆，穿深色西装套裙或套装。男士应梳理好头发，刮净胡须，穿深色西装或中山装。需要注意的是，最好着统一式样的服装，尤其是开工仪式，除司仪人员着礼仪性服装外，全体职工应穿干净而整洁的工作服出席仪式。
（2）准备充分。主要包括请柬的发放应及时，无遗漏；选择好开业场地，安排好席位、座次；安排好来宾的迎送车辆；做好服务接待工作；等等。
（3）遵守时间。不得迟到、无故缺席或中途退场。仪式应准时开始、准时结束。
（4）态度友好、行为自律。主办方人员要以主人翁的身份热情接待来宾，做到有问必答、主动相助。不做与典礼无关的事，不许嬉笑打闹和东张西望，表现出心不在焉的样子。

（二）宾客礼仪

（1）准时参加。提前三五分钟到达现场，如有特殊情况不能到场，应尽早通知主办方，说明理由并表达歉意。
（2）准备好贺礼。贺礼可以选择花篮、镜匾、楹联等，以表示对开业方的祝贺，并在贺礼上写明庆贺对象、庆贺缘由、贺词及祝贺单位。
（3）代表发言的宾客致贺词要简短，以祝贺顺利、发财、兴旺为主，不能随意发挥。
（4）广交朋友。到场后应礼貌地与周围的人打招呼，可以通过自我介绍、互换名片等方式结识更多的朋友。但开业典礼开始就不宜再交谈。
（5）注意文明礼貌。典礼开始要遵守秩序，对开业仪式的过程要礼节性地提供支持，如鼓掌、合影、跟随参观、写留言等。仪式结束后要礼貌告辞，应和主办人握手告别，并致谢意。

开业是公司正式运营的第一天，是大喜的日子。在这个节骨眼上，一点点的失礼行为都会给这气氛增添不和谐的因素。所以，一切行动都要格外慎重。

第二节　剪彩仪式礼仪

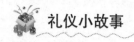
礼仪小故事

"请李市长下台剪彩！"

某公司举行新项目的开工剪彩仪式，请来了李市长等领导及当地各界的名流嘉宾参加，请他们坐在主席台上。剪彩仪式开始后，主持人宣布："请李市长下台剪彩！"却见李市长端坐未动。主持人感到很奇怪，于是又重复了一遍"请李市长下台剪彩"，李市长还是端坐未动，脸上还露出了一丝愤怒。这时现场有人提示主持人其中的端倪，主持人又宣布了一遍："请李市长剪彩！"李市长这才很不情愿地从主席台上走下来去剪彩。

思考：主持人的做法有何不妥之处？

剪彩仪式是指商界的有关单位为了庆祝公司的成立、企业的开工、宾馆的落成、商店的开张、银行的开业、大型建筑物的启用、道路或航线的开通、展销会或博览会的开幕等而隆重举行的一项礼仪性程序。因其主要活动内容是邀请专人使用剪刀剪断被称之为"彩"的红色绸带，故此被人们称为"剪彩"。

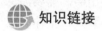
知识链接

剪彩的由来

关于剪彩的由来有以下两种说法。

一种说法是，剪彩起源于西欧。

在古代西欧造船业比较发达，新船下水往往会吸引成千上万的观众。为了防止人群拥向新船而发生意外事故，主持人在新船下水前在离船体较远的地方用绳索设置一道"防线"，等新船下水典礼就绪后，主持人就剪断绳索让观众参观。后来绳索改为彩带，人们就给它起了"剪彩"的名称。

另一种说法是，剪彩起源于美国。

1912年，在美国的一个乡间小镇上，有家商店的店主独具慧眼，从一次偶然发生的事件中得到启示，以它为模式为商家创立了一种崭新的庆贺仪式——剪彩。

当时这家商店即将开业，店主为了阻止闻讯之后蜂拥而至的顾客在正式营业前耐不住性子闯入店内将用以优惠顾客的便宜货争购一空，而使守时而来的人们得不到公正的待遇，便随便找来一条布带子拴在门框上。谁料到这项临时性的措施竟然更加激发起了挤在店门之外的人们的好奇心，促使他们更想早一点进入店内，对行将出售的商品先睹为快。事也凑巧，正当店门之外的人们的好奇心上升到极点，显得有些迫不及待的时候，店主的小女儿牵着一条小狗突然从店里跑了出来，那条"不谙世事"的可爱小狗若无其事地将拴在店门上的布带子碰落在地。店外不明真相的人们误以为这是该店为了开张致喜所搞的"新把戏"，于是立即一拥而入，大肆抢购。让店主转怒为喜的是，他们这家小店在开业之日的生意红火得令人难以想象。

有些迷信的他便追根溯源地对此进行了一番"反思",最后他认定自己的好运气全是由那条被小女儿的小狗碰落在地的布带子所带来的。因此,此后在他旗下的几家连锁店陆续开业时,他便将错就错地如法炮制。久而久之,他的小女儿和小狗无意之中的"发明创造",经过他和后人不断的"提炼升华",逐渐成为一整套的仪式。它先在全美,后在全世界广为流传开来。在流传的过程中,它自己也被人们赋予了一个极其响亮的名字——剪彩。延续下来,就成了今天盛行的剪彩仪式。

剪彩,从一次偶然的"事故"发展为一项重要的活动程序,再进而演化为一项隆重而热烈的仪式的过程之中,其自身也在不断地发生变化。例如,剪彩者先是由专人牵着一条小狗来充当,让小狗故意去碰落店门上所拴着的布带子。接下来,改由儿童担任,让他单独去撞断门上拴着的一条丝线。再后来,剪彩者又变成了妙龄少女,她的标准动作是当众撞落拴在门口上的大红绸带。到了最后,剪彩被定型为邀请社会贤达和当地官员用剪刀剪断礼仪小姐手中所持的大红绸带,这一形式后来风靡了全世界。如今剪彩不仅是买卖开张时要搞的仪式,而且连工程开工、落成等许多事情也都要剪彩。近年来隆重的剪彩仪式在我国也随处可见,许多知名人士、影视明星都当过剪彩人。

资料来源:①金正昆. 商务礼仪教程[M]. 5版. 北京:中国人民大学出版社,2016:89. ②陈薇薇,吴肇庆. 国际商务礼仪[M]. 成都:四川大学出版社,2016:192.

一、准备工作

同开业典礼的准备工作一样,剪彩典礼也需要做好舆论宣传、发送请柬、场地布置、灯光与音响的准备等工作。其具体做法可以参考开业礼仪的筹备工作。在有的开业典礼上剪彩仪式属于其中的一个环节。剪彩仪式的准备工作主要介绍剪彩工具的准备。

(一)彩带

剪彩仪式中万众瞩目的"焦点"是彩带,传统的彩带由整匹未曾使用过的红色绸缎在中间结成数朵花团做成。正式的剪彩仪式上红色缎带上所结的花团不仅要硕大、生动醒目,而且其具体数目往往还比现场剪彩者的人数多一个。随着节约意识的不断增强,很多"彩带"已经开始使用长约2米的红缎带或红布条作为变通。

(二)剪刀

剪彩者剪彩时应该人手一把崭新、锋利的剪刀,这样就避免了因剪刀不好用而使剪彩者出丑。主办方在剪彩仪式结束后,可以将每位剪彩者所使用的剪刀经过包装之后,送给对方作纪念。

(三)手套

剪彩者剪彩时戴白色薄纱手套,这样会显得郑重,在准备白色薄纱手套时,一定要保证手套洁白无瑕、大小适度、数量充足、人手一副。一般情况下,主办方也可以不准备。

（四）托盘

托盘是在剪彩仪式上由礼仪小姐托在手中，用来盛放红色缎带、剪刀、白色薄纱手套的。托盘通常会首选银色的不锈钢制品，而且还要崭新和洁净。正规的剪彩仪式上，托盘在使用时会铺上红色绒布或绸布。

（五）红色地毯

为了提升档次和营造一种喜庆的气氛，剪彩现场铺设红色地毯，通常铺设在剪彩者正式剪彩时的站立之处。它的长度根据剪彩者人数的多寡而定，宽度应在1米以上，很多时候也可以不铺设地毯。

二、安排剪彩人员

（一）确定主持人和剪彩者

主持人要求外表端庄、口齿清楚、反应敏捷、大局观强。

在剪彩仪式中，确定剪彩者非常重要。剪彩者的身份地位与剪彩仪式的档次高低有着密切的关系，剪彩者通常由上级领导、单位负责人、社会名流、合作伙伴、员工代表担任。剪彩者可以是一人，也可以是多人，但一般不超过五人。剪彩者确定后，要提前安排专人通知对方，征得对方的同意，不可以勉强对方。如果是由多人同时担任剪彩者时，还应分别告知是何人与他同担此任，这样做是对剪彩者的一种尊重。

（二）礼仪小姐的选定

礼仪小姐的基本条件是身材修长、相貌较好、气质高雅、善于交际。主办方可以邀请几位专业的礼仪小姐，或者就由主办方的女职员担任。为了增加剪彩仪式热烈而隆重的喜庆气氛，礼仪小姐要事先培训。礼仪小姐主要负责引导宾客、拉彩带、捧花、递剪刀等工作。礼仪小姐应文雅、大方、庄重，最好能盘起头发并化淡妆，在着装方面可以穿红色旗袍，也可以穿深色或单色的套裙，但是一定要整齐统一。

三、剪彩程序

按照惯例，剪彩既可以是开业仪式中的一项具体程序，也可以独立出来由其自身的一系列程序组成。独立举行的剪彩仪式通常应包括以下几个环节。

（一）来宾就座

邀请来宾入场、就座。在一般情况下，剪彩者应就座于前排。若多人剪彩时，应按剪彩时的具体顺序就座，即主剪者位于中间，距离主剪者越远位次越低，且右侧位次高于左侧位次。

（二）宣布仪式开始

在主持人宣布剪彩仪式开始后，全场起立，奏国歌或请乐队奏乐或燃放少量鞭炮来烘托现场的热烈气氛。此后，主持人应介绍到场的重要嘉宾，并对他们表示感谢。

（三）致辞

致辞者依次为东道主单位的代表、上级主管部门的代表、地方政府的代表、合作单位的代表等。致辞内容要言简意赅，并富有鼓动性，使场面隆重而热烈。发言的重点分别应为介绍、道谢与致贺。

（四）进行剪彩

主持人宣布进行剪彩。礼仪小姐先登场，有两名礼仪小姐拉直彩带，其余的站在彩带后一米左右举好托盘。现在有的剪彩仪式礼仪小姐直接用托盘捧花，不用单独拉直彩带。

负责引导的礼仪小姐从右侧出场，在剪彩者左前方引导剪彩者，若剪彩者仅为一人，则其剪彩时居中而立即可；若剪彩者不止一人，则其同时上场剪彩时，应排成一行，并且使主剪者行进在前。引导小姐引导剪彩人员，应使主剪者居于中央的位置站立，其余剪彩者的位次按身份（即主剪者的右侧高于左侧，距离主剪者站立愈远位次便愈低的位置）各就各位。

剪彩者行至既定位置之后，应向拉彩带和捧花团的礼仪小姐含笑致意。当剪彩者均已到达既定位置之后，负责托盘的礼仪小姐应前行一步，到达剪彩者的右后侧，以便为其递上剪刀、手套。当负责托盘的礼仪小姐递上剪刀、手套时，剪彩者亦应微笑着向对方道谢。

在主持人向全体到场者介绍剪彩者时，剪彩者要面含微笑向大家欠身或点头致意。

在正式剪彩时，剪彩者应首先向捧花团的礼仪小姐示意，待其有所准备后，就应集中精力，右手持剪刀，表情庄重地将红色缎带一刀剪断。若多名剪彩者同时剪彩时，其他剪彩者应注意主剪者的动作，与其主动协调一致，力争大家同时将红色缎带剪断。

剪彩以后，红色花团应准确无误地落入负责托盘的礼仪小姐手中的托盘里，而切勿使之坠地。剪彩者在剪彩成功后，可以右手举起剪刀，面向全体到场者致意，然后将剪刀、手套置于托盘之内，举手鼓掌。此时，全体人员热烈鼓掌，必要时还可以奏乐或燃放鞭炮。接下来，剪彩者可以依次与主人握手道喜，随后便可以列队在负责引导的礼仪小姐的引导下退场。退场时，剪彩者一般宜从右侧下台。待剪彩者退场后，其他礼仪小姐方可列队从右侧退场。

不管是剪彩者还是礼仪小姐在上下场时都要注意井然有序、步履稳健、神态自然，在剪彩过程中更是要表现得不卑不亢、落落大方。

剪彩后，主人应陪同来宾参观，向来宾赠送纪念性礼品，或设宴款待来客。

一般来说，剪彩仪式宜紧凑，忌拖沓，所耗时间愈短愈好。短则一刻钟即可，长则至多不宜超过1个小时。

第三节　交接仪式礼仪

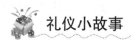
礼仪小故事

王刚在一家车床企业的营销部工作，他一直为产品开拓市场东奔西走。一次一家在当地有影响的企业订购他们企业的一批车床用于整个车间使用，按他们企业的常规，车床运到企业后，技术人员到场安装调试完毕，验收合格交付使用即可。这一次王刚跟领导商量想要搞一个交接仪式，扩大企业的影响。经领导同意批准后，王刚又和订购他们车床的企业协商，该企业也想扩大影响，他们的想法不谋而合。在来宾邀请上，双方协商除按常规邀请相关人员外，还有意识地邀请了使用车床生产的相关企业和使用车床生产的产品的企业与媒体。在精心策划下，交接仪式办得热烈隆重，经媒体传播产生了轰动效应。结果王刚所在的企业与订购他们车床的企业都订单不断，达到了双赢。

交接仪式，一般是指施工单位依照合同将已经建设的工程项目或安装完成的大型设备经验收合格后，正式移交给使用单位而专门举行的庆祝仪式。它既是商务伙伴对已成功合作的庆祝，并对给予过自己支持、帮助和理解的社会各界的答谢，又是接收单位与施工、安装单位巧妙地利用时机，为双方各自提高知名度和美誉度而进行的一种宣传活动。因此，举行交接仪式有着重要的意义。

一、仪式的准备工作

（一）邀请来宾

邀请来宾一般由交接仪式的施工、安装单位一方负责。出席人员包括施工、安装单位的有关人员，接收单位的有关人员，上级主管部门的有关人员，当地政府的有关人员，行业组织、社会团体的有关人员，社会知名人士，新闻界人士，以及相关协作单位等。此外，还要尽可能争取多家媒体的参与，并为其提供便利或派专人协助工作，如果邀请海外的媒体人员参加交接仪式，必须遵守有关的外事规则与外事纪律，事先履行必要的报批手续。在具体拟定来宾名单时，施工、安装单位要主动征求接收单位的意见。合作伙伴可以根据自己的实际情况提出一些合理化的意见，但不能过于挑剔。确定参加者的总人数时，结合场地的条件和本身的接待能力，参加交接仪式的来宾人数应越多越好，这样会场的气氛会显得热闹。

此外，确定合适的主持人也很重要，主持人一般要求外表端庄、口齿清楚、反应敏捷、大局观强。

（二）现场的布置

交接仪式会场的选择要考虑交接仪式的重要程度，是否要求对其保密，交接仪式的具体程序、内容、规模，以及出席者的具体人数等因素。通常交接仪式的举行地点选择在已经建设、安装完成并已验收合格的工程项目或大型设备所在地的现场。也可以根据具体的情况，酌情考虑安排在东道主单位本部的会议厅，或者由施工、安装单位与接收单位双方共同认可的其他场所。

在交接仪式的现场，会场的入口处、主干道两侧和交接物四周，悬挂彩带、彩球、彩旗，地面放置色泽艳丽、花朵硕大的盆花，用以烘托气氛。

在交接仪式的会场，可以临时搭建一处主席台，在主席台上空要悬挂横幅，上面应写"某某工程项目交接仪式"，或"热烈庆祝某某建筑正式投入使用"。主席台上铺一块红地毯。

来宾赠送的祝贺性花篮摆放在主席台正前方或分成两行摆放在现场入口。

（三）物品的预备

在交接仪式上，应由东道主提前准备需要使用的物品，主要包括：由交接双方正式签署的已经公证的接收证明文件，即验收文件；交付给接收单位的全部物资、设备或其他物品的名称、数量明细表，即一览表；用来开启被交接的建筑物或机械设备的钥匙，在一般情况下，钥匙具有的只是象征性意味，故预备一把即可；烘托喜庆气氛的彩球、彩旗、彩带、横幅、花篮、花盆等物品；为来宾准备的赠礼，应突出其宣传性、纪念性，礼品可以选择被交接的工程项目、大型设备的微缩模型。

二、交接仪式的基本程序

（一）交接仪式开始

在宣布交接仪式开始之前，主持人应邀请有关各方人士在主席台上就座，主持人宣布交接仪式开始，介绍嘉宾，全体肃立。

（二）奏国歌

为使交接仪式显得庄严和隆重，全体与会者必须肃立，奏国歌或东道主单位的标志性歌曲。

（三）进行交接

主要由施工、安装单位的代表面带微笑，双手将验收文件、一览表或者钥匙等象征性物品正式递交给接收单位的代表。接收单位的代表面带微笑，双手接收有关物品。之后，双方热烈握手祝贺。至此，标志着有关的工程项目或大型设备已经被正式地移交给了接收单位。在该项程序进行的过程中，现场要演奏或播放节奏欢快的喜庆性歌曲，营造一种热烈而隆重的气氛。这一程序也可以由上级主管部门负责人或当地政府领导人为工程项目剪彩所取代。

（四）致辞

致辞者依次为施工、安装单位的代表，接收单位的代表，来宾代表。发言一般均为礼节性的，点到为止。原则上时间以3分钟为限。

（五）结尾

主持人宣告交接仪式结束，全体与会者应较长时间地热烈鼓掌。之后，安排全体来宾进行参观或观看文娱表演。

三、参加人员礼仪

（一）东道主礼仪

东道主一方参加交接仪式的人员代表本单位的形象，因此要仪表整洁、妆容规范、服饰得体、举止大方、保持风度，在为发言者鼓掌时，不能厚此薄彼。在交接仪式举行期间，东道主一方的人员不能东游西逛、交头接耳、打打闹闹。

东道主一方的全体人员应当自觉地树立起主人翁意识，热情友好待客，不管自己是否专门负责接待工作，都应当自觉地为来宾服务。当来宾提出问题或有需求时，要尽力提供帮助。如果力不能及，要向对方说明原因，并及时向有关方面反映。

（二）来宾礼仪

被邀请者接到正式邀请后，应以单位或个人的名义向东道主表示热烈祝贺，为表示祝贺之意，要略备贺礼，向邀请单位赠送，贺礼一般为花篮、牌匾、贺幛等，并在贺礼上写明庆贺对象、庆贺缘由、贺词及祝贺单位。被邀请者在参加仪式时，还应郑重其事地与东道主一方的主要负责人分别握手，并口头道贺。

被邀请者要准时到场，如因故实在不能出席，则应尽早向东道主道歉并说明原因。仪式结束后应和主人握手告别，并致谢意。

练习题

1. 请简述开业仪式的类型及程序。
2. 请为即将开业的外贸公司设计一个剪彩开业仪式。
3. 简述交接仪式需要准备的工作。
4. 请依据下列情境回答问题。

假如您是一家公司的总经理。一家与贵公司来往密切的公司与另外一家公司合并，并准备举行大型的开业典礼。请您回答以下问题。

（1）如果接到参加典礼的邀请函，您会（　　）。

　　A. 欣然前往，略带薄礼

　　B. 持观望态度，看同行的反应

　　C. 业务旁落，断绝往来

（2）如果您觉得不去为好，理由是（　　）。

　　A. 该公司以后的业务与自己不再有关，所以没有迎合它的必要

　　B. 合并的大事都不早和自己打招呼，根本就不尊重合作伙伴

　　C. 公司公关经费紧张，能省则省

　　D. 参加典礼的公司太多，不能凸显自己的地位

（3）如果您决定前往，您觉得送什么贺礼比较好？

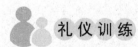

礼仪训练

1. 学生以5人为一组，完成以下实践活动的方案。

以开业仪式礼仪为例，学生分组进行资料收集、物资准备、活动策划、流程模拟等内容，具体如下：

（1）拟定开业仪式的时间、地点。
（2）拟定策划书。
（3）开业仪式礼仪注意事项。
（4）开业仪式流程。
学生完成开业仪式策划方案并进行课堂展示，教师与学生共同点评选出最优小组。
2．学生以5人为一组，模拟开业和剪彩仪式的基本礼仪。

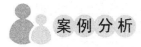

别开生面的开业典礼

2018年8月8日，是北京某大酒店隆重开业的日子。这一天，酒店上空彩球高悬，四周彩旗飘扬，身着鲜艳旗袍的礼仪小姐站在店门两侧，她们身后摆放着整齐的鲜花、花篮，所有员工服饰一新、面目清洁、精神焕发，整个酒店沉浸在喜庆的气氛中。开业典礼在店前广场举行。上午11时许，应邀前来参加庆典的有关领导、各界友人、新闻记者陆续到齐。举行剪彩之际，天空突然下起了倾盆大雨，典礼只好移至厅内举行，整个厅内灯光齐亮，使得庆典别具一番特色。典礼结束后，雨仍在下，厅内避雨的行人短时间内根本无法离去，许多人焦急地盯着厅外。于是，酒店经理当众宣布："今天能聚集到我们酒店的都是我们的嘉宾，这是天意，希望大家能同敝店共享今天的喜庆，我代表酒店真诚邀请诸位到餐厅共进午餐，当然一切全部免费。"霎时间，大厅内响起雷鸣般的掌声。虽然酒店开业额外多花了一笔午餐费用，但酒店的名字在新闻媒体以及众多顾客的渲染下却迅速传播开来，接下来酒店的生意格外红火。

资料来源：于少杰，李元杰，倪丽琛. 商务礼仪[M]. 北京：清华大学出版社，2017：169.

分析与思考：

（1）作为主办方，当活动现场临时发生变化时，应该如何启动应急预案？
（2）该酒店的开业仪式与众不同的地方是什么？此案例能够给我们什么启发？

第七章 国际商务餐饮礼仪

学习目标

1. 了解商务餐饮的形式与特点。
2. 熟悉工作餐的特点及礼仪。
3. 掌握商务宴会的邀请工作,了解宴会菜单和酒单的拟定。
4. 熟悉宴会接待礼仪及出席宴会礼仪。
5. 了解中西餐及自助餐礼仪。

第一节 商务工作餐

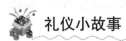 礼仪小故事

某公司销售部工作人员王立代表本部门参加和德国一家公司的产品项目销售洽谈会,到了午饭时间,按惯例将与对方公司工作人员一同吃个工作餐,餐间也好与对方再度敲定一些事项。经理让王立提前去联系餐馆。王立与经理商定好就餐地点后,途中遇到公司公关部的几个同事,他自作主张邀请其前往,想借公关部同人的专业实力,共同攻下对方,取得最终胜利。没想到的是,他们到达餐厅后,经理面露难色,德方人员也十分不悦。同样是一次工作餐,王勇却巧妙地利用工作餐签订了合同。王勇代表本部门参与和美国一家公司的产品项目销售洽谈,临近午饭时间洽谈陷入僵局,美方代表查理和约翰先生面露难色,有退却之意,王勇见机与经理协商结束洽谈,并邀请两位美方代表吃工作餐。到达餐厅进入包房后,热气腾腾的饺子端上餐桌,查理和约翰非常开心,经理发现约翰面前摆放了筷子、叉子、勺子,查理面前只有筷子,急忙叫服务员拿叉子、勺子。查理表示不用,原来王勇事先得知查理和约翰在中国多年,对中国的饮食尤其是饺子"情有独钟"。查理使用筷子非常熟练,约翰善用叉子,因而做了此安排。见两人心情非常愉快,王勇借机谈起我国的饺子文化与含义,在愉快的气氛中,宾主双方就合同有关事项交换了意见。一场开心的工作餐结束了,合同也顺利签订。王勇因业绩突出得到了提拔。

一、工作餐的特点

工作餐在商界有时也称商务聚餐,指的是在商务往来中具有业务关系的合作伙伴,为进行接触、保持联系、交换信息或洽谈生意,借用就餐的形式所进行的一种商务聚会。工作餐重在一种有利于商务人员进一步接触的轻松、愉快、和睦、融洽、友好的氛围,而不是形式和档次。

（一）以商业为目的

工作餐是商务人员利用这一灵活的形式，会晤客户，接触同行，互通信息，共同协商，洽谈生意，是为了与有关人士就某些双方共同感兴趣的问题以餐桌充当会议桌或谈判桌，进行的一种非正式的商务会谈，或利用就餐时间，处理那些工作中尚未解决的事宜。实际上，工作餐是以另外一种形式所继续进行的商务活动，不是单纯的联络感情，而是以商业为目的，因而具有目的性。正因为如此，商家在进行工作餐之前，必须明确自己的目的，参加工作餐是有事要办，要能够解决实际问题，一切与自己的目的密切相关。

（二）时间性

工作餐的时间性主要从以下两方面来看。

（1）从时间的选择上看，工作餐一般是在工作日而不是节假日举行。为了合理地利用时间，不影响参加者的工作，工作餐通常都被安排在工作日的午间，利用工作之间的间歇举行。因此，它在欧美往往被叫作工作午餐，或是午餐会。举行工作餐的最佳时间，通常被认为是中午的十二点钟或下午一点钟左右。有些关系密切的商务伙伴，往往会以工作餐为形式进行定期接触。也就是说，有关各方事先商定，每隔一定时间，如每周、每月、每季，在某一既定的时间举行工作餐，以便保持经常性接触。现在美国流行商务早餐，多选在咖啡馆。举行工作餐的具体时间原则上应当由工作餐的参与者共同协商决定，有时亦可由做东者首先提议并且经过参与者的同意决定。

（2）从工作餐的时间长短来看，每次工作餐的进行时间以一个小时左右为宜，至多也不应当超过两个小时。当然，若是有事尚未谈完，而大家一致同意，也可以适当地延长时间。

（三）规模较小

一般而言，工作餐是商务活动的延续，主要是利用就餐时间处理那些工作中尚未解决的事宜，因此，参加的人员主要是双方参与此项工作的重要的业务代表，与此项业务无关的人士不宜参加。它可以既是两个人的单独洽谈，也可以是双方有关的几个代表，但是总人数最多不超过10人。因此，就其规模而言，工作餐与宴会或会餐是难以相比的，它的规模较小。

（四）地点选择多样性

与宴会或会餐相比，工作餐的地点可以有多种多样的选择。饭庄、酒楼的雅座、宾馆、俱乐部、康乐中心附设的餐厅、高档的咖啡厅、快餐店等，都可以予以考虑。需要注意的是，确定工作餐的具体地点时，要考虑其目的和客人的实际情况。

总之，工作餐可以随时随地举行。宾主双方感到有必要坐在一起交换彼此之间的看法，或是就某些问题进行磋商，大家都可以随时随地举行一次工作餐。主人不必向客人发出正式的请柬，客人也不必为此而提前向主人正式进行答复。

二、东道主工作餐礼仪

作为东道主在安排工作餐时，尽管不像其他宴请形式那样需要花费太多的时间与精力去精心策划与筹备，但也要注意相关事宜。

（一）通知客人

如果宾主双方事先已经商议好要在某处共进工作餐，东道主在将一切具体事宜操办完毕之后，要再一次告诉客人具体的时间、地点，有时这还远远不够，作为东道主还必须善解人意地同时将工作餐将在哪一个餐厅进行、那个餐厅的具体方位与主要特征、交通路线、双方在何处会面等告知对方。出席工作餐的人员一经确定，并正式进行通知之后，不宜临时再对其增加。万一有必要增加，也要首先征得客人的同意。即使是正在进行商务活动，到就餐时间，邀请客人共进工作餐，也要与客人商议，告知就餐地点。

（二）选择就餐地点

举行工作餐的地点应由东道主选定，客人们则客随主便。尽管工作餐的地点选择可多样，但是，在工作餐具体地点的选择上还要考虑其主要目的与客人的实际情况。例如，打算在共进工作餐之际与客人初步商定某一笔生意，那么最好将用餐地点选择在宁静、优雅之处，使双方免受外界干扰，专心致志地达成协议。如果东道主准备借共进工作餐之机同老客户互通一下情报，或者相互交流一下意见，那么将地点安排在俱乐部、康乐中心所附设的餐厅里进行，在大家尽兴玩过一番之后，再边吃边谈，效果可能会更好一些。因为大家是老朋友了，不必时刻正襟危坐。而且，那里气氛轻松随意，也容易让人松弛下来，方便谈自己的真实看法。

总之，工作餐的用餐地点尽管应由主人选定，但主人在做出具体的选择时，还是有必要考虑一下客人的习惯与偏好，并给予适当的照顾。如果有必要，主人不妨同时向客人推荐几种自己中意的地点，请客人从中挑选。或者索性让客人自己提出几个地点，然后再由宾主双方共同商定。一般来说，主人与某一方面的客人多次进行工作餐时，不能固定在某一地点。不过，若是举行定期的工作餐的话，这么做则是允许的。需要注意的是，工作餐的就餐环境要干净、高雅、无干扰。选择地点时一定要考虑到客商的身份特点以及他们的各自需要，目的是使客商能以愉悦的心情与自己交谈。

（三）负责餐厅订座

前往餐馆进行工作餐，通常东道主需要提前预订座位，不可以临时贸然前往。提前预订座位一般是用电话进行订座，或派专人前去订座。也有用网络进行订座和使用餐馆所发放的特惠卡或 VIP 卡进行订座。

在订座时，要将自己的要求，例如，用餐的时间、到场的人数、理想的位置、付费的方式等同时告之。有必要的话，还应按对方的要求预付一定数额的押金。

需要注意的是，即使座位已经提前预订，东道主一方也要派人提前到达现场，落实一下预订的座位有无变故。

（四）负责迎候客人

按惯例东道主必须先于客人抵达用餐地点，一般情况下，至少提前 10 分钟抵达用餐地点，以迎候客人们的到来。迎候地点一般在餐馆的正门之外、预订好的餐桌旁、餐馆里的休息室，以及宾主双方提前约好的会面地点。在迎候地点，宾主双方见面之后，应一一握手,并且互致问候。如果双方的人员不熟悉,双方的负责人还须各自对自己的随员一一进行介绍。

如果东道主不能提前抵达用餐地点迎候客人,最好委托专人代表自己前往迎接客人,向客人致歉并说明原因。

工作餐的座位虽然不分主次,可以自由就座,但是出于礼貌,主人还是应当请自己的客人,特别是主宾在自己的右侧、自己的正对面或正对门的位置就座。一般来说,主人不应率先就座,而应当落座于主宾之后。双方各自的随行人员一般要等主客落座后,再自由或由主人安排就座。

(五)负责餐费结算

工作餐的结算应当由东道主负责,付费方式有两种,即"主人付费"和"AA制"。在我国"主人付费"情况较多,指的是就餐结束后,由东道主负责结账。需要注意的是,宾主双方初次相识,或者交往甚浅,则东道主一般不宜当着客人的面,在餐桌上查看账单和算账掏钱。得体的做法是,先与侍者打好招呼,独自前往收款台结账,或是在送别客人之后,回头来结账。不要让侍者当着客人的面口头报账,更不能让侍者将账单不明主次地递到了客人的手里。

西方商界采用"AA制"的较多,指的是就餐结束之后,由双方分摊餐费。采用"AA制"方式付费,要有言在先。无论选取哪种方式,都要符合当地习惯,主随客便,相互协商一致。

三、应邀者礼仪

应邀参加工作餐时,无特殊情况不得失约,如果因故不能出席,需要提前通知对方,并向对方致歉。

出席工作餐时,要准时到达。一般要提前动身,以防路上耽搁,确保按时到达指定地点,如果迟到须告知对方预计什么时间到达。

出席工作餐时,最好不要提前退场,如果确实有非常重要的事情必须提前退席,应在见面时提前向主人打好招呼,以便主人做到心中有数。

四、注意事项

工作餐的菜肴比正式宴会要简单,因为用餐者是利用就餐来商谈工作,而不刻意要求吃好,但是为了能让客人满意并且避免触犯客人的饮食禁忌,主人在点菜时最好征求来宾特别是主宾的意见。为了良好商谈,烈性酒应排除在外。出于卫生方面的考虑,工作餐最好采取"分餐制"的就餐方式,不习惯的话,代之以"公筷制"亦可。

进行工作餐时选准谈话时机非常重要。要是一直等到大家都吃饱喝足了才开始正式交谈,那么时间可能会不够用,所以,在为时不多的进餐时间里,进行有关问题的交谈通常宜早不宜晚。在点菜后、上菜前,大家就可以开始正式的交谈,并且要使谈话内容尽量不偏离主题。

对工作餐上可能涉及的工作问题双方要提前做好准备，记不准的政策或数据要查一下相关文件或资料，以便在会谈中谈到有关问题时能自如应答，既表现出对业务的娴熟，又能在对方心目中树立起良好的形象。

在商务工作餐中，虽然不是所有的交谈都要涉及工作上的事，但绝不能像同私人朋友在一起那样随心所欲。要注意选择适宜的谈话话题，不要轻易过问客商的私生活或对方单位的隐私，更不要轻易谈论有关国家或领导人等政治敏感性话题。在谈生意时，一句无意的话可能会使你付出非常昂贵的代价。在工作餐中应避免频频看表，因为这种行为会影响会谈的气氛。

进行工作餐必须注意适可而止，不要吃起来便没有了时间概念。依照常规，拟议的问题一旦谈妥，工作餐即可以告终，这时宾主双方均可以首先提议终止用餐，只是在此问题上，主人往往需要负起更大的责任，尤其是客人接下来还有其他事情要办时，主人更是应当掌握好时间，使工作餐适时地宣告结束。

第二节　商务宴请

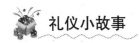
礼仪小故事

宴会上，祝酒是必不可少的。1972年2月21日，在人民大会堂宴会厅接待美国总统尼克松一行的欢迎晚宴上，尼克松及夫人、基辛格等由周恩来陪同坐在可以容纳20人的主宾席的大圆桌旁。服务员将那古雅的水白陶瓷酒罐打开，一股特殊的芳香悠悠溢出，沁香四周。"这就是驰名中外的茅台酒，酒精含量在50度以上。"周恩来举起面前的一个小酒杯向尼克松介绍。"我听说过您讲的笑话。说一个人喝多了，饭后想吸一支烟，可是点火时，烟还没有吸燃，他自己先爆炸了。"尼克松讲到这里，不等翻译译出，自己先笑了。周恩来也开怀大笑，他当真拿来火柴，划着之后，认真点燃自己杯中的茅台酒，用愉快的声音说："尼克松先生，请看，它确实可以燃烧。"那团跳跃着幽蓝光芒的火焰，也点燃了中美关系的历史新篇章。"茅台杯酒融坚冰"的典故，随之载入中美外交史册。

商务宴请，是商务人员为了工作需要而设立的以餐饮为主要方式的正式聚会。在国际商务交往中，商务宴请是一种特殊的交流与沟通的手段。

通过宴会这样一种交际形式，可以使人们联络彼此感情，疏通人际关系，增进了解和友谊。在宴会这种轻松特殊的氛围里，宾主双方可以边把酒举杯、品尝美味佳肴，边畅叙友谊、洽谈事务。这样，就会使得彼此的关系变得融洽，感情的距离进一步拉近。有时一些通过其他方式难以解决的问题，却往往在宴会这样一种轻松、和谐的气氛中迎刃而解。

在国际交往日益频繁的今天，各种形式的商务宴请活动也日趋繁多。筹划一个成功的商务宴请，必须注重每一个细节，这对树立公司的形象非常重要。

一、商务宴会的邀请工作

举行宴会之前，首先要明确宴请的目的、对象、范围、形式以及时间、地点。然后向出席宴会者发出正式邀请。

（一）明确宴请的目的、对象和范围

商务宴请的目的不同，其邀请的对象也有所不同。在商务宴请中有的是为了欢迎和欢送来访的商务洽谈代表团，有的是为了答谢新老客户，有的是为了庆典活动、纪念活动、工作交流、私人交往、会议闭幕等而举行的宴请活动。总之，只有在明确了宴请目的之后，方可确定邀请的对象和范围以及宴请的规格和方式。邀请范围，是指主办方到底邀请哪些方面的人士参加、邀请到哪一级别、邀请多少人、邀请什么人出席作陪的问题。此外，如果是大型的国际商务宴请，在有多国外宾同时出席时，主办方对邀请的对象和邀请的范围确定，还应综合考虑各方面的因素，要从国际关系、政治、宗教、风俗习惯等多方面来考虑。

（二）确定宴请的规格和形式

确定宴请的规格和形式时，既要考虑宴请的目的、对象等因素，也要遵守国际惯例，既不能随便破格招待，也不能降格招待，要讲究对等和平衡。宴请的目的、对象范围不同，其规格和形式也应有所区别。一般来说，规格高，人数就少。

欢迎和欢送来访的商务洽谈代表团的宴请以宴会为宜，一般的庆典活动、答谢新老客户、纪念活动可以采用冷餐会或酒会的形式。

（三）确定宴会的时间和地点

商务宴请时间的确定要考虑被邀请者的习惯和风俗禁忌，通常情况下，宴请的时间最好不要与他们的工作、休息、风俗禁忌发生冲突。如宴请信奉基督教的商业人士要避开13号和星期五。而信奉伊斯兰教的阿拉伯人在斋月期间白天不能进食，只能在日落之后方可参加宴会，因而宴请信奉伊斯兰教的阿拉伯商人时就要考虑这个因素。此外，公务宴请，时间一般不宜安排在节假日；私人宴请，最好不要安排在客人的工作时间。

宴会的地点，要根据商务活动的性质、宴请的目的和对象、出席者的人数、规模大小、宴请形式及实际情况选定相应的宾馆、饭店。

（四）请柬

举办大型的商务宴会事先要发放请柬，这既是礼貌，也可对客人起提醒、备忘作用。便宴只要双方联系好即可，工作餐、家宴以口头约定为主，一般不发放请柬。

请柬的基本格式要求：行文中所提到的人名、单位名称、节目名称都用全称；行文中不用标点符号；中文请柬行文中不提被邀请人姓名，被邀请人姓名写在请柬信封上，落款处写清主人的姓名；请柬可以印刷，也可以手写，手写更郑重和正式，手写时字迹要清晰、美观。大型商务宴会，最好能在发请柬之前排好席次，并在信封下脚注上席次号（Table No.）。

请柬一般应提前一周至两周发出（重要客人有时须提前一个月），这样被邀请人才能及早安排。已经口头相约的且已经同意的，也要补送请柬，并在请柬右上方或下方注上"To Remind（备忘）"字样。一般情况下，请柬上一般用法文缩写注上"R.S.V.P.（请答复）"字样，如只需不出席者的答复，则可以注上"Regrets Only（因故不能出席者请答复）"，并注明电话号码。也可以在请柬发出后，用电话询问能否出席。请柬发出后，应及时落实出席情况，准确记载，以安排并调整席位。

二、宴会菜单和酒单的拟定

（一）宴会菜单的拟定

商务宴请，尤其是大型或重要的商务宴请，事先拟定菜单是非常重要的。宴会菜肴的规格和数量应与宴会的形式和参加宴会的人数相符合，既要避免铺张浪费，又不能降低宴会的规格和标准，使客人食不饱腹。以数量合理、丰俭适宜为最佳。

宴会菜肴的选择不能以主人的爱好为准，要考虑客人，尤其是要考虑到主宾的年龄、性别、健康、习惯、宗教信仰以及其特殊的品位与禁忌，要根据客人的总体共性需求和个别客人的特殊需要，灵活设计、安排受客人欢迎的宴会菜肴。如伊斯兰教徒用清真席，不喝酒；印度教徒不吃牛肉；佛教僧侣和一些教徒吃素；等等。大型宴请，则应照顾到各个方面。此外，宴会上的所有菜肴应做到在口味上有浓、有淡，色彩上有深、有浅，质感上有脆、有嫩。要按时令季节调配口味。这样既能满足大多数客人的喜好，又能照顾到个别客人的特殊需要，才会令宾客既满意又回味无穷。

我国是一个饮食文化历史悠久的国家，中国美食享誉天下。在宴请国外客商时，既要让国外商业人士享受具有中国特色的饮食文化，又要方便他们保持自己的饮食习惯，一般采用"中餐西吃"，这样既能让外宾享受中国的美味佳肴，又可以让外宾用西式餐具进餐。

（二）宴会酒单的拟定

酒水无论是在中国，还是在西方国家的宴请活动中都具有重要地位。我国有句俗话："无酒不成宴。"在国外，特别是欧美国家的人士更是"重饮轻食"，非常讲究宴会的用酒。

宴会用酒大致分为以下三类。

（1）餐前酒，又称开胃酒，在开始正式用餐前饮用，或在吃开胃菜时饮用。人们一般在进主菜前喝一小杯开胃酒。在餐前饮用的酒水常见的有鸡尾酒、威士忌加冰等。中国的一些果酒也很受西方人的欢迎。

（2）席间佐餐用酒，又称餐酒，是在正式用餐期间饮用的酒水。常用的是各种葡萄酒以及各种软饮料，席间用酒一般用不上烈性酒。在正餐或宴会上选择佐餐酒，尤其是西餐讲究"白酒配白肉，红酒配红肉"。白肉，是指鱼虾肉、海鲜等。吃它们时，须以白葡萄酒搭配，若用红酒就会感到满口腥味。红肉，是指牛肉、羊肉、猪肉、兔肉、鹿肉等，吃这类肉时，则应配以红葡萄酒。饮用白葡萄酒时，须先经过冰镇，红葡萄酒则不必。目前有此要求的不多了。

（3）餐后用酒，也称饭后酒，指的是在用餐之后，用来帮助消化的酒水。餐后酒的品种繁多,其中最有名的是白兰地酒。中国的茅台、五粮液等烈性酒在国外也常常被作为饭后酒饮用。在家庭式的小型晚宴以后,主人送上各种烈性酒,供客人自愿选用。客人可以手持酒杯,边喝边谈,慢慢品尝。

在一般情况下,饮不同的酒,要用不同的专用酒杯。至于冷餐招待会和酒会,不分餐前、餐后,供应各种酒类饮料,任凭客人选用。外国人喝威士忌、啤酒及各种饮料,大多喜欢冰镇过的,或者要加冰块。

三、宴会的座次与桌次

正式商务宴会应事先安排好所有来宾的桌次与座次,并事先通知每一位来宾。不同形式的宴会,其座次与桌次的排列各不相同,主要依据的是国际惯例和本国的传统习惯(详见位次排列礼仪)。

国际惯例要求将主宾夫妇与主人夫妇置于最尊贵的位置。其他座次,则以距离主宾夫妇与主人夫妇位置越近越尊贵,且右为上、左为下依次排序。

我国的习惯,主宾坐在男主人右方,主宾夫人坐在女主人右方。如有翻译在场,翻译人员应坐在主宾右方,便于席间交谈。

国外习惯男女相间而坐,以女主人为主,主宾坐在女主人右方,主宾夫人坐在主人右方。

安排桌次时要以宴会厅的正门为准,以正对门厅的地方、居中为上确定好主桌,其他桌位以离主桌远近而定,离主桌近的位次高,离主桌远的位次低,而且是右高左低。桌数较多时要摆放桌次牌,宴会正式开始应立即撤下。

知识链接

世界上最拥挤的晚宴——诺贝尔晚宴

一年一度的诺贝尔晚宴被瑞典人称为最高级的晚宴。诺贝尔晚宴在每年12月10日,即诺贝尔逝世纪念日当天举行,地点是斯德哥尔摩市政府的餐厅。

近年来每年参加诺贝尔晚宴的大约有1 300人。一般来说,王室成员、诺贝尔奖得主、各国优秀学者、政界要员等才有机会出席。当然,其他人可以向诺贝尔基金会写信申请,不过受到邀请的概率未必比中头彩高。

晚宴上有的桌子放不下,甚至被挤到餐厅外面。厅内不仅要坐满1 000多位来宾,还要留出缝隙供数百位服务员穿梭。据说每个人活动的空间宽度只有40厘米,诺贝尔晚宴也因此被称为世界上最拥挤的晚宴。

诺贝尔晚宴的菜单是经过严格筛选的,而菜单的保密工作甚至和诺贝尔奖名单一样严格,直到每年12月10日晚7点才会揭晓,就连烹饪菜肴的厨师也直到宴会前三天才会拿到菜单,并且绝不能透露一个字。给每个晚宴客人配备的全套餐具包括十几把镀金刀叉、十多件金边的碟碗,还有全手工制作的十几种酒杯,上面标有"诺贝尔"标志。这些餐具平时都被锁在市政厅的保险箱里,一年就用一次,诺贝尔晚宴由汤、冷盘、主菜和甜点组成,主要是法式风格。几乎每年都会有鹿肉出现在晚宴菜单中,并且据说还是瑞典国王亲自宰杀的。

宴会接近尾声时，诺贝尔奖得主们都要上台表示感谢，他们有讲幽默故事的，有谈感受的，甚至还有表示对社会不满的，可谓风格迥异。但不论怎样晚宴总会在笑声中收场。

宴会结束后，餐具和酒具往往都会被拖到第二年的1月才清洗，这样是为了防止服务人员因为太疲倦而打碎了昂贵器具。不过，菜单却可以从第二天起提供给普通民众点菜使用。斯德哥尔摩市政厅平时都对民众开放，人们可以在地下餐厅花钱品尝到诺贝尔晚宴。

资料来源：林慧. 商务礼仪[M]. 北京：中国财富出版社，2015：148.

四、宴会接待礼仪

宴会的接待工作，是主办者为了向来宾表达热情好客的态度，从宴请活动正式开始之前到结束期间所进行的各项礼仪程序。一般来说，礼仪越隆重，越能体现主人对来宾的尊重和欢迎。

古人曰："设宴待嘉宾，无礼不成席。"尤其是大型国际商务宴请，做好宴会的接待工作非常重要。

（一）宴会准备

宴会准备是指宴会即将开始，客人尚未到达期间，主办方所开展的各项准备工作。

1. 致祝酒词

大型国际商务宴会或重要的商务宴请，宾主双方往往还要发表讲话或致祝酒词，宾主双方致辞的内容应言简意赅，不宜过长。最好双方事先交换发言稿，使翻译人员提前了解讲稿的内容，做好准备，以免临场翻译时出错。双方讲话由何人翻译，一般也应事先谈妥。

2. 检查

宴会的主要负责人和工作人员应在开宴前一至两个小时到达宴会现场，查漏补缺。检查宴会的各个环节是否都已准备就绪，各个岗位是否有专人负责，每张餐台上放置的座次牌和客人姓名卡、宴会所用物品、器具是否准备齐全、放置到位。

大型商务宴请，开宴之前必须再次确认来宾的名单，以便掌握出席宴会客人的具体数字。还要在宴会现场提前张贴和布置好宴会座次简图，图上注明每人的位置，或印出全场席位示意图，标出出席者的姓名和席次，发给来宾本人。这些工作都必须在客人抵达之前准备妥当。各种通知卡片，可以利用客人在休息厅时分发。有的国家是在客人从衣帽间出来时，由服务员用托盘将其卡片递上。一般情况下，请柬上已标明桌位。

（二）迎宾礼仪

在客人到达宴会厅时，主人一般应在宴会厅门前迎接来宾。重要商务宴请除了礼宾人员和相关工作人员在宴会厅大门外迎接客人外，在客人进入宴会大厅存放衣物之后，进入休息厅以前，男女主人还应和主办方的其他主要陪同官员列队欢迎来宾。宾主双方握手寒暄后，由工作人员引进休息厅稍作休息等候。在来宾进入休息厅后，应由相应身份的陪同人员照料客人。厅内的服务人员，要及时为客人递送毛巾和饮料。主宾到达后，由主人陪同进入休息厅与其他客人见面，并将这些客人介绍给主宾认识。如其他客人尚未到齐，由其他官员代表主人在门口迎接。宴会时间一到，主人便陪同主宾进入宴会厅，待全体客人就座后，宴会即可以开始。如休息厅较小，或宴会规模大，也可以请主桌以外的客人先入座，贵宾席的主人与客人最后入座。

普通商务宴请，在宴会开始前，主人应该站立门前笑迎宾客。对每一位来宾要依次招呼，待客人大部分到齐之后，再回到宴会场所中来，跟客人招呼、应酬。主人对宾客必须热诚恳切，平等对待，不可以只注意应酬一两人而冷落了其他客人。

（三）席间待客礼仪

重要国际商务宴请一般都有正式致辞或讲话，各国安排讲话的时间不尽一致。正式宴会一般可以在热菜之后、甜食之前由主人讲话，接着由客人讲话，也有在全部客人入席后，主客双方便致辞或讲话的情况。冷餐会和酒会讲话时间则更灵活。

上菜后，主人要先向客人敬酒。请客人"起筷"。要照顾到客人的用餐方便，及时调换菜点或转动餐台，遇到有特殊口味的客人要及时调换。当一道菜端上桌时，主人或服务员可以简单介绍一下这道菜的名称及特色。如果是家宴，还可以简单对客人感兴趣的菜介绍烹饪方法；当餐桌上的客人有主次、长幼之分时，每一道菜上来，主人应先请主客或老者品尝；当客人相互谦让、不肯下筷时，主人可以用公筷、公匙为客人分菜。当客人对某道菜表示婉谢时，应予以谅解，不强人所难。有些菜肴可能用筷子分不开，这时也可以借助于刀叉，或请服务员分开；用餐时，主人应掌握好用餐的节奏。如有客人尚未吃完，主人应放慢速度，以免客人感到不安。主人还要努力使席间的气氛轻松、活跃、融洽，如有人谈及不当话题，主人应及时巧妙地将话题转移。在进餐中，主人应始终保持热诚好客的态度。

（四）送客礼仪

在我国正式商务宴会上，当主宾吃完餐后甜点或水果后，主人与主宾同时起身离席，宴会即告结束。而在西方国家的宴会，在吃完甜点或水果后，主人还往往会给客人上咖啡或茶。在喝完咖啡或茶后，客人便可以告辞。在西方国家的家庭宴会上，当女主人为第一主人时，客人往往以女主人的行动为准。用餐完毕，女主人起身离席，邀请全体女宾与之共同退出宴会厅，然后男宾起立，随后进入休息厅或留下抽烟。男女宾客在休息厅会齐，即上茶（咖啡）。如无余兴，即可以陆续告辞。通常男宾先与男主人告别，女宾与女主人告别，然后交叉，再与家庭其他成员握别。

在正式宴会结束，当主宾告辞时，主人要将其送至门口，握手话别。主宾离去后，原迎宾人员按顺序排列，然后再与其他客人一一握手道别。

五、出席宴会礼仪

接到宴会邀请后，应及时做出答复，以配合邀请方做好准备工作。在接受邀请后，一旦遇到突发事件而不能按时出席时，应尽快通知邀请方，真诚地解释说明情况并致歉。

（一）服饰礼仪

赴宴前应根据宴会的目的、规格、对象、风俗习惯或主人的要求考虑自己的着装。要注意个人的仪容仪表，做到干净整洁、高雅得体。特别是应邀参加涉外商务宴会或西餐宴会时，要穿正装，即：男士应穿深色西装套装；女士应穿裙装，如晚礼服或中式旗袍。

（二）到达

应邀出席正式的商务宴会，应按请柬所指示的时间要求准时到达，最好不要提前到达。应邀到主人家里就餐时最好略迟到几分钟，给主人以充分的准备时间，到达主人家中时可以按当地习惯送上一些简单礼品，如水果、香槟酒类、花篮或花束等。西方人习惯给女主人送上鲜花，他们喜欢单数，男士甚至也可以送一枝花给女主人。

（三）入席

进入宴会厅前，要事先了解清楚自己的桌次和位次，按指定座位就座。如果没有明确排定座位，可以遵从主人的安排，并注意与其他人谦让，尽量将远离门口、面对门口的位置（即上座）留给其他客人。应等主人、主宾就座后就座或与大家一同就座。男士还应注意，如果身旁是长者或女士，应主动为她们拉开座椅，协助其入座。

坐下后要注意自己的举止，姿势要端正，不可以将手托腮或将双肘放在桌上，不要把玩桌上的酒杯、盘碗等餐具，更不可以用餐巾擦拭餐具，让人有餐具不洁或嫌弃之感。

如果主人安排好了菜，客人就不要再点菜了。如果你参加一个尚未安排好菜的宴会，就要注意点菜的礼节。点菜时，不要选择太贵的菜；同时也不宜点太便宜的菜，太便宜了，主人反而不高兴，认为你看不起他，如果最便宜的菜恰是你真心喜欢的菜，那就要想点办法，尽量说得委婉一些。

（四）用餐和敬酒礼仪

面对一桌子美味佳肴，不要急于动筷子，主人举杯要先向客人敬酒，喝过第一口酒（酒量能够承受，对主人敬的第一杯酒应喝干），主人动筷说"请"之后才能动筷。进餐时举止要文明。同席的客人可以相互劝酒，但不可以任何方式强迫对方喝酒，否则便是失礼。自己不愿意或不能喝酒时，可以谢绝。不要伸长胳膊去夹远处的菜，更不能用筷子随意翻动盘中的菜。另外，进食时尽可能不要咳嗽、擤鼻涕等，如果不能抑制，要用手帕、餐巾纸遮挡口鼻，最好出去，或转身，脸侧向一方，低头，尽量压低声音。

宴会上互相敬酒，能表示友好、活跃气氛，但切勿饮酒过量（有的国家善饮酒，不以醉酒为耻）。祝酒时，作为主宾参加宴会，要了解对方祝酒的习惯，为何人祝酒、何时祝酒等，碰杯时，主人和主宾先碰杯，人多时可举杯示意，不一定碰杯。祝酒时不要交叉碰杯。在主人和主宾祝酒时，应暂停进餐，停止交谈，注意倾听。主人和主宾讲完话并与上席人员碰杯后，往往要到其他各桌敬酒，客人应起立举杯，碰杯时，要目视对方致意。

如果你不善于饮酒，或身体原因，当主人或别的客人向你敬酒时，可以婉言谢绝；如果主人请你喝酒，则不应一味推辞，可以选些淡酒或饮料，象征性地喝一点。

（五）中途道别的礼仪

客人在席间或在主人没有表示宴会结束前离席是不礼貌的。如果特殊原因需要提前离席，最好在宴会开始之前就向主人说明理由，并表示歉意，届时向主人打个招呼便可以悄悄离去。如临时有事需要提早告别，同样应向主人说明理由，并表示歉意。值得注意的是，中途道别应选好时机，不在席间有人讲话时或刚讲完话之后，这容易让人误以为告辞者对讲话者不耐烦。最好的告别时机是在宴会告一段落时，如宾主之间相互敬一轮酒或客人均已用完饭后。

第三节　中西餐及自助餐礼仪

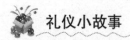
礼仪小故事

　　周小姐有一次代表公司出席一家外国商社的周年庆典活动。正式的庆典活动结束后，那家外国商社为全体来宾安排了丰盛的自助餐。尽管在此之前周小姐并未用过正规的自助餐，但是她在用餐开始之后发现其他用餐者的表现非常随意，便也就"照葫芦画瓢，像别人一样放松自己"。

　　让周小姐开心的是，她在餐台上排队取菜时，竟然见到自己平日最爱吃的北极甜虾，于是，她毫不客气地替自己满满地盛上了一大盘。当时她的主要想法是：这东西虽然好吃，可也不便再三再四地来盛，否则旁人就会嘲笑自己没见过什么世面了。再说，它这么好吃，这回不多盛一些，保不准一会儿就没有了。

　　令周小姐脸红的是，当她端着盛满了北极甜虾的盘子从餐台边上离去时，周围的人居然个个都用异样的眼神盯着她，有一位同伴还用鄙夷的语气小声说道："真给中国人丢脸啊！"事后一经打听，周小姐才知道，自己当时的所作所为是有违自助餐礼仪的。吃自助餐时为自己自取菜肴时，应当循序渐进，每次只取一点点。吃完之后，允许一而再再而三地去取用。可是，若为了省事而一次取用过量，在明眼人看来是很失礼的行为。

　　资料来源：金正昆. 商务礼仪教程[M]. 5版. 北京：中国人民大学出版社，2016：228.

一、中餐礼仪

（一）中餐餐具的用法礼仪

　　中餐厅台面摆放主要有垫盘、食碟、汤碗、汤匙、味碟、筷子、筷架、调羹、红酒杯、白酒杯、茶杯、餐巾、湿巾、牙签等。

　　在正式的宴会上，水杯放在菜盘左上方，酒杯放在右上方。筷子与汤匙可以放在专用的筷架，或放在纸套中。公用的筷子和汤匙最好放在专用的盘子里。要备好牙签和烟灰缸。

　　1. 筷子的使用礼仪

　　筷子是中餐最主要的餐具，就餐中应注意筷子仅限于自己使用。如果想表达一下主人的好客之心，可以用公筷为客人布菜。

　　筷子的正确使用方法是用右手执筷，用拇指、食指、中指三指前部，共同捏住筷子的上端约1/3处。在使用筷子的时候，筷子的两端一定要对齐。

　　在使用过程中，用餐前筷子一定要整齐码放在饭碗的右侧筷架上，用餐后则一定要整齐地竖向码放在饭碗的右侧。

注意事项有以下几方面。

（1）忌筷子长短不齐地放在桌子上。在用餐前或用餐过程中，将筷子长短不齐地放在桌子上，这种做法被一些人认为是不吉利的。

（2）忌敲筷子。在等待就餐时，不能坐在桌边一手拿一根筷子随意敲打或用筷子敲打碗盏或茶杯。为什么不能用筷子敲打碗盆？一种说法是这种行为和乞讨的方式相似，因为只有乞丐讨食时才会用筷子敲打碗盆。

（3）忌掷筷。在进餐前发放筷子时，要把筷子一双双理顺，然后轻轻地放在每个餐位前，相距较远时，可以请人递过去，不能随手掷在桌子上，更不能掷在桌子下。

（4）忌叉筷。筷子不能一横一竖交叉摆放，不能一根大头，一根小头。筷子要摆在碗的旁边，不能搁在碗上。

（5）忌插筷。用餐者因故须暂时离开时，要把筷子轻轻搁在桌上或餐碟边，不能插在饭碗里。暂时不用筷子时，可以放在筷子座上，或搭放到自己用的碗或碟子的边缘上。不要放在桌子上，也不要横放在其他器皿上。

（6）忌挥筷。夹菜时，不能把筷子在菜盘里挥来挥去，上下乱翻。遇到别的宾客夹菜时，要注意避让，避免"筷子打架"。夹菜时不要一路滴汤，更不要让筷子沾满食物。不论筷子上是否残留着食物，都不要用嘴吮吸它。在取菜之前尤其要注意。

（7）忌舞筷。用餐过程中进行交谈时，不能把筷子当成道具在餐桌上乱舞，也不要在请别人用菜时，把筷子戳到别人面前。

2. 汤匙的使用礼仪

大汤匙在餐桌的功能一般体现于公共取食，主要作用是舀取菜肴、食物，尤其是流质的食物，如汤等，但不能直接进口。就餐时只能用汤匙取菜放在自己的餐盘中，然后取食。喝汤时人手一个的小汤匙也仅限于自己使用。喝汤时不能端起汤碗一饮而尽，要用汤匙舀着喝。在食用勺子盛来的食物时，尽量不要把勺子都放到嘴里，更不要反复吮吸它。喝汤时不能发出声音，汤太热时不能用汤匙反复翻舀，或张嘴猛吹。

3. 碗的使用礼仪

碗是用来盛放主食、汤羹等食物的。一般来讲，不要端起碗进食，尤其不要双手端起碗进食。在食用碗内的食物时，要用筷子、匙等辅助着吃，不要直接用手，也不能直接用嘴吸食。碗内的食物剩余不多时，不要直接全部倒进口中，更不要用舌头舔。不能将碗扣着放在餐桌上。

4. 食碟的使用礼仪

食碟放于每一位就餐者面前，是用来暂时放置从公用的菜盘中取自己吃的菜肴的。每次取菜不宜过多，不要将几种菜式混在一起。吃剩的鱼刺、菜渣、骨头可以放在食碟前端，东西多了，侍者会及时为客人更换。

5. 餐巾的使用礼仪

餐巾主要用来防止弄脏衣服，兼做擦嘴及手上的油渍。只能用餐巾的一角来擦拭嘴唇，不能用整张餐巾来擦拭脸和擤鼻涕。必须等到大家坐定后，才可以使用餐巾。餐巾应摊开后,放在双膝上端的大腿上,不可以系入腰带,或挂在西装领口。用完餐后,将餐巾叠好,不可以揉成一团。通常而言,餐巾不应随便带走,赠送的擦手巾除外。

在宴会开始时,餐厅提供的湿巾是用来擦手的,千万不要用它去擦脸、擦嘴、擦汗,否则人家会笑话的。使用后,湿巾要放回原处,由服务人员取走。有的时候,餐厅还在饭后提供湿毛巾,这是用来擦嘴的,不要擦脸和擦汗。

6. 牙签的使用礼仪

牙签用于清理牙齿,应在万不得已的情况下使用。剔牙时应用餐巾或手遮挡一下,不可以充分暴露在旁人面前。剔出来的东西,不要观看,也不要再放回口中,更不能随处乱弹或者随口乱吐。剔牙后,不要将牙签长时间含于嘴中,吸来吸去。不要用牙签扎取食物。

7. 水盂的使用礼仪

上龙虾、鸡、水果时,会送上一只小小水盂,其中漂着柠檬片或玫瑰花瓣,千万不要把它当成饮料,那是用来洗手的。洗手时,可两手轮流沾湿指头,轻轻涮洗,然后用小毛巾擦干。洗手后,不要乱甩、乱抖。

(二)就餐礼仪

1. 进餐就座礼仪

中餐的席位排列关系来宾的身份和主人给予对方的礼遇,所以是一项重要的内容。在第八章第四节会议与宴会的位次排列礼仪中有详细叙述。我国是礼仪之邦,在很久以前,在就餐的礼仪方面就有详细的规定。如"虚坐尽后",是说在一般情况下,要坐得比尊者长者靠后一些,以示谦恭;"食坐尽前",是指进食时要尽量坐得靠前一些,靠近摆放馔品的食案,以免不慎掉落的食物弄脏了座席。

2. 上菜顺序

正式的中餐宴会,先上冷盘,后上热菜,最后上甜食和水果。出于卫生的考虑,正式中餐宴会通常实行分餐制。餐桌服务顺序通常是逆时针方向,服务生走到你的左边是为你上菜或上干净的盘子,走到你的右边则是为你斟酒。

3. 敬酒礼仪

宴会餐桌上的敬酒顺序是:主人敬主宾;陪客敬主宾;主宾回敬;陪客互敬。需要注意的是,做客绝不能喧宾夺主乱敬酒,那样是很不礼貌的,也是很不尊重主人的。喝酒的时候,一味地给别人劝酒、灌酒、吆五喝六,特别是给不胜酒力的人劝酒、灌酒,都是失礼的表现。

4. 进餐礼仪

中餐进餐体现一个"让"的精神。用餐开始时,所有的人都会等待主人让餐,只有当主人请大家用餐时,才表示宴会开始。

在进餐过程中,新菜上台,一般让主人、主宾或年长者先用。上菜后,不要先动筷,应等主人邀请,主宾动筷时再动。取菜时要相互礼让,不可争抢。不应在菜盘中左挑右选,不能一次夹取很多。取菜要适量,不要浪费也不要专拣自己喜爱的菜吃个没完。为表示友好、热情,彼此之间可以让菜,但不要擅自做主为他人夹菜、添饭,以免让对方为难。不可以在共用的菜盘里挑挑拣拣，要看准后夹住立即取走，不可以夹起来又放下，甚至取走又放回盘中。

送食物进嘴时，要小口进食，两肘向外靠，不要向两边张开，以免碰到邻座。要细嚼慢咽，闭口嚼食。吃菜、喝汤时，要避免发出太大的声音。喝汤、吃主食时，可以端起碗。

吃鱼时，不能翻动鱼身，如果想将鱼翻过来，不能说把鱼翻过来，而要说把鱼游过来。

如果宴会没有结束，但你已用好餐，不要随意离席，要等主人和主宾餐毕先起身离席，其他客人才能依次离席。

5. 中餐的注意事项

（1）用餐期间，不要用筷子敲打碗碟，尽量不要吸烟。用餐时，如果需要清嗓子、擤鼻涕、吐痰等，应尽早去洗手间解决。

（2）用餐时，不要当众修饰。例如，不要梳理头发、化妆补妆、宽衣解带等，如有必要可以去化妆间或洗手间。用餐时，不要离开座位四处走动。如果有事要离开，也要先和旁边的人打个招呼，可以说声"失陪了""我有事先行一步"等。

二、西餐礼仪

（一）西餐餐具的使用礼仪

1. 刀叉的使用礼仪

刀叉是西餐中的主要用具，如图7-1所示。

图 7-1

西餐餐具摆放以右侧的酒杯、左侧的餐巾为界，中间的刀叉盘子等餐具归一个人使用。

西餐中用于喝汤的汤匙通常放于餐刀右边，点心匙、点心叉放于食盘正上方。

通常右手持刀，左手持叉，刀用来切食物，如图7-2所示，叉用来取食物。使用刀叉进餐时有两种方式：一种称英式刀叉进食法，即左叉右刀，切一块，吃一块；另一种称美式刀叉进食法，即左叉右刀，先将食物一块块切好，然后把刀放在盘子里，之后将叉换至右手一块块叉着吃。

正式的西餐宴会上，刀叉是按上菜顺序事先摆放好的，通常吃一道菜要换一副刀叉，依次由外向里选取刀叉。切食物时动作不宜过大，切忌发出声响。进餐过程中需暂时离开时，应将刀叉呈"八"字形放于食盘中，以示还要继续用餐。如将刀叉并排放于餐盘中，则表示这道菜不用了。

图 7-2

2. 餐巾的使用礼仪

西餐餐巾的使用方法也与中餐相似，餐巾在用餐前就可以打开。点完菜后，在前菜送来前的这段时间把餐巾打开，往内折 1/3，让 2/3 平铺在腿上，盖住膝盖以上的双腿部分，如图 7-3 所示，以防止油渍等弄脏衣服。不要用餐巾来擦嘴、擦手、擦脸，也不要把餐巾塞入领口。

特别要记住一点：西餐餐巾可以起到一些暗示作用。例如，进餐过程中要暂时离开，但菜尚未用完，则可以将餐巾放在座椅椅面上；如果用餐完毕则可以将餐巾放在自己右手边的餐桌上，表示用餐结束。

图 7-3

3. 咖啡勺或茶匙的使用礼仪

咖啡勺或茶匙是用来搅拌的，搅拌后应将它们放在小碟中。喝茶或咖啡时切记不能用勺舀着喝。

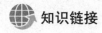 知识链接

西餐餐饮礼仪的 6M 原则

1. 第一个 M 是 "Menu（菜单）"

当您走进西餐馆，服务员先领您入座，待您坐稳，首先送上来的便是菜单。菜单被视为餐馆的门面，封面用最好的面料，有的菜单封面甚至用软羊皮打上各种美丽的花纹。看菜单、点菜已成为吃西餐的一个必不可少的程序，是种生活方式。

2. 第二个 M 是 "Music（音乐）"

豪华高级的西餐厅要有乐队，经常演奏一些柔和的乐曲，一般的小西餐厅也播放一些美妙的乐曲。但是这里最讲究的是乐声的"可闻度"，即声音要达到"似听到又听不到的程度"，也就是说，如果集中精力和友人谈话就听不到，要想休息放松一下就听得到，这个火候要掌握好。

3. 第三个 M 是"Mood（气氛）"

西餐讲究环境雅致，气氛和谐。一定要有音乐相伴，有洁白的桌布，有鲜花摆放，所有餐具一定洁净。如遇晚餐，要灯光暗淡，桌上要有红色蜡烛，营造一种浪漫、迷人、淡雅的气氛。

4. 第四个 M 是"Meeting（会面）"

和谁一起吃西餐要有选择，一定要是亲朋好友，或趣味相投的人。吃西餐主要为联络感情，很少有人在西餐桌上谈生意。所以西餐厅内，少有面红耳赤的场面出现。

5. 第五个 M 是"Manner（礼俗）"

礼俗在此处也称为"吃态"，要遵循西方习俗，勿有唐突之举，特别在手拿刀叉时，若手舞足蹈，就会"失态"。使用刀叉，应是右手持刀，左手拿叉，将食物切成小块，然后用刀叉送入口内。一般来讲，欧洲人使用刀叉时不换手，一直用左手持叉将食物送入口内。美国人则是切好后，把刀放下，右手持叉将食物送入口中。但无论何时，刀是绝不能送物入口的。西餐宴会，主人都会安排男女相邻而坐，讲究"女士优先"的西方绅士，都会表现出对女士的殷勤。

6. 第六个 M 是"Meal（食品）"

一位美国美食家曾说："日本人用眼睛吃饭，料理的形式很美，我们吃的西餐，是用鼻子的，所以我们的鼻子很大；只有你们伟大的中国人才懂得用舌头吃饭。"我们中餐以"味"为核心，西餐是以营养为核心。

资料来源：西餐餐饮礼仪的 6M 原则[EB/OL]. [2019-04-01]. https://school.qingdaonews.com/d/3750.html. （有改动）

（二）就餐礼仪

1. 进餐服饰与就座礼仪

吃饭时穿着得体是欧美人的常识。去高档的餐厅，男士要穿整洁的上衣和皮鞋；女士要穿套装和有跟的鞋子。如果指定穿正式服装的话，男士必须打领带。

由椅子的左侧入座。最得体的入座方式是从左侧入座，如图 7-4 所示。当椅子被拉开后，身体在几乎要碰到桌子的位置站直，领位者会把椅子推进来，腿弯碰到后面的椅子时，就可以坐下来。

用餐时，上臂和背部要靠着椅背，腹部和桌子保持约一个拳头的距离，两脚交叉的坐姿最好避免。

图 7-4

2. 点菜

正式的全套餐点上菜顺序是菜和汤、鱼肝油、水果、肉类、乳酪、甜点和咖啡、水果，还有餐前酒和餐酒。没有必要全部都点，点太多却吃不完反而失礼。稍有水准的餐厅都不欢迎只点前菜的人。前菜、主菜（鱼或肉择其一）加甜点是最恰当的组合。点菜并不是由前菜开始点，而是先选一样最想吃的主菜，再配上适合主菜的汤。

3. 上菜

正式的西餐宴会通常要上六道左右的菜：第一道上开胃品，第二道上汤，第三道上鱼，第四道上肉，第五道上甜品和水果，第六道上茶或咖啡。

4. 进餐礼仪

在餐桌上，有"左面包，右水杯"的说法，正式西餐宴会事先会在食盘左上方摆放好少量的面包和黄油，供客人食用。吃面包时不可以整个拿起大口嚼食，也不能用刀和叉切着吃，应该用手掰着一小块一小块地吃。若想涂牛油，先把牛油碟移至自己的碟边，黄油可用黄油刀抹在面包上食用。很多人喜欢将面包蘸汤，这种食法不好看，应尽量避免。

西餐中吃鱼有专用的鱼刀和鱼叉，吃时要特别注意不要翻鱼身，应先吃上层鱼肉，然后剔除鱼骨，再吃下层鱼肉。若吃到鱼刺，不要把它直接从嘴里吐出，最好的方法是，用舌头尽量把鱼刺顶出来，用叉子接住，再放到碟子的一角。若鱼刺卡进牙缝，就用餐巾掩着嘴，用拇指和食指将之拔出。使用牙签时，也要用餐巾掩着嘴来进行。

饮汤时，尽量不要发出声音，另外，若觉得汤太热，应待它稍凉后再喝，否则汤匙放到嘴边，分开数次才能喝完，实在有失礼仪。

西餐中讲究配酒进食，一般讲究"白肉配白酒，红肉配红酒"。白肉是指鱼或海鲜类，一般配白葡萄酒，以去腥味；红肉是指其他肉食，一般配红葡萄酒，以去油腻；吃开胃菜时多配鸡尾酒或香槟酒；吃甜品时多配香槟酒或白兰地。

🌐 知识链接

常见西餐酒水

1. 葡萄酒

作为正式宴会中的进餐酒，葡萄酒一直地位很高。

葡萄酒的特色。葡萄酒酒精含量不高，味道醇美，营养丰富。根据色彩不同，葡萄酒有白葡萄酒、红葡萄酒之分；根据是否有气泡，可以分为平静葡萄酒（或叫餐桌酒）、起泡酒（如香槟）；根据葡萄酒中所加的其他原料的不同，可以分为加香葡萄酒、加强葡萄酒；根据糖分含量的不同，可以分为微干、半干、干、微甜、半甜和甜等几种。现在，干葡萄酒最流行，这里所谓的"干"，意思是它基本不含糖分。在葡萄酒里，酒精含量一般在12°左右。世界上，最有名气的葡萄酒产地是法国的波尔多地区。

葡萄酒的饮用。葡萄酒不仅可以佐餐，还可以单独饮用。喝不同的葡萄酒，对温度有不同的要求。白葡萄酒的最佳饮用温度在7℃左右，故应当加冰块；红葡萄酒则在18℃左右饮用最佳，因此不宜加冰块。喝葡萄酒时，要用专门的高脚玻璃杯。喝白葡萄酒时，要捏住杯脚；喝红葡萄酒时，则讲究握住杯身。切记，喝葡萄酒时兑可乐和雪碧的做法是不正确的。

2. 白兰地

在所有"洋酒"中,白兰地酒是最名贵的,它与威士忌和我国的茅台酒并列为"世界三大名酒"。

白兰地酒的特色。白兰地酒是葡萄酒大家族里特殊的一员,它是葡萄干发酵之后蒸馏精制而成的,故又被称为蒸馏葡萄酒。白兰地酒的酒精含量约为40°,其色泽金黄,香甜醇美。世界上知名的白兰地酒的品牌有人头马、马爹利、轩尼诗、拿破仑等,并以产于法国干邑地区、储藏时间较长者为佳。

白兰地酒的饮用。与白酒不同,以白兰地为代表的洋酒大都是以盎司计量的,因此它并不讲究"酒满敬人"。饮用白兰地的最佳温度为18℃,故应将其盛在专用的大肚、收口、矮脚杯内。饮用时,先以右手托住杯身观其色泽,并以手掌为其加温,待其香味洋溢时,再慢慢小口品味。若将其一饮而尽,只会被视为没有品位的"草莽英雄"。

3. 威士忌

如果说白兰地是洋酒中的"贵族",那么相对来说物美价廉的威士忌酒则被誉为雅俗共赏。

威士忌酒的特色。威士忌酒的口味浓烈、刺激,酒精含量约为40°。在世界各国生产的威士忌酒中,首推英国苏格兰地区生产的威士忌酒最为有名,如尊尼获加、威雀、添宝、老伯等。

4. 香槟酒

香槟酒的知名度也比较高,而且其实际应用也较为广泛。

香槟酒的特色香槟酒也叫发泡葡萄酒。实际上,它是一种以特种工艺制成的、富含二氧化碳的、气泡状的白葡萄酒。因其以法国香槟地区所产最为有名,故称为香槟。它的酒精含量在10°左右,口感清凉、酸涩,且有水果香味。

香槟酒的饮用。香槟酒在6℃左右饮用最佳,因此在饮用前需将其暂时冷藏于冰桶之内。开瓶时,可稍事摇晃,然后再启去瓶塞。开启后的香槟就会连泡带酒一同奔涌而出,为人们增添欢乐的气氛。饮用香槟酒,要用郁金香型的高脚玻璃杯,并以手捏住杯脚来用。香槟酒可用来进餐、祝酒,也是商界人士参加庆典、仪式上助兴的佳品。

5. 鸡尾酒

鸡尾酒是商务酒会上最常用的酒水之一。

鸡尾酒的特色。鸡尾酒是一种混合型的酒,它是各种不同的酒,以及果汁、汽水、糖浆等其他饮料,按照一定的比例,采用专门的技法调制而成的。它的口味有浓有淡,酒精的含量有多有少,但其共同的特点就是层次分明、色彩纷呈、光泽闪烁,好似雄鸡之尾,因此被称为鸡尾酒。鸡尾酒中的知名者有几千种,其中最著名的有曼哈顿、马丁尼、亚历山大、玛格丽特等。

鸡尾酒的饮用。饮用鸡尾酒时,为了便于观赏其独具特色的丰富色泽,最好使用高脚广口的玻璃杯。

资料来源:林慧. 商务礼仪[M]. 北京:中国财富出版社,2015:177.

三、自助餐礼仪

自助餐也称冷餐会,是在大型的商务活动中常见的一种餐饮形式。它是目前国际上通行的一种非正式的西式宴会,它的具体做法是,不预备正餐,而由就餐者自作主张地在用餐时自行选择食物、饮料,或立或坐,自由地与他人在一起或是独自一人用餐。

(一)主办者礼仪

1. 时间安排

在商务交往中,自助餐大都被安排在各种正式的商务活动之后,是用来招待来宾的附属项目之一,举行的具体时间受正式商务活动的限制。不过,它很少被安排在晚间举行,而且每次用餐的时间不宜长于一个小时。

根据惯例,自助餐的用餐时间不必进行正式的限定,只是给一个时间段:几点到几点之间。举办者宣布就餐开始,大家就可以自己动手了。在整个用餐期间,用餐者可以随到随吃,不必非要在主人宣布用餐开始之前到场恭候。用自助餐时,也不像正式的宴会那样,必须统一退场。用餐者只要自己觉得吃好了,在与主人打过招呼之后,随时都可以离去。通常,自助餐是无人出面正式宣告其结束的。

一般来讲,主办单位假如预备以自助餐对来宾进行招待,最好事先以适当的方式对其进行通报。同时,必须注意一视同仁,即不要安排一部分来宾用自助餐,而安排另一部分来宾去参加正式的宴请。

2. 就餐的地点与场合

选择自助餐的就餐地点,要考虑它既能容纳下全部就餐之人,又能为其提供足够的交际空间。因为实际就餐的人数往往具有一定的弹性,所以为用餐者提供活动空间时,用餐区域的面积要划得大一些,而且在就餐地点应当预先摆放好足够使用的桌椅。此外,还要考虑就餐的环境,在室外就餐时,要提供适量的遮阳伞。

按照正常的情况,自助餐安排在室内外进行皆可。通常,它大多选择在主办单位所拥有的大型餐厅、露天花园之内进行。有时,亦可外租、外借与此相类似的场地。

3. 食物的准备

一般的自助餐上所供应的菜肴大致应当包括冷菜、汤、热菜、点心、甜品、水果以及酒水等几大类型。为了满足就餐者的不同口味,应当尽可能地使食物在品种上丰富而多彩;为了方便就餐者进行选择,同一类型的食物应被集中在一处摆放。

在准备食物时,务必要注意保证供应。同时,还须注意食物的卫生以及热菜、热饮的保温问题。

4. 客人的招待注意事项

(1)要照顾好主宾,主要表现在陪同其就餐,与其进行适当的交谈,为其引见其他客人,等等。需要注意给主宾留下一点供其自由活动的时间,不要始终伴随其左右。

(2)要充当引见者。在自助餐期间,主人一定要尽可能地为彼此互不相识的客人多创造一些相识的机会，并且积极为其牵线搭桥，充当引见者，即介绍人。应当注意的是，介绍他人相识，必须了解双方彼此是否有此心愿，切勿一厢情愿。

（3）要安排服务者。在自助餐上，直接与就餐者进行正面接触的主要是侍者。根据常规，自助餐上的侍者须由健康而敏捷的男性担任。他们的主要职责是：为了不使来宾因频频取食而妨碍同他人所进行的交谈，主动向其提供一些辅助性的服务。例如，推着装有各类食物的餐车，或是托着装有多种酒水的托盘，在来宾之间巡回走动，听凭宾客各取所需。他们还负责补充供不应求的食物、饮料、餐具等。

（二）参加者的礼仪

1. 要排队取菜

在取菜之前，先要准备好一只食盘，由于用餐者往往成群结队而来，因此要排队选用食物。轮到自己取菜时，应以公用的餐具将食物装入自己的食盘之内，然后迅速离去。切勿在众多的食物面前犹豫再三，让身后之人久等，更不应该在取菜时挑挑拣拣，甚至直接下手或以自己的餐具取菜。

2. 要按顺序取菜

在自助餐上，取菜时标准的先后顺序，依次应当是：冷菜、汤、热菜、点心、甜品和水果，要分盘适量取用，一次取食一盘。因此在取菜时，最好先在全场转上一圈，了解一下情况，再去取菜。

3. 取菜要适量

吃自助餐要量力而行，每次少取。在享用自助餐时，多吃是允许的，而浪费食物则不妥。这一条被世人称为自助餐就餐时的"少取"原则。

其实，自助餐不限数量，保证供应，这正是自助餐大受欢迎的原因。

4. 可以多次取菜

用餐者在自助餐上选取某一种类的菜肴，允许其再三再四地反复去取。每次应当只取一小点，待品尝之后，觉得它适合自己，还可以再次去取，直至自己感到吃好了为止。换言之，这一原则其实是说，去取多少次都无所谓，一添再添都是允许的；相反，要是为了省事而一次取用过量，盛得太多，则是失礼之举。

5. 要送回餐具

在一般情况下，自助餐大都要求就餐者在用餐完毕之后、离开用餐现场之前，自行将餐具整理到一起，一并将其送回指定的位置。在庭院、花园里享用自助餐时，尤其应当这么做。不允许将餐具随手乱丢，甚至任意毁损餐具。在餐厅里就座用餐，有时可以在离去时将餐具留在餐桌之上，而由侍者负责收拾。自己取用的食物，以吃完为宜，万一有少许食物剩了下来，应将其放在适当之处。

6. 要积极交际

参加自助餐时，商务人员必须明确，吃东西往往属于次要之事，而与其他人进行适当的交际活动才是最重要的任务。在参加由商界单位主办的自助餐时，情况就更是如此。在参加自助餐时,一定要主动寻找机会,积极地进行交际活动。首先,应当找机会与主人攀谈一番;其次,应当与老朋友好好叙一叙;最后,还应当争取多结识几位新朋友。

1. 商务工作餐有何特点?东道主准备工作餐需要做哪些工作?注意事项是什么?
2. 某企业为答谢新老客户准备商务宴请(客户有阿拉伯商人、法国和美国商人),你是负责人,应该如何策划筹备商务宴请?
3. 判断下题对错,指出失礼之处,并改正。
(1)图 7-5 中一男孩正在喝汤。

图 7-5

(2)筷子掉在地上,趴到桌下捡回。
(3)食物屑塞进牙缝,用手取出。
(4)骨头和鱼刺吐到地上。
4. 中餐筷子和西餐刀叉使用时应注意什么?

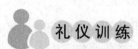

学生 8~10 人为一组,每组成员分别扮演某公司的人员和客户。运用本章所学的宴请礼仪、中西餐及自助餐礼仪,设计情境并编排一段情境剧,内容要充实,以学生小组的形式进行展示。各小组在班级进行模拟,学生和指导教师共同评价,评选出表现优秀的小组。

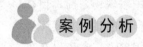

商务宴请的礼仪智慧清单

南茜在一家著名跨国公司的北京总部做总经理秘书工作,中午要随总经理和市场总监参加一个工作午餐会,主要是研究未来一年市场推广工作的计划。这不是一个很正式的会议,主要是利用午餐时间彼此沟通一下。南茜知道晚上公司要正式宴请国内最大的客户张总裁等一行人，答谢他们一年来给予的支持，她已经提前安排好了酒店和菜单。午餐是自助餐的形式。与总经理一起吃饭，南茜可不想失分，在取食物时，她选择了一些一口能吃下去的食物，放弃了她平时喜爱的大虾等需要用手帮忙的美食。她知道自己可能随时要记录老板的指示，没有时间去补妆，而总经理是法国人，又十分讲究。

　　下午回到办公室，南茜再次落实了酒店的宴会厅和菜单，为晚上的正式宴请做准备。算了算宾主双方共有8位，南茜安排了桌卡，因为是熟人，又只有几个客人，所以没有送请柬，可是她还是不放心，就又拿起了电话，找到对方公关部李经理，详细说明了晚宴的地点和时间，又认真地询问了他们老总的饮食习惯。李经理告诉她他们的老总是山西人，不太喜欢海鲜，非常爱吃面食。南茜听后，又给酒店打电话，重新调整了晚宴的菜单。

　　南茜还是决定提前半个小时到酒店，看看晚宴安排的情况并在现场做点准备工作。到了酒店南茜找到领班经理，再次讲了重点事项，又和他共同检查了宴会的准备。宴会厅分内外两间，外面是会客室，是主人接待客人小坐的地方，已经准备好了鲜花和茶点，里面是宴会的房间，中餐式宴会的圆桌上已经摆放好各种餐具。

　　南茜知道对着门口桌子上方的位子是主人位，但慎重起见，还是征求了领班经理的意见。从带来的桌卡中先挑出写着自己老板名字的桌卡放在主人位上。再将对方老总的桌卡放在主人位子的右边。想到客户公司的第二把手也很重要，就将他的桌卡放在主人位子的左边。南茜又将自己的顶头上司——市场总监的桌卡放在桌子的下首正位上，再将客户公司的两位业务主管的桌卡分别放在他的左右两边。为了便于沟通，南茜就将自己的位子与公关部李经理放在了同一方向的位置。

　　应该说晚宴的一切准备工作就绪了。南茜看了看时间还差一刻钟，就来酒店的大堂内等候。提前10分钟看到了总经理一行到了酒店门口，南茜就在送他们到宴会厅时简单地汇报了安排。南茜随即又返身回到了酒店大堂，等待着张总裁一行人的到来。几乎分秒不差，她迎接的客人准时到达。

　　晚宴按南茜精心安排的情况顺利进行着，宾主双方笑逐颜开，客户不断夸奖菜的味道不错，正合他们的胃口。这时领班经理带领服务员像表演节目一样端上了山西刀削面。客人看到后立即哈哈大笑，高兴地说："你们的工作做得真细致。"南茜的总经理也很高兴地说："这是南茜的功劳。"

　　看到宾主满意，南茜心里暗自总结着经验，下午根据客人的口味调整菜单，去掉了鲍鱼等名贵菜，不仅省钱，还获得了客人的好感。看来，一个重要商务活动要想成功，关键是要充分准备，沟通好是前提，通晓必要的商务礼仪更是制胜法宝！

资料来源：张晓艳，黄冲. 商务礼仪[M]. 北京：北京航空航天大学出版社，2017：111.

分析与思考：

案例中南茜的做法是否正确？对你有何启发？

第八章 国际商务位次礼仪

学习目标

1. 了解行进中的位次排列礼仪。
2. 熟悉乘坐车的位次礼仪、签字仪式和旗帜的礼仪。
3. 掌握会客与谈判以及会议与宴会的位次排列礼仪。

第一节 行进中的位次排列礼仪

礼仪小故事

销售部小李奉命接待一位重要外地客商,客商一行5人第一次到公司拜访。小李顺利接到客商,在回公司的路上,小李不停地介绍道路两侧的风景。到公司后,进入电梯时小李抢先踏入,靠在最里面站好,他想把更多的空间留给客人。电梯上小李觉得不能冷场,又口若悬河地和客商攀谈起来,但客商没有多少回应,只是礼貌地微笑,小李有些尴尬。电梯停止时,小李又抢先挤出电梯,要为客商指路,结果不小心踩到了客商,小李连连向其道歉。

所谓行进中的位次排列,指的是人们在步行时位次排列的顺序。作为商务人员经常陪同、接待客商或领导步行到某处洽谈、参观,并担任引导者,这需要注意在不同场合的位次排列礼仪。在行进过程中,需要注意排列的次序。一般来说,有平面行进礼仪、上下楼梯礼仪、出入电梯礼仪与出入房间礼仪四种场合。

一、平面行进礼仪

商务人员陪同客商行进时,位次顺序是:前者高于后者,内侧高于外侧,中央高于两侧。即横向行进时,陪同人员应该把内侧(靠墙一侧)让给客人,把方便留给客人。如果客商比较熟悉环境,如故地重游,应让客商在前行进,以便其选择自己喜欢的方向,即两人前后行进时,前方高于后方,把选择方向的权利让给地位高的人或客人,这是走路的一个基本规则。如果客商不熟悉环境,商务人员要充当引导员的身份,在客商斜前方1.5米的距离引导,如果是在走廊里,则要让客商走在路的中央,如图8-1所示。走在客商前面引导时,行进过程中,要始终让身体稍微侧转,面向客商。

在走廊里,走在客人的斜前方,与其保持
2~3 步的距离,让客人走在路的中央。

图 8-1

当多人并排行走时,高低的顺序依次是:中央、内侧、外侧。如公关部长与工作人员接待客商参观,一行三人行走时,客商在中央,公关部长在内侧,工作人员在外侧。

二、上下楼梯礼仪

无论是上下楼梯或是自动扶梯,上下楼梯最好不要并行,并排行走会阻碍交通,是没有教养的表现。要靠右侧通行,要纵向行进,位次顺序是以前方为上。男女同行时,一般女士优先走在前方。需要注意的是,如果与着裙装(特别是短裙)的女士同行,上下楼时应该女士居后,如图 8-2 所示。在楼梯上行走时中途不要停下聊天。

三、出入电梯礼仪

(一)出入电梯的次序礼仪

图 8-2

(1)商务人员陪同客商出入有人控制的电梯时,应先按电梯呼梯按钮。电梯到达门打开时,陪同者要请客人先进入电梯,告知所要到达的楼层,到达所到楼层时,要请客商先出电梯。即陪同者后进后出,客人或长辈先进先出。

(2)出入无人控制的电梯时,陪同人员应先行进入电梯,一手按"开门按钮",一手拦住电梯侧门,礼貌地请客人或地位高的人进入电梯。

当到达客人或地位高的人所要求的楼层时,陪同人员应一手按住"开门"按钮,另一只手做出请的动作,可以说:"××层到了,您先请!"待客人走出电梯后,自己立刻快步走出电梯,并热诚地为其引导行进的方向。

(二)电梯内的站立次序

在电梯轿厢内,陪同人员应靠边侧站立,面对或斜对客人,电梯内越靠近里面,越是尊贵的位置。中途有其他客人乘梯时,陪同人员应礼貌问候。在日本,电梯内的位置有"上下座"之分。"上座"是电梯按钮一侧最靠后的位置;其次是这个位置的旁边;再次是这个位置的斜前方；最差的"下座"就是挨着操作盘的位置，因为这个人要按楼层的按钮，相当于"司机"。

四、出入房间礼仪

商务人员陪同客商或上级出入房间时，当门是向内开式时，打开后，商务人员先行入内，然后一只手按着门把手，请客商进入。出房间时商务人员先开门请客商先出。

若门是向外开式时，商务人员打开门后同样单手按住门把手，请客商入内，就好像将客商送进去般的姿势，然后自己再进去，背对门将门带上，引导来客入座。若室内光线暗，陪同人员要先进去为客人开灯，然后请客商进入。出房间时，陪同人员要先出去，为客人拉门导引，客人后出门。

特殊情况，如双方均为首次到一个陌生房间，陪同人员宜先入房门。

五、注意事项

行进过程中不要与客商相距过近或过远，避免与对方发生身体碰撞。万一发生，务必及时向对方道歉；行进过程中不要抢步，速度不要太快或太慢，以免妨碍周围人的行进；行走时忌尾随于他人身后，甚至对其窥视、围观或指指点点；行进过程中，表情要自然，可适当为客商做介绍，忌表情冷漠、一言不发；忌与已成年的同性在行走时勾肩搭背、搂搂抱抱，在西方国家，只有同性恋者才会这么做。

乘坐电梯时尽量少说话，因为电梯不是一个私密空间，你所说的任何话都可被周围人共享。如果一定要与同伴聊天或谈工作，也请放低声音，不要打扰其他人员。在电梯小小的空间里还要避免凝视他人。电梯里是绝对禁止吸烟的，有些国家在电梯里吸烟是违反法律的。

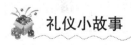知识链接

想要记住引导客人进出电梯、上下楼梯的顺序是否感觉挺费劲？掌握以下原则比较容易记忆：危险、不便留给自己（接待人员），安全、方便留给客人（尊者）。

电梯内比电梯外危险，所以自己要先进后出；下楼梯出现意外很危险，自己一般走在前面以防意外发生；上楼梯危险性低，则尊者优先。其他很多礼仪，如乘车的位置等均可用本方法记忆。

当然，有时还要注意男女有别，西方国家，都有女士优先的习惯，无论女士是主是客。

第二节　乘车的位次礼仪

礼仪小故事

王强是一家企业的老总，有一项目需要合作伙伴。刘总和张总分别是两家企业的老总，他们都有意向与王总合作。在选择合作伙伴时，王强决定分别与二人洽谈。王强先约刘总

吃工作餐，他亲自开车接刘总，到达地点后，王强等了一刻钟，刘总才下楼。刘总看到王强的新车，赞叹道："真气派！"王强笑着寒暄几句，就打开副驾驶座边的车门，请刘总上车。而刘总像没看见一样打开后右侧的车门，坐在了后座上。到了地点，刘总等王强给开车门才下车。在就餐时，刘总话语很少，闷头吃。告别时，刘总表示很希望与王强合作。过了几日，王强约张总吃工作餐，同样是他亲自开车接张总，还没到地点，老远就看到张总在等待。不等王强下车，张总就示意不用下车，径自打开副驾驶座边的车门坐在副驾驶座上，坐稳后打量新车，称赞道："王总你太有眼光了！"一路上从车聊到合作。到了地点，张总不等王强给开车门就下了车，宾主二人互相谦让，走进餐厅。在就餐过程中，张总就合作的前景谈了自己的看法。过后，王强经过权衡最终选择与张总的企业合作。

乘车是在商务活动中最普遍的一种交通方式，在选择不同的车辆时，要注意选择不同的位次排列，这样才能体现出一个商务人员应有的修养。

一、乘坐轿车的位次礼仪

（一）专职司机驾驶轿车乘坐位次的礼仪

由专职司机驾驶的轿车通常是公务用车，用于接待客人。乘坐轿车上下车时，一般情况下，让客人先上车，后下车。需要注意的是，不同座位尊卑有差异。公务接待时轿车的上座指的是后排右座，也就是司机对角线位置，因为后排比前排安全，右侧比左侧上下车方便。公务接待时，副驾驶座一般叫随员座，坐秘书、翻译、保镖、警卫、办公室主任或者导引方向者。

（1）在双排五人座轿车上，座位由尊而卑依次应当为后排右座、后排左座、后排中座、副驾驶座，如图 8-3 所示。如果要考虑安全问题，在轿车上，后排座位比前排座位要安全得多。最不安全的座位，当数前排右座；最安全的座位，则是后排左座，即司机后面的座位。高级将领、高级领导，包括港澳地区的一些专家人士，不管方向盘在哪里，都喜欢坐司机后面，因为那个位置最安全。最不安全的位置是副驾驶座，如图 8-4 所示。一般情况下，虽然后排 3 个座位，但是通常坐两个人。

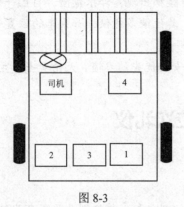

图 8-3

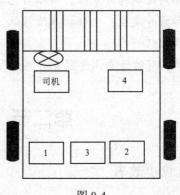

图 8-4

（2）在双排六人座轿车上，座位由尊而卑应当依次为后排右座、后排左座、后排中座、前排右座、前排中座，如图 8-5 所示。

（3）在三排七座轿车上，其他六个座位的座次由尊而卑依次应为后排右座、后排左座、后排中座、中排右座、中排左座、副驾驶座，如图 8-6 所示。

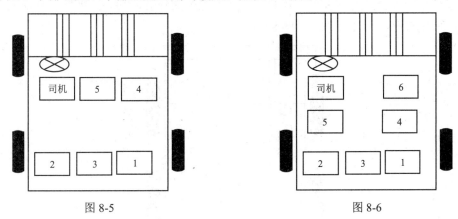

图 8-5　　　　　　　　　　　　　图 8-6

（二）轿车主人驾驶时乘坐位次的礼仪

当主人亲自开车时，以副驾驶座为上座，这既是为了表示对主人的尊重，也是为了显示与之同舟共济。

（1）在双排五座的轿车上，座位由尊而卑依次是：副驾驶座、后排右座、后排左座、后排中座，如图 8-7 所示。如果是主人开车送友人夫妇时，友人的男士应坐在副驾驶，其妻子坐后排座。

（2）在三排七座轿车上，其他六个座位的座次由尊而卑依次应为副驾驶座、中排右座、中排左座、后排右座、后排中座、后排左座，如图 8-8 所示。

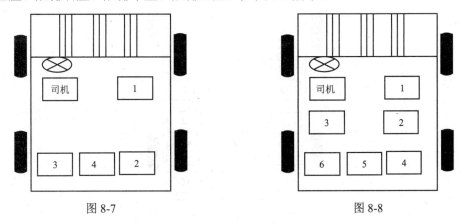

图 8-7　　　　　　　　　　　　　图 8-8

需要注意的是，当主人亲自驾车时，若一个人乘车，则必须坐在副驾驶座上；若多人乘车，必须推举一个人在副驾驶座上就座，不然就是对主人的失敬。

在西方文化中，坐车时，在有男士的情况下，坐在前面的女士意味着和驾车的男士有非同一般的关系，而男士在后排坐在两位女士的中间更是极不可取的顺序，极易引起误会。

二、乘坐吉普车的位次礼仪

吉普车是一种轻型越野客车，是四座车。不管由谁驾驶，其座次由尊而卑均依次是副驾驶座、后排右座、后排左座，如图 8-9 所示。

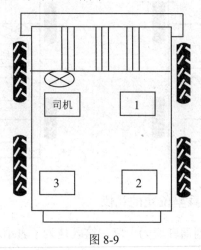

图 8-9

三、乘坐大中型轿车的位次礼仪

乘坐大中型轿车，无论由何人驾驶，以距离前门的远近来排定其具体座次的尊卑。即：以前排为上，后排为下；同排座位以右为尊，即右高左低，如图 8-10 所示。

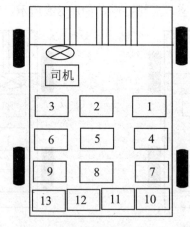

图 8-10

四、乘坐其他车辆的位次礼仪

乘坐火车需要对号入座，乘坐公共汽车或地铁时，需要排队上车，座位可供选择的余地并不太大。通常，临窗的座位为上座，临近通道的座位为下座。与车辆行驶方向相同的座位为上座，与车辆行驶方向相反的座位为下座。

五、注意事项

坐轿车时，按照惯例，应当请位尊者先上车，最后下车；位卑者应当最后上车，最先下车。在与同等地位的人上下车时，要互相谦让。如果很多人坐在一辆车中，谁最方便下车谁就先下车。在轿车抵达目的地时，如果有专人恭候负责拉开轿车的车门，这时位尊者应先下车。

在许多城市，出租车的副驾驶座不允许乘客就座，这主要是为了防范歹徒劫车。其实质也是出于安全考虑。因为轿车的前排，特别是副驾驶座，是车上最不安全的座位，该座位女性或儿童不宜就座。通常，在正式场合乘坐轿车时，应请尊长、女士、来宾上座，这是给予对方的一种礼遇。同时也要尊重嘉宾本人的意愿和选择。在相互谦让座位时，除对位尊者要给予特殊礼遇之外，对待同行人中的地位身份相当者，也要以礼相让。在有妇女、儿童、老年人、残疾人或身体欠佳者时，他们应优先就座。

第三节　会客与谈判的位次排列礼仪

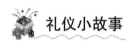

礼仪小故事

某企业总经理赵勇以不拘小节闻名。一次，德国客商到其企业洽谈合作项目，当秘书小姐引导德国客商到接待室时，赵勇早就在接待室面门而坐，等待德国客商。但赵勇并未起身相迎，只是边看资料边示意德国客商就座，德国客商背门而坐。而后德国客商就合作一事并没有深入洽谈，只是简单谈谈就借故告辞。赵勇疑惑不解，明明是来洽谈的，为何不谈实质问题？

一、会客的位次排列礼仪

会客，也称会晤或者会面，在国际商务交往中，是商务人士之间相互交往的一种活动形式。在商务会客时，安排位次要注意基本的礼节。

（一）宾主相对式排列礼仪

在商务活动中，宾主会晤，双方常常面对面而坐。这种方式显得主次分明，往往易于使宾主双方公事公办，保持距离，适用于公务性会客，这种面对面相对式排列礼仪通常又分为以下两种情况。

1. 面门为上

"面门为上"是指宾主双方就座后，一方面对正门，另一方背对正门。此时位次排列"面门为上"，即面对正门之座为上座，请客人就座；背对正门之座为下座，由主人就座，如图 8-11 所示。

2. 以右为上

"以右为上"是指宾主双方就座于室内两侧，进门后右侧之座为上座，应请客人就座，主人坐左侧之座的下座，宾主面对面就座，如图 8-12 所示。需要注意的是，当宾主双方不只一人时，客人就座于进门后的右侧里面的位置上，而客人的随同人员在离门较近的位置。主人面对客人就座，主人的随同人员面对客人的随同人员就座，如图 8-13 所示。

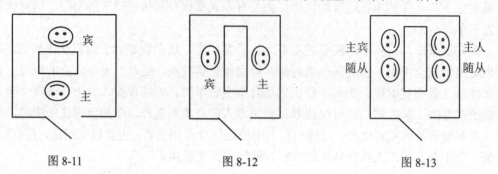

图 8-11　　　　　图 8-12　　　　　图 8-13

（二）宾主并列式排列礼仪

在商务活动中，宾主会晤，双方为表示地位相仿，平起平坐，关系密切，而采取的并排就座的方法。

1. 宾主一同面门而坐

此时讲究"以右为上"，即主人宜请客人就座在自己的右侧面。若双方不只一人时，双方的其他人员可以各自分别在主人或主宾的侧面按身份高低依次就座，如图 8-14 所示。

图 8-14

2. 宾主双方在室内同侧并排就座

宾主双方同在室内的右侧或左侧就座，其尊卑顺序"以远为上"，即距门较远的座为上座，应当让给客人；距门较近的座为下座，主人就座。

3. 主席式

当东道主在正式场合同时会见两方或两方以上的客人时，一般应由主人面对正门而坐，其他各方来宾则应在其对面背门而坐。这种安排像主人正在主持会议，故称为主席式。主席式主要适用于同时接待两方或两方以上的客人的情况，如图8-15所示。

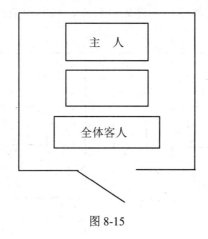

图 8-15

4. 自由式

自由式通常用在客人较多，座次无法排列，或者大家都是亲朋好友，没有必要排列座次时。即会晤时有关各方均不分主次、不讲位次，而是一律自由择座。故称自由式的座次排列。进行多方会面时，此法常常采用。

需要注意的是，在商务会晤时，当多人并排就座时，尊卑顺序应"居中为上"，即应以居于中央的位置为上座，请客人就座；以两侧的位置为下座，由主方人员就座。它是并列式排位的一种特例。

二、谈判时的座次排列礼仪

在商务交往中，当不同的公司为了各自的经济利益而在一起进行接洽商谈时，就出现了谈判。谈判是商务活动的一种特殊形式。由于商务谈判往往直接关系到交往双方所在单位的切实利益，因此谈判具有不可避免的严肃性。举行正式谈判时，有关各方在谈判现场具体就座的位次，要求是非常严格的。从总体上讲，正式谈判的座次排列，可分为以下两种基本情况。

（一）双边谈判时的座次排列礼仪

双边谈判，指的是由两个方面的人士所举行的谈判。在一般性的谈判中，双边谈判最为多见。举行双边谈判时，应使用长桌或椭圆形桌子，宾主应分坐于桌子两侧。双边谈判的座次排列主要有以下两种形式。

1. 横桌式座次排列

横桌式座次排列，是指谈判桌在谈判室内横放，客方人员面门而坐，主方人员背门而坐。除双方主谈者居中就座外，各方的其他人士则应依其具体身份的高低，各自先右后左、自高而低地分别在己方一侧就座，如图8-16所示。

2. 竖桌式座次排列

竖桌式座次排列，是指谈判桌在谈判室内竖放。具体排位时以进门时的方向为准，右侧由客方人士就座,左侧则由主方人士就座。各方的主谈人员应在自己一方居中而坐。其他人士则应依其具体身份的高低,各自先右后左、自高而低地分别在己方一侧就座,如图 8-17 所示。

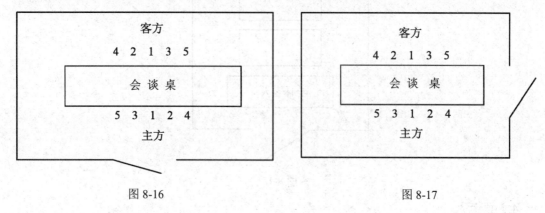

图 8-16　　　　　　　　　　　　　图 8-17

需要注意的是,双方主谈者的右侧之位,在国内谈判中可坐副手,而在涉外谈判中则应由译员就座。即应安排译员就座于仅次于主谈人员的位置,即主谈人员之右的位置。

(二)多边谈判时的座次排列礼仪

多边谈判,在此是指由三方或三方以上人士所举行的谈判。多边谈判的座次排列主要分为以下两种形式。

1. 自由式座次排列

自由式座次排列,即各方人士在谈判时自由就座,而无须事先正式安排座次。

举行多边洽谈时,为了避免失礼,按照国际惯例,一般均以圆桌为洽谈桌来举行"圆桌会议"。如此一来,尊卑的界限就被淡化了。

2. 主席式座次排列

主席式座次排列,是指在谈判室内,面向正门设置一个主席位,由各方代表发言时使用,其他各方人士则一律背对正门、面对主席之位分别就座。各方代表发言后,亦须下台就座。

第四节　会议与宴会的位次排列礼仪

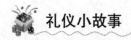 礼仪小故事

某公司年末工作总结大会召开在即,一直负责外贸工作的小吴和公司商务部的同事一起布置会场。最后摆放座次标签时,公司商务部部长特意嘱咐小吴"左大右小",小吴没听见,按国际惯例先将董事长的名签放在主席台的中间位置,然后依次是总经理在右、副总经理在左。会议召开就座时,总经理也没怎么看主席台上的标签,习惯性地坐到了董事长的左侧,坐下一会儿后他才发现面前的标签上写的不是自己的名字。总经理自我解嘲地笑

着站起身和副总经理换座位，似乎并没有在意。部长看看小吴，小吴疑惑不解。会后小吴问起"以右为尊"怎么错了，部长告诉他这是在中国，小吴恍然大悟，我国是以左为尊，他心里真是懊悔不已。

国际商务人士经常参加国内、国外各种会议，位次礼仪不一样，稳妥的办法是，如果参加一个排定座位的会议，最好等着有关人员将自己引导到座位上去。

一、会议时的位次排列礼仪

国际商务交往时的商务会议按规模划分，有大型会议、小型会议和茶话会之分，座次排列各不相同。

（一）大型商务会议

大型商务会议，一般是指与会者众多、规模较大的会议。它的最大特点是，会场上应分设主席台与群众席。前者必须认真排座，后者的座次则可排可不排。

1. 主席台的位次排列

大型会场的主席台，一般应面对会场主入口。在主席台上的就座之人，通常应当与在群众席上的就座之人呈面对面之势。在每一名成员面前的桌上，均应放置双向的桌签。

主席台位次排列，具体又可以分为主席团的位次排列、主持人座席和发言席。

（1）主席团的位次排列。主席团，是指在主席台上正式就座的全体人员。按国际惯例主席团的位次是：前排高于后排，中央高于两侧，右侧高于左侧（国内政务会议是左侧高于右侧）。

（2）主持人座席。会议主持人通常居于前排的右侧就座，或者居于前排正中央。

（3）发言席。在正式会议上，发言者不宜就座于原处发言。发言席的常规位置一般在主席团的正前方或主席台的右前方。

2. 群众席的位次排列

在大型商务会议上，主席台之下的一切座席均称为群众席。群众席的具体排座方式有以下几种。

（1）自由式择座。即不进行统一安排，而由大家自行择位而坐。

（2）按单位就座。即与会者在群众席上按单位、部门或者地位、行业就座。它的具体依据，既可以是与会单位、部门的汉字笔画数的多少、汉语拼音字母的前后，也可以是其平时约定俗成的序列。按单位就座时，若分为前排后排，一般以前排为高，以后排为低；若分为不同楼层，则楼层越高，排序越低。

（二）小型商务会议

小型商务会议，一般是指参加者较少、规模不大的商务会议。它的主要特征是全体与会者均应排座，不设立专用的主席台。

小型商务会议的排座目前主要有如下三种具体形式。

1. 面门设座

面门设座一般以面对会议室正门之位为会议主席之座，其他的与会者可以在其两侧自右而左地依次就座。

2. 依景设座

依景设座，是指会议主席的具体位置不必面对会议室正门，而是应当背依会议室之内的主要景致之所在，如字画、讲台等。其他与会者的排座则如前文所述。

3. 自由择座

自由择座是指不排定固定的具体座次，而由全体与会者完全自由地选择座位就座。

（三）茶话会议

在商界茶话会主要是指为联络老朋友、结交新朋友、所举行的具有对外联络性质的招待的社交活动。该活动以参加者不拘形式地自由发言为主，并且备有茶点，因此称为茶话会。茶话会主要是以茶待客、以茶会友，但实际上，它的重点不在"茶"，而在"话"，是借此机会与社会各界沟通信息、交流观点、听取批评、增进联络，为创造良好的环境而举行的社交活动。茶话会的位次安排主要有以下四种。

1. 环绕式

环绕式排位就是不设立主席台，把座椅、沙发、茶几摆放在会场的四周，不明确座次的具体尊卑，与会者在入场后自由就座。这种安排座次的方式与茶话会的主题相符，目前此种方式最为流行。

2. 散座式

散座式排位常见于在室外举行的茶话会。座椅、沙发、茶几四处自由地组合，甚至可由与会者根据个人要求而随意安置。这样就容易创造出一种宽松、惬意的社交环境。

3. 圆桌式

圆桌式排位，指的是在会场上摆放圆桌，请与会者在周围自由就座。

圆桌式排位又分为两种形式：一种是在会场中央安放一张大型的椭圆形会议桌，请全体与会者在圆桌前就座，这种方式适合人数较少的情况；另一种是在会场上安放数张圆桌，请与会者自由组合就座。这种方式适合人数较多的情况。

4. 主席式

在茶话会上，主席式排位并不是要在会场上上主席台，而是指在会场上，主持人、主人与主宾应被有意识地安排在一起就座，并且按照常规，居于上座之处。

二、宴会的位次排列礼仪

在国际商务交往中，组织宴会时，宴会的位次安排是最重要的一环，通过宴会的位次安排，把对客人的尊重表现出来。

举办正式宴会，一般均应提前排定位次。宴会的排位，通常又可以分为桌次的安排与席次的安排两个具体方面。

（一）桌次的安排

在国际商务宴请活动中，往往采用圆桌布置菜肴、酒水，也有采用长条桌的。如果所设餐桌不只一桌，桌次排列情况如下。

1. 以右为上

当餐桌分为左右时，应以居右之桌为上。此时的左右是在室内根据"面门为上"的规则确定的，如图8-18所示。

2. 以远为上

当餐桌距离餐厅正门有远近之分时，通常以距门远者为上，如图8-19所示。

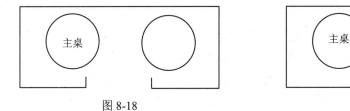

图 8-18　　　　　　　　　　　图 8-19

3. 居中为上

当多张餐桌并排列开时，一般居中央者为上。其余餐桌根据具体情况以右为上（见图8-20）或以远为上（见图8-21）。

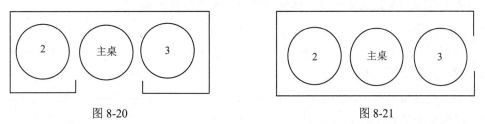

图 8-20　　　　　　　　　　　图 8-21

在大多数情况下，当多张餐桌排列时以上三条桌次排列的常规往往是交叉使用的。即在安排多桌宴请的桌次时，要注意"面门定位""居中为上""以右为尊""以远为上"等规则，此外，还应兼顾其他各桌距离主桌的远近。通常，距离主桌越近，桌次越高；距离主桌越远，桌次越低。如图8-22～图8-24所示。

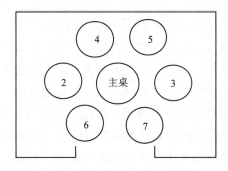

居中为上、以右为上

图 8-22

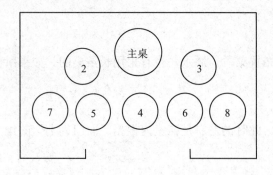 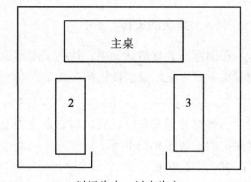

面门为上、以远为上、居中为上、以右为上　　　以远为上、以右为主

图 8-23　　　　　　　　　　　　　　　图 8-24

需要注意的是，在安排桌次时，所用餐桌形状要一致。餐桌的大小除主桌可以略大外，其他餐桌要基本一致，不要大于主桌或过小；在宴请时为了确保赴宴者及时、准确地找到自己所在的桌次，可以在请柬上注明对方所在的桌次，安排引位员引导来宾按桌就座，或者在每张餐桌上摆放桌次牌；如果是国内宴请，两张餐桌并排时，要以左为尊，即主桌在左。

（二）席次的安排

商务宴请时，每张餐桌上的具体位次也有主次尊卑的分别。

1. 主人席位

面门为上，即主人之位应当面对餐厅正门。有两位主人时，双方则可以对面而坐，第一主人面门，第二主人背门。如果是夫妇，西方宴请时女主人面门，男主人背门。

以最佳观赏角度为上，如果宴会时有高雅的演出，或者有优美的景致供用餐者欣赏，这时，观赏角度最好的座位是上座。

多桌宴请时，每桌都要有一位主桌主人的代表在座，位置一般和主桌主人同向，有时也可以面向主桌主人。如果是双向并排，中间为过道，则以靠墙的位置为上座，靠过道的位置为下座。

2. 客人席位

以右为尊，即主宾一般应在主人右侧之位就座，也称主宾位。如果主宾身份高于主人，为表示尊重，也可以安排在主人位子上坐，而请主人坐在主宾的位子上。宾主双方其他赴宴者有时不必交叉安排，客人一方坐在主人的右侧，陪同人坐在主人的左侧，这样介绍起来、认识起来都非常方便。国际商务宴请时，主宾要交叉就座。

大型商务宴请中，为了便于来宾准确无误地在自己位次上就座，一般安排引位员引导来宾就座，并在桌面上事先放置醒目的个人姓名座位卡。国际商务宴请时，座位卡要以中、英文两种文字书写。中国的惯例是中文在上，英文在下。必要时，座位卡的两面都书写用餐者的姓名。

第五节 签字仪式与旗帜礼仪

礼仪小故事

张先生是国际贸易专业的本科毕业生,就职于某大公司销售部,工作积极努力,成绩显著,三年后升职任销售部经理。一次,公司要与美国某跨国公司就开发新产品问题进行谈判,公司将接待安排的重任交给张先生负责,张先生为此做了大量细致的准备工作。经过几轮艰苦的谈判,双方终于达成协议。在正式签约的时候,客方代表团一进签字厅就转身拂袖而去。原来在布置签字厅时,张先生将美国国旗放在签字桌左侧。项目告吹,张先生也因此被调离岗位。

点评:中国传统的礼宾位次以左为上、右为下,而国际惯例的座次位序是以右为上、左为下;在涉外谈判时,应按国际惯例来布置座位,否则即使一个细节的疏忽,也可能导致功亏一篑。

资料来源:于少杰,李元杰,倪丽琛. 商务礼仪[M]. 北京:清华大学出版社,2017.

一、签字仪式礼仪

签字仪式,通常是指订立合同、协议的各方在合同、协议正式签署时所正式举行的仪式。举行签字仪式,不仅是对谈判成果的一种公开化、固定化,也是有关各方对自己履行合同、协议所做出的一种正式承诺。因此,在商务活动中有重要合同、协议签署时通常要举行签字仪式。

(一)签署合同的准备礼仪

1. 布置签字厅

签字厅室内铺满地毯,除了必要的签字用桌椅外,其他陈设都不需要。正规的签字桌为长桌,上面铺设深绿色的呢绒。在签字桌上,应事先安放好待签的合同文本、签字笔及吸墨器等。如果是与外商签署涉外的商务合同,还需要在签字桌上插放有关各方的国旗。插放国旗时,在其位置与顺序上必须按照礼宾序列而行。例如,签署双边性涉外商务合同时,双方的国旗应插放在该方签字人员桌椅的正前方;签署多边性涉外商务合同时,有关各方的国旗应依一定的礼宾顺序插在各方签字人员的身后。

2. 预备合同文本

在正式签署合同之前,应由举行签字仪式的主方负责准备待签合同的正式文本,这是商界的惯例。在决定正式签署合同时,就应当拟订合同的最终文本。它应当是正式的不再做任何更改的标准文本。按常规,主办方应为在合同上正式签字的有关各方均提供一份待签的合同文本。必要时,还可以再向各方提供一份副本。在签署国际商务合同时,按照国际惯例,待签文本应同时使用宾主双方的母语。待签的合同文本应以精美的白纸精制而成,按大八开的规格装订成册,并以高档质料,如真皮、金属、软木等作为其封面,所用的纸张务必高档,印刷务必精美。

（二）签字仪式时的位次排列

签字仪式可以分为双边签字仪式和多边签字仪式。

一般而言，举行签字仪式时，座次排列共有三种基本形式，它们分别适用于不同的具体情况。

1. 并列式

并列式排座，是举行双边签字仪式时最常见的形式。按照仪式礼仪的规范，签字桌应当横放于室内，双方出席仪式的全体人员在签字桌之后并排排列，也可以依照职位的高低自左至右（客方）或是自右至左（主方）地排列成一行，站立于己方签字人的身后。当一行站不完时，可以按照以上顺序并遵照"前高后低"的惯例排成两行、三行或四行，原则上，双方随员人数应大体上相近。双方签字人员居中面门而坐，客方居右，主方居左。双方各自的助签人应分别站立在各自一方签字人的外侧，以便随时对签字人提供帮助，如图 8-25 所示。

2. 相对式

相对式签字仪式的排座，与并列式签字仪式的排座基本相同。二者之间的主要差别，只是相对式排座将双边参加签字仪式的随员席移至签字人的对面。双方的随员，可以按照一定的顺序在己方签字人的正对面就座，如图 8-26 所示。

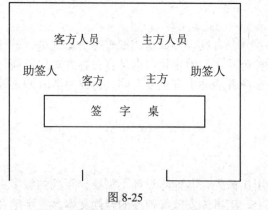

图 8-25

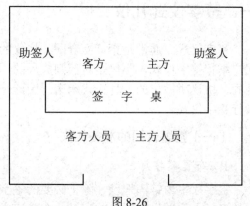

图 8-26

3. 主席式

主席式排座，主要适用于多边签字仪式。其操作特点是：签字桌仍须在室内横放，签字席设在桌后，面对正门，但只设一个，并且不固定其就座者。举行仪式时，所有各方人员，包括签字人在内，皆应背对正门、面向签字席就座。签字时，各方签字人应以规定的先后顺序依次走上签字席就座签字，然后退回原位就座。

（三）签字仪式的程序

签字仪式的程序一共分为以下四项。

1. 仪式的开始

仪式开始之后，有关各方人员进入签字厅，坐在既定的位置上。

2. 正式签署合同文本

签字时双方应按国际惯例遵守"轮换制"，即主签人首先签署己方保存的合同文本，而且签在左边首位处，然后由助签人员互相交换文本，再签署他方保存的文本。这一做法的含义是轮流使有关各方均有机会居于首位一次，以显示机会均等，各方平等。

3. 交换各方正式签署的合同文本

在签字人正式交换有关各方正式签署的合同文本时，各方签字人应热烈握手，互致祝贺，并相互交换各自一方刚使用过的签字笔，作为纪念。全场人员鼓掌，表示祝贺。

4. 互相道贺

交换已签的合同文本后，按照国际上通行的用以增添喜庆色彩的做法，有关人员，尤其是签字人双方要当场干一杯香槟酒。并且，在商务合同正式签署后，应提交有关方面进行公证，此后才正式生效。随后，双方一般还会合影留念。

5. 退场

签字仪式完毕后，应先请双方最高领导者退场，然后请客方退场，东道主最后退场。整个签字仪式以半小时为宜。

（四）签字人员的服饰礼仪

按照签字仪式的礼仪规定，签字人、助签人以及随员在出席签字仪式时，男士应当穿深色西装套装、中山装套装，并且要搭配白色衬衫与深色皮鞋，还必须配上单色领带，以示正规。在签字仪式上露面的礼仪人员、接待人员，可以穿自己的工作制服，或是旗袍一类的礼仪性服装。

二、旗帜礼仪

在国际商务交往中，所有位次排列礼仪里，国旗排列礼仪是最为重要的。国旗代表国家的尊严，是国家的标志，因此旗帜的悬挂往往备受重视。

（一）升挂国旗的场合

在国际商务交往中，国际经济合作的重大项目举行奠基、开工、落成、开业以及其他重大庆典活动时，要升挂项目所在国和有关国家的国旗。

在举行展览会、博览会、经贸洽谈会等国际商务活动时，要升挂参加国的国旗。国际商务合作举行正式签字仪式时，在签字桌中间摆一旗架，悬挂签字双方的国旗，如图8-27所示（图中的国旗仅为示意，非任何国家的国旗）。

图 8-27

（二）国旗与其他旗帜的位次排列

国旗与其他旗帜悬挂，也就是国旗与其他组织、单位的专用旗帜或彩旗同时升挂时，有位次排列规定。按照《中华人民共和国国旗法》及其使用的有关规定，我国国旗代表国家，所以必须居于尊贵位置。

1. 居前为上

当国旗和其他旗帜有前有后时，国旗位居前面，即当我国国旗与其他旗帜呈前后列队状态进行排列时，必须使我国国旗排于前列。

2. 以右为上

当国旗与其他旗帜分左右排列时，国旗位居其他旗帜的右侧。

3. 居中为上

当国旗与其他旗帜有中间与两侧之分时，国旗位居中央，即中央高于两侧，居中为上。

4. 以大为上

当国旗与其他旗帜有大小之别时，国旗不能小于其他旗帜。

5. 以高为上

当国旗升挂位置与其他旗帜升挂位置有高低之分时，国旗为高。

（三）中国旗帜与其他国家旗帜同时使用礼仪

在国际商务交往中，有时会出现中国旗帜和其他国家旗帜同时悬挂的情况，这时应分别对待。

在我国境内，我国国旗与多国国旗并列升挂时，中国国旗应处于荣誉地位。外国驻华机构、外商投资企业、外国公民在同时升挂中国和外国国旗时，必须将中国国旗置于上首或中心位置。外商投资企业同时升挂中国国旗和企业旗时，必须把中国国旗置于中心、较高或者突出的位置。

如果活动以我方为主，即我方扮演主人的角色时，以右为上，客人应该受到尊重，因此其他国家的国旗应挂于上位；如果活动以外方为主，即由外方扮演主人的角色，中国国旗应该处于尊贵位置。

在商务活动中，位次的排列往往备受关注。因为位次是否规范、是否符合礼仪的要求，既反映了商务人员自身的素养、阅历和见识，又反映了对交往对象的尊重和友善的程度。为了避免贻笑大方或造成负面影响，必须特别注意在不同场合的位次排列礼仪。

练习题

1. 下列人员参加国际商务洽谈，请为他们安排合理的座次，即把代表人员的字母添入图 8-28 中代表座位的圆圈中。

东道主：

A．董事长

B．公关部经理

C．秘书

D．翻译

外方：

E．副总经理

F．外联部经理

G．驻华工作人员

H．翻译

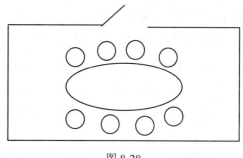

图 8-28

2．以下是一个小型会议的参加人员名单，请为下列人员安排会议的座次，把代表人员的字母添入图 8-29 中代表座位的圆圈中。

A．董事长

B．公关部经理

C．秘书

D．翻译

E．外联部经理

F．外联部工作人员

G．公关部工作人员

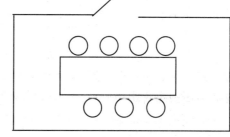

图 8-29

 礼仪训练

1．学生 3～5 人为一组，模拟上下楼梯、出入电梯、出入房间的位次礼仪。由教师和学生共同点评。

2．学生 5 人为一组，要求每组学生自定角色，模拟乘车、会客、谈判、宴会及会议的位次礼仪。老师进行现场指导并点评。

 案例分析

1．王刚和刘强奉命接待客商李女士到工厂参观考察。他们工厂的每个车间建筑都是彩钢活动房，外观一模一样，因此不熟悉的人很容易迷路。一开始王刚和刘强还能注意让李女士走在中间，他们二人位于李女士两侧，引导李女士参观并进行介绍。遇到拐弯或进出其他车间时，也都能注意提醒。可是走着走着，王刚和刘强不自觉地就走在一起，聊了起来，在一个车间里，李女士兴致勃勃地观看工人操作，而王刚和刘强没有观察到李女士已经停下，两人竟只顾聊着向前走了。等李女士发现并赶到外面时，已经看不到王刚和刘强的身影了。由于车间建筑外观都一样，加上当时王刚和刘强穿的是和工人一模一样的工作服，李女士找不到他们二人，迷路了，只好站在车间外面等王刚和刘强来找她。王刚和刘强发现李女士不见了之后，急忙回过头来寻找，可是李女士为了参观也换上了工作服，不好辨认。最终经过一段时间才找到李女士，此时，李女士已全无参观的兴趣，借故告辞了。

分析与思考：

（1）王刚和刘强各有哪些失礼之处？

（2）如果让你来接待李女士，你会怎么做？

2. 某公司的何先生年轻肯干，点子又多，很快引起了总经理的注意，拟提拔为营销部经理。为了慎重起见，公司决定再进行一次考查。恰巧总经理要去省城参加商品交易会，需要带两名助手，总经理选择了公关部的杜经理和何先生。何先生也很珍惜这次机会，想找机会好好表现一下。

出发前，由于司机小王乘火车先行到省城安排一些事务，尚未回来，所以他们临时改为搭乘董事长驾驶的轿车一同前往。上车时，何先生很麻利地打开了前车门，坐在驾车的董事长旁边的位置上，董事长看了他一眼，但何先生并没有在意。

上路后，董事长驾车很少说话，总经理好像也没有兴致，似乎在闭目养神。为活跃气氛，何先生寻了一个话题："董事长驾车的技术不错，有机会也教教我们，如果都自己会开车，办事效率肯定会更高。"董事长专注地开车，不置可否，其他人均无反应，何先生感到没趣，便也不再说话了。一路上，除董事长向总经理询问了几件事，总经理简单地回答后，车内再也无人说话。到达省城后，何先生悄悄问杜经理："董事长和总经理好像都有点不太高兴？"杜经理告诉他原委，他才恍然大悟："噢，原来如此。"

会后从省城返回，车子改由司机小王驾驶，杜经理由于还有些事要处理，需要在省城多住一天，同车返回的还是四人。何先生想这次不能再犯类似的错误了。于是，他打开前车门，请总经理上车，总经理坚持要与董事长一起坐在后排，何先生诚恳地说："总经理您如果不坐前面，就是不肯原谅来的时候我的失礼之处。"并坚持让总经理坐在前排才肯上车。

回到公司，同事们知道何先生这次是同董事长、总经理一道出差，猜测着肯定要提拔他，都纷纷向他祝贺，然而，提拔之事却一直没有人提及。

分析与思考：

何先生的做法有哪些不妥之处？

第九章　国际商务礼仪危机

学习目标

1. 了解国际商务危机的概念。
2. 掌握引发国际商务危机的因素。
3. 熟悉我国主要贸易伙伴国家的礼俗。

第一节　国际商务礼仪危机概述

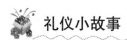礼仪小故事

王丽刚刚参加工作，担任一家对外贸易企业的秘书，圣诞节前单位给国外有业务往来的企业邮寄圣诞贺卡，细心的王丽发现寄往日本的贺卡是红色的，建议换贺卡，老总不解，王丽告诉他日本的讣告用红色的，老总连忙通知把贺卡换掉。又有一次德国的客商来，老总联系酒店招待客商，到了酒店，德国客商看到 666 的房间号，脸色有些不快，酒桌上王丽把话题转到我国的习俗上，解释 666 在我国是六六大顺，代表吉利的，是祝贺合作顺利的意思，德国客商紧绷的脸舒展了。原来德国人不喜欢 666，一场礼仪危机就这样被王丽化解了。由于王丽表现突出，实习期未满就被提拔为经理助理一职。

一、国际商务礼仪危机的概念

在国际商务沟通中，由于各国文化环境、礼仪风俗、教育背景、民族背景等方面的差异，不可避免地会出现一些尴尬失礼的情况。这往往导致国际商务合作产生危机，我们通常把这种因失礼现象引发的危机称为国际商务礼仪危机。

引发国际商务礼仪危机的因素主要是文化差异。文化差异，会造成不同人的思维方式和行为规范的不同，之所以会有这种不同，就是因为不同的群体、不同的国家或地区的人们，他们始终接受着不同的教育，生活在不同的社会环境下，从而也就有不同的思维方式与行为习惯。在国际商务活动中，这种差异很容易导致交往双方的误会并引发礼仪危机。

二、引发国际商务礼仪危机的因素

（一）风俗习惯的因素

风俗习惯是指一个国家或民族在长期的生活和社会交往中形成传承沿袭的行为习惯、

生活方式、礼仪形式、节假日等约定俗成的风气和习惯。表现在饮食、服饰、居住、礼节、婚姻、丧葬、经商、爱好和禁忌等社会生活的各个方面。如不同国家对颜色、数字、图案、饮食、动物、花卉等都有不同的偏好和禁忌。以白色为例，印度视白色为不受欢迎的颜色，摩洛哥人一般不穿白衣，认为白色为贫穷的象征，而在阿尔及利亚和几内亚，白衣斗篷，是贞节、纯洁的象征。在西欧，婚纱为白色的，象征纯洁。又如，美国一家企业向日本出口棒球，棒球四个一组，用绿色礼盒包装，由于日语数字"4"与"死"发音相同，绿色在日本人的心目中是不祥之色，结果销路不好。

东西方由于文化差异许多观念也不一样。如在多数的西方文化中，讨论工作时，通常是下属坐着上司站着，但在多数东方文化中，则通常是上司坐着下属站着，原因是西方人认为站着更能控制局面。站立似乎是西方人社会交往的一种习惯，他们通常站着开会，站着接待，聚会时站着交谈；而在东方文化中，前排中间的座位是权力或高贵的象征。

世界上不同国家、不同地域的风俗习惯千差万别，这就为国际商务沟通带来了障碍。

（二）语言文字因素

世界语言种类繁多、分类复杂，其中使用人数超过1 000万的语言共有69种，包括汉语、英语、法语、西班牙语、俄语、阿拉伯语、印度语、孟加拉语、日语、葡萄牙语、德语等。其中，前6种为联合国官方用语。而使用人口超过100万的语言有140多种，非洲是世界上语言种类最多的大陆，其独立语言为800～1 000种。

国际商务沟通以语言文字为媒介，不同语言沟通时，需要翻译。即使是涉及经济信息或商品信息的语言，在转换成为另外一种语言文字时，都不只是简单的语义翻译，而需要把不同文化表达转换过去，语言文字的文化因素直接制约着沟通的正常进行。

如中国的"白象"牌电池的名称直译为"White Elephant"，而英文中的"White Elephant"恰恰暗指"不中用的东西"。

如美国的可口可乐是世界第一大知名品牌，可口可乐（Coca-Cola）在进入中国市场进行销售时，根据英文谐音，一开始翻译成"啃蜡蝌蚪"，中国消费者无法理解，随后该公司研究了数以万计的中国字词，终于将其翻译成"可口可乐"这四个发音动听、意思完美的中国字，从此，可口可乐公司顺利打入中国市场，获得了丰厚的贸易利益。而美国百事公司在泰国发展却不顺利，美国百事公司有一句十分经典的广告语——"与百事共生存"，但这句广告语在泰国却受到了抵制，因为这句话用泰语翻译有"与百事一起从坟墓中走出来"的意思，因此导致商业机会丧失，受到损失。

由此可见，语言文字是文化的重要载体，语言文字的差异是国际商务活动中最大的障碍之一。

（三）非语言因素

非语言交流通常是指用非语言行为或身体语言交流，它是传递信息的一种方式。非语言行为主要是指人们在交往中，包括表情、眼神、声音、接触距离、姿态、手势、肢体等除语言以外的一切行为。在人际交往中，人们不但通过语言交流，而且60%～65%的人际交流通过非语言进行。

在国际商务沟通中，言语的交谈尽管占据了谈判中大部分的时间，但是，人们的理解、容忍、舒适感和整个情绪都受到非语言因素的强烈影响。然而，由于各民族的文化差异和历史背景迥异，在一种文化中高雅的行为举止，在另一种文化中却被视为极粗俗。如竖大拇指，中国人认为竖大拇指表示赞赏、夸奖，暗示某人真行，在美国和北美表示支持和赞同，可是在澳大利亚却是骂人的含义。这说明非语言行为具有很强的文化属性。在不同文化背景下，人们的肢体语言所表达的意思是有差异的，由于文化差异，同一个动作或行为会被不同文化背景的人理解为不同的信号和信息。再如，"OK"手势，在美国及许多国家表示"好"或"是"，但是在日本表示钱。因此在美国商人与日本商人谈判结束后，在签订合同时，美国商人向对方做出了"OK"手势后，日本商人的脸色会突然变得很难看。美国商人是想表示"很高兴我们谈成了这笔交易"，但日本商人却理解为"他在向我们提出要钱的暗示"。这种由非语言行为引起的误解所引发的危机，在国际商务活动中屡见不鲜。

（四）思维方式因素

思维和语言有密切的联系，并受社会文化等因素的制约。不同国家、不同民族的思维方式有许多差异，尤其是东西方人由于教育背景和社会文化熏陶的不同，他们的思维方式有很大的差异，这必然会导致人们在对问题的认知和处理方法上出现差异，并且会无意识地把这些观念带到谈判桌上。下面的故事更能说明这一点。

几个商人在一条船上开国际贸易洽谈会，突然船开始下沉。

"快去叫那些人穿上救生衣，跳下船去。"船长命令大副。

几分钟后，大副回来了。"那些家伙不肯跳。"他报告说。

于是，船长只得亲自出马。不一会儿，他回来告诉大副："他们都跳下去了。"

"那么您用了什么方法呢？"大副忍不住问道。

"我告诉英国人跳水是有益于健康的运动，他就跳了。我告诉法国人那样做很时髦，告诉德国人那是命令，告诉意大利人那样做是被禁止的……"

"你是怎么说服美国人的呢？"

"这也很容易，"船长说，"我就说已经帮他们上了保险了。"

上面的故事充分说明，不同国家由于教育背景和社会文化熏陶不同，思维方式存在差异，因而导致对问题的认知不同。这种由思维方式引发的危机在商务活动中也时有发生。

在国际商务活动中，礼仪危机的存在是不可避免的，为了成功地达到沟通的目的，规避危机，就要充分了解他国的文化，克服语言和非语言障碍，了解其风俗习惯、谈判风格。

第二节 主要贸易伙伴国家的礼俗

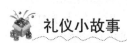
礼仪小故事

某企业与英国一家企业合资建厂，工厂建成，要举行开工仪式，作为东道国的中方负责筹备开工仪式的准备工作。一切准备就绪，下午该企业副总经理与公关部以及其他部门的经理组成工作小组前去检查工作。望着道路两旁摆满的盛开的菊花和百合，公关部经理皱起了眉头。检查完毕，工作小组总结检查结果，公关部经理建议把菊花和百合换成玫瑰，因为在英国菊花和百合是葬礼用花，而玫瑰是英国的国花。听了公关部经理的一番话，考虑到明天英方总经理和代表团出席庆典，大家非常着急，一致决定马上联系相关单位连夜换花。第二天，开工典礼顺利进行，望着英方总经理的笑容和两旁盛开的玫瑰，工作小组的成员们笑了。事后副总经理在谈及此事说："我们差点儿让英国人认为我们把工厂建在了墓地上，让合作蒙上不愉快的阴影。"

一、美国

美国的全称为美利坚合众国（The United States of America），是一个多民族的移民国家。美国在宗教信仰上是一个没有国教的多宗教的国家，但是宗教信仰非常普遍，居民信奉基督教最多，此外，还有罗马天主教、犹太教、东正教、佛教、伊斯兰教、印度教等。

（一）节日

在美国，节日异彩纷呈，圣诞节与复活节前后两周不宜做商务拜访。

感恩节，也叫火鸡节，是美国传统的节日，每年11月的最后一个星期四是感恩节。感恩节是美国人全家欢聚的节日，类似中国的春节。

圣诞节，每年12月25日，是美国最大最热闹的节日。圣诞夜是一个狂欢的夜晚。美国人常常通宵达旦地举行庆祝活动。送礼物和装饰家庭，是他们最重要的庆祝方式。

7月4日为独立日，5月的第2个星期天为母亲节。除6~8月多去度假外，其余时间宜访问。

（二）社交礼仪

美国人很注重问候礼貌，无论是否认识，见面一定会问好，道早安、午安、晚安。在美国，朋友之间通常是熟不拘礼，即使是初次见面，也不一定非先握手不可，时常是点头微笑致意，礼貌地打声招呼"嘿"或"Hello"就行了，或直呼对方的名字表示亲热。正式场合，见面介绍后握手要简短有力，美国人认为有力的握手代表诚恳坦率。美国人讲话中礼貌用语很多，"对不起""请原谅""谢谢""请"等脱口而出，显得很有教养。例如，美国海关的人员常用语"请你打开箱子""请你把护照拿出来"，检查完毕后，还会说"祝你旅途愉快"，但他们不喜欢别人不礼貌地打断他们讲话。美国人谈话时不喜欢双方离得太近，两人的身体保持一定的距离，一般在120~150厘米，最少也不得小于50厘米。在美国崇尚"女士第一"，"女士优先"是文明礼貌的体现。

在美国，12岁以上的男子享有"先生"的称号，但多数美国人不爱用先生、夫人、小姐、女士之类的称呼，认为那样做太郑重其事了。他们喜欢别人直接叫自己的名字，并视为亲切友好的表示。美国人很少用正式的头衔来称呼别人。正式头衔一般只用于法官、军官、医生、教授、宗教界领袖等人物。尤其是行政职务，美国人从来不以此来称呼。

美国人热情好客，哪怕仅仅相识一分钟，你就有可能被邀请去看戏、吃饭或出外旅游。到美国人家中拜访，必须事先约定，贸然登门是失礼的。就是给亲朋好友送礼，如果他们事先不知道的话，也不要直接敲门，最好把礼物放在他家门口，然后再通知他自己去取。美国人有晚睡晚起的习惯。

应邀去美国人家中做客、参加宴会或到美国人家里住一周或度周末，最好给主人带上一些小礼品，如1盒糖、1瓶酒、化妆品、儿童玩具、本国特产等。对家中的摆设，主人喜欢听赞赏的话，而不愿意听到询问价格的话。美国人给自己花钱，非常大手大脚；但给别人花钱，却很仔细，分得非常清。同美国人一起到外吃饭，付费一般AA制，即使对方是女性亦如此。即便美国人提议出去吃饭，通常仍是各自付费。

美国人没有送礼的习惯，在圣诞节时才会给亲人或好友送礼，平时多为寄贺卡。美国人虽不注重礼物的价值，但却十分讲究礼物的包装。

在与美国朋友交往中，切忌问及他的房子是多少钱买来的，一个月有多少钱的收入，多大岁数了，结婚了吗，家住哪里，美国人十分忌讳这类话题，随便询问个人问题，等于冒犯了他的尊严。

（三）服饰与饮食

美国人着装崇尚自然，以宽大舒适为原则，自己爱穿什么就穿什么，不像英国人那样总要衣冠楚楚，美国人不太讲究穿戴。在旅游或海滨城市，男的穿游泳裤，女的着三点式游泳衣，再披上一块浴巾，就可以逛人街或下饭馆了。但正式场合，美国人就比较讲究礼节了。接见时，讲究服装，注意整洁，特别是鞋要擦亮，手指甲要清洁。在服装颜色方面，在美国南部，女人喜欢蓝色系，在得克萨斯州，圣诞节过后买淡茶色物品的人就会增加。

美国人喜"生""冷""淡"的食物，强调营养搭配，以食用肉类为主，尤其是牛肉、鸡肉、鱼肉、火鸡肉。快餐受美国人欢迎，如汉堡、比萨饼、热狗、炸鸡。美国人不吃狗肉、猫肉、蛇肉、鸽肉、羊肉、淡水鱼与无鳞无鳍的鱼，以及动物的头、爪、内脏。

（四）爱好与禁忌

美国是一个极为重视商品及包装色彩的国家。美国人大多喜爱鲜艳的颜色，即明朗、活泼、亮丽的色彩，对红、蓝、白三色特别有好感。在美国，有些商品及包装的色彩已约定俗成。如大部分食品的包装采用黄色（如桃子）和棕色（如酒类）包装，暗示丰满和新鲜，但咖啡、番茄和饮料习惯用红色包装，豆类为绿色，鸡蛋则为白色（纯洁）；凡与肌肤接触的商品，如肥皂、润肤霜等习惯采用柔和的中性色和粉红色。在药物中，黄色（和谐）的维生素销路最好，止痛药最好是白色的，儿童药浅色的最受欢迎；对清洁剂之类的商品，一般采用蓝色（吉祥）或白色的包装；在超级市场销售的商品，包装多采用淡雅或接近自然的色彩。

美国人忌用珍贵动物的头部作为商标图案，也不喜欢在商标图案中出现一般人不熟悉的古代人物。他们忌用蝙蝠作为图案、包装，蝙蝠、黑猫代表吸血鬼，认为是凶神的象征。忌说"白"和"胖"（流行富瘦黑、穷白胖）。忌在称呼长者时加"老"字。美国不喜欢黑色，它是丧葬、失望和晦气的象征。忌讳数字13、3、666与星期五。

美国人忌讳和穿睡衣的人见面，他们认为穿睡衣等于不穿衣服，这是严重失礼的行为。美国人不提倡人际交往送厚礼，否则会被认为另有所图。

美国人偏爱白猫图案（逢凶化吉）和白头海雕（国鸟）图案，把蜗牛看作是吉祥的象征，常用玻璃或其他材料制成的蜗牛赠送亲友。

美国禁忌色的实例：日本的钢笔制造厂向美国出口钢笔时，在装有银色的钢笔盒内，用紫色天鹅绒挂里儿（紫色是美国人的禁忌色），在美国遭到了反感。在美国使用商品的商标，都要到美国联邦政府进行登记注册，不然商品会被别人冒名顶替。销往美国的商品最好用公司的名称作为商标，便于促销。

（五）谈判风格

美国商人谈判风格总的印象：性格开朗、乐观大方、热情自信，办起事来干脆利落，不拘小节、讲究实际、反对保守、直言不讳。美国人有强烈的创新、竞争意识和进取精神。整体风格外向，没有僵化的传统。美国人以不拘礼节著称，通常不主动送名片给别人，只在双方想保持联系时才送，如果你给美国人送名片，对方也会接过去，若对方没有把他的名片送给你，你也不必介意。

美国人在谈判、会议等正式交往中，没有敬茶、吃水果等应酬，而是打过招呼后马上谈正事。喜欢速战速决，喜欢买者提出"一揽子"条件，一旦条件符合，就能较快拍板。"一揽子"条件，不仅要包括产品设备本身，还指该企业的形象信誉、公共关系以及介绍销售该产品的一系列办法。由于深受犹太民族追求商业利益的秉性的影响，他们重实际、重功利、守信用、重视效率。美国人的法律意识根深蒂固，生活中的一切方面都可以诉诸法律。

美国商人喜爱表现自己的"不正式""随和""幽默感"。能随时随地说几句幽默话的人，往往易为对方接受。

美国商人的时间观念很强，他们与人交往中，能遵守时间，很少迟到。到单位访问前，必须先约定，最好在即将抵达时，先通个电话告知。美国人在业务交往中十分讲究准时，但在纽约、休斯敦、洛杉矶等大城市又例外，由于交通拥挤，不能准时到会，迟到10分钟也不会引起非议。

二、日本

在日语中，"日本"意为"日出之国"。日本民族构成比较单纯，大和民族占绝对多数，少数民族阿依努人主要居住在北海道地区。常住外国人口：从国籍看，韩国、朝鲜居第一位，中国居第二位，巴西居第三位，菲律宾居第四位。通用语言是日语。

（一）节日

日本人的节日主要有元旦、成人节、男孩节、女孩节、樱花节、敬老节和文化节等。

（二）社交礼仪

日本是礼仪之国，比较注重礼节，在日常生活中，互致问候，鞠躬脱帽。初次见面，相互鞠躬，交换名片，不握手。只有老朋友和熟悉的人才互相握手拥抱。若对方是女士，待对方伸手后才可以握手，但不可以用力或久久不放手。日本人一般不以香烟待客，从不主动敬烟。

在社交场合，比较注重等级、地位、身份。茶道也是日本人用作交际的一种传统习俗。

日本是礼仪之国，待人接物非常讲究礼仪。日本人在迎接客人时一般要提前到场，他们非常注意地位同等，如果不是特殊的客人，他们很少把迎接工作搞得过大，因为他们会觉得，这会使客人变得不自在甚至惭愧。

日本人在贸易活动中常有送礼的礼节。他们认为礼不在贵，但选择时要讲点特色，有一定的纪念意义。日本人等级观念非常强。对象不同，礼物的档次应有所区别，如果你送给日本总裁的礼物跟送给副总裁的礼物没有差别，那么前者就会觉得受辱，而后者也会觉得难堪。需要注意的是，送给日本女性客人的礼物，应由女性来给。日本人有一个习惯，主人应向初次见面的客人送一份礼物，但并不要求初次来访的客人非要带上礼物不可。日本大多数成年人都有名片。日本人在交换名片时要行鞠躬礼，而且根据对象不同，会有15°、30°、45°等鞠躬度，男女鞠躬要求又存在不同。日本人在交换名片时，要双手递上，同样，对方递交来的名片也要双手去接。接过名片后，会仔细看和读，同时微笑点头，并两眼平视对方，说上一句"见到你很高兴"之类的客套话。否则，如果把收到的名片随手装入口袋，就意味着没有把对方放在眼里，就是故意使对方丢脸。

（三）服饰与饮食

日本人无论在正式场合还是非正式场合，都很注重自己的衣着。在正式场合，男子和大多数中青年妇女都着西服。男子穿西服通常都系领带。和服是日本的传统服装，其一般由一块布料缝制而成。现在男子除一些特殊职业者外，在公共场所很少穿和服。日本妇女喜欢描眉，她们普遍爱画略有弯度的细眉，认为这种眉形最具现代女性的气质。

日本饮食一般称为和食，即日本料理，有"五味""五色""五法"之说，"五味"是指日本人在不同的季节里，饮食的口味往往有不同的侧重，通常是春苦、夏酸、秋滋、冬甜，此外还好食涩味；"五色"是指菜的色彩搭配，一般是绿春、朱夏、白秋、玄冬，还有一种是黄色；"五法"是指和食的烹饪方法，主要有蒸、烧、煮、炸、生五种。和食以大米为主，多用海鲜、蔬菜，讲究清淡与味鲜，忌油腻。

日本人非常喜欢喝酒，爱喝西洋酒、中国酒和日本清酒。在日本人们普遍喜欢喝茶，形成了讲究"和、敬、清、寂"四归茶道。

日本人用餐时，要摆上一张长矮桌，男子盘腿而坐，女子要跪坐。

日本人口味偏重甜、酸和微辣，不爱吃肥肉和猪内脏，也有人不吃羊肉和鸭肉。早餐多为牛奶、面包和稀饭。午、晚餐多为大米饭、蔬菜和各种鱼类，有吃生鱼片的习惯。

（四）爱好与禁忌

日本人最忌讳的数字是"4"和"9"，"4"与"死"发音相同，而"9"与"苦"发音类似，就是在赠送礼品时，也勿以"4"和"9"为数。无论是就餐还是住宿都应避开4号桌、4层楼或4个人等。日本商人对"2月"和"8月"也很忌讳，因为是营业淡季。他们还忌讳3人一起合影，认为中间的人被左右两人夹着，是不幸的预兆。日本人喜欢数字"7"。

日本人礼物包装的图案忌讳金色的猫（晦气）、狐狸（贪婪）和獾子（狡诈），日本人很喜欢猕猴和绿雉。荷花是丧礼时的用花，不能相送。菊花是皇室的标志，樱花是日本的国花，而樱花、乌龟、仙鹤及松、竹、梅等图案的礼品，日本人可普遍接受。日本人不喜欢紫色，认为这是悲伤的色调；最忌讳绿色，认为是不祥之色。收到礼物时不宜当面打开。

注意不询问朋友买东西的价格，参加喜庆活动时，不说"切割""分离""归去"，交谈中不评论政治问题。

看望病人不能送盆花和带有泥土的花，否则会被理解为"扎根"，所以不要送给病人。在探望病人时还要注意不要送山茶花、仙客来花、白色的花和淡黄色的花。

（五）谈判风格

日本人是非常讲究面子的，他们认为直接拒绝对方会惹怒对方或使对方难堪，是极粗鲁无礼的。因此，他们不愿意对任何事说"不"。这给洽谈带来一定难度。因此，在洽谈中，要善于察言观色，仔细体会"是"是表示同意，还是不同意，还是有待考虑。只有懂得日本的语言或非语言的暗示、信号，才能准确把握日本人的实际态度，掌握谈判的主动权。

在日本人的观念中，个人之间的关系占据了统治地位。与找上门的客商相比，日本人更乐于接触经过熟人关系介绍来的客商。

在商务谈判中，日语的隐含意思比较多，弄不好就会引起对方误解。最好找一名精通日语洽谈且双方都信任的翻译。

因为日本人很注重和谐的人际关系，因此，在谈判中，日本人有相当的时间和精力是花在人际关系中的。在洽谈开始时，如果直接进入业务谈判，那么对方会认为你不值得交往，你以后就会处处碰壁。因此，在洽谈之初，都少不了一番"寒暄"。如果你与日本人有过交往，那么就应尽力回忆一下过去双方的交往与友谊。如果你与日本人初次见面，你可以谈谈日本人的各个方面，可以通过迂回的形式称赞对方；也可以谈谈中国的历史、中国的哲学，特别是儒家文化，日本人对这些方面很感兴趣，有的甚至达到了专家水平。如果你在这方面有所研究，日本人就会对你肃然起敬，有助于接下来的谈判。

日本人是不带律师参加谈判的。他们觉得带律师参加谈判，就是蓄意制造以后的法律纠纷，是一种不友好的行为。

日本人注重集体观念，不喜欢个人主义和自我为中心的人。他们有很强的事业心、进取精神，工作勤奋刻苦，态度认真且一丝不苟，事前的准备工作充分。在日本企业中，决策不是由最高领导层做出的，而实行自下而上的集体决策。在谈判中，也是率团参加，因而我方也要率团或至少等同于对方的人数；否则，日本人就会怀疑你的能力、代表性以及在公司中的人际关系；同时，他们也认为你不把他们放在眼里，是极大的失礼。当日本人遇到一些事先没有准备过或内部没有协商过的问题时，很少当场明确表态，拍板定论。

日本人比较注重交易的长远影响，并着眼于建立长期的交易关系，并不十分讲究眼前利益。因此，在谈判中，往往善于搞"蘑菇战"。当然，这是有其特定背景的。日本人在实施拖延战术的过程中，会想方设法了解你的意图，而你却很难搞清他们的意图。如果你急于求成，他们就会拼命杀价，经常把你折磨得筋疲力尽，有时能拖到临上飞机前才接受你的价格和条件。

三、德国

德国的全称为德意志联邦共和国,德国居民中 90%以上为德意志民族,只有人数很少的丹麦人、吉卜赛人和索布族人等少数民族。而外国移民人数高达 720 万,占全国总人口的 8.8%,使德国成为欧洲最大的移民国家。

德国国语为德语,属印欧语系日耳曼语族。

德国居民人口素质高,大学生的入学率高达 36%,居世界前列。在研究与开发部门工作的人员约有 47.5 万,其中 1/2 是科学家和工程师。德国少年儿童从 6 周岁至 18 周岁,实行 12 年义务教育,其中 2~3 年必须上职业学校。

(一)节日

圣诞节是国家的重要节日,就像中国的春节,圣诞节的假期是 12 月 25—26 日,但很多企业和政府机关都从 12 月 24 日放到元月 2 日或元月 3 日。

德国的狂欢节,莱茵河地区每年从 2 月的第 2 个星期四开始,庆祝 1 周左右,科隆从每年 11 月 11 日 11 时 11 分开始,要持续数十天。狂欢节结束前的最后一个星期日称为"女人节",是狂欢节的最高潮,这天妇女们不仅可以坐在市长的椅子上,而且可以拿着剪刀在大街上随意剪下男人的领带。迪特福特位于巴伐利亚中部,每年 2 月,这里和德国其他一些地方一样,有着在狂欢节化装游行的传统。不同的是,这里的狂欢节是中国味的,因此被称为"中国人狂欢节"。

啤酒节是德国也是世界上规模最大的民间庆典之一,从每年的 9 月最后一周开始,到 10 月第一周结束,故又称"十月节",节日期间,人人开怀畅饮,举办地点在慕尼黑,所以其号称"啤酒之都"。啤酒节的开幕式由市长主持,亲手打开第一桶啤酒,宣告节日开始。每年有数百万游客前来参加庆典。

复活节在每年过春节月圆后第一个星期日和星期一,日期不确定,一般在 3 月底、4 月初。复活节是德国的第二大传统节日,它是最古老的基督教节日。至今仍保留着许多习惯,如节前准备复活兔子和复活节彩蛋,以此来欢庆春回大地,万象更新。

元旦的庆祝活动主要在除夕,即在 12 月 31 日夜晚举行。晚上很热闹,人们燃放鞭炮,欢呼新年的到来。为了欢庆新年,很多大的城市都要放烟火,举办音乐会。

(二)社交礼仪

德国人勤劳、朴实、有朝气、守纪律、好清洁、爱音乐。德国人在人际交往上对礼节非常重视。与德国人握手时,有必要特别注意下述两点:一是握手时要坦然地注视对方;二是握手的时间宜稍长一些,晃动的次数宜稍多一些,握手时所用的力量宜稍大一些。

重视称呼,是德国人在人际交往中的一个鲜明特点。对德国人称呼不当,通常会令对方大为不快。一般情况下,切勿直呼德国人的名字。要称其全称,或仅称其姓,要尊重博士头衔,称呼对方多用"先生""女士"等。作为女士,在人们向她打招呼时不一定非要站起来，但站起来更有礼貌；而男士在某位女士向他打招呼时一定要站起来。与德国人交谈时，不宜涉及年龄、职业、婚姻状况、宗教信仰和个人收入。在公共场合窃窃私语，德国人认为是十分无礼的。

交谈中不打听个人私事，不评论政治，忌讳四个人交叉谈话，也不能只听别人谈话自己不发言，更不爱听恭维话或窃窃私语。

德国人不习惯送重礼，所送礼物多为价钱不贵但有纪念意义的物品，以此来表示慰问、致贺或感谢之情。去友人家赴宴，客人带上点儿小礼物，一束鲜花、一盒巧克力糖果或一瓶酒就够了。当然，去德国朋友家做客的中国人如能送给女主人一件富有民族风格的小纪念品，那定会受到主人由衷的赞赏。同许多西方国家一样，赠送礼物时必须包装好，而受礼人必须当面打开，否则会被误认为对礼物不满意。礼物以实用为原则，拒绝礼物是不礼貌的，除非礼物超出规范。

（三）服饰与饮食

德国人在穿着打扮上的总体风格是庄重、朴素、整洁。在一般情况下，德国人的衣着较为简朴。男士大多爱穿西装、夹克，并喜欢戴呢帽。妇女们则大多爱穿翻领长衫和色彩、图案淡雅的长裙。德国人在正式场合露面时，必须要穿戴得整整齐齐，衣着一般多为深色。在商务交往中，他们讲究男士穿三件套西装，女士穿裙式服装。德国人对发型较重视。在德国，男士不宜剃光头，免得被人当成"新纳粹"分子。德国少女的发式多为短发或披肩发，烫发的妇女大半都是已婚者。

德国人的早餐比较简单，以面包、牛奶为主，辅以咖啡；午餐是正餐，主食多吃面包、蛋糕、面条、米饭，辅以土豆、瘦猪肉、牛肉、鸡鸭、蛋类，不大喜欢羊肉、海鲜；晚餐以冷餐为主；啤酒、葡萄酒和果汁是主要饮料；忌食核桃、油腻的东西；对餐具比较讲究。德国人的主食为肉类、马铃薯、色拉等。在肉类方面，德国人最爱吃猪肉，其次是牛肉。以猪肉制成的各种香肠，令德国人百吃不厌。在饮料方面，德国人最欣赏的是啤酒。

德国人在用餐时，有以下几条特殊的规矩：吃鱼用的刀叉不得用来吃肉或奶酪；若同时饮用啤酒与葡萄酒，宜先饮啤酒，后饮葡萄酒，否则会被视为有损健康；食盘中不宜堆积过多的食物；不得用餐巾煽风。

（四）爱好与禁忌

色彩禁忌：茶色、红色、深蓝色、红黑相间及褐色为德国人所忌讳，尤其是墨绿色。礼品包装也不用白色、黑色和棕色。

数字禁忌：同西方国家相同，视"13"和"星期五"为不祥之数。

图案禁忌：与英国相似。

交际禁忌：送礼忌讳送钱。送核桃（不祥之物）、菊花、玫瑰、蔷薇都是不合适的。鲜花不能用纸包扎，花的枝数和朵数不能是"13"和双数。

德国人对黑色、灰色比较喜欢。在德国人心目中有一种信念，认为谁在路上遇到烟囱清扫工，便预示着一天都会交好运。

（五）谈判风格

德国人有很强的时间观念，他们非常守时，约定好的时间，无特殊情况，绝不轻易变动。如果你在谈判时迟到，那么德国人对你那种不信任的反感心理就会溢于言表。在签订合同之后，应严格遵守交货日期或付款日期，任何延长日期或做变更的要求都是不会被理睬的。

德国人还有一种名副其实的讲究效率的声誉。他们企业的技术标准极其精确，对于出售或购买的产品他们都要求最高的质量。德国人非常自信，对本国的产品极有信心，在商务谈判中，常常会把本国的产品作为衡量的标准。在商务谈判中，他们坚持己见，权利与义务划分得清清楚楚；在日常生活中，权利与义务的意识也很强。

德国人有"契约之民"的雅称。他们崇敬合同，严守合同信用，因此，他们对合同条文研究得比较仔细，要求谈判协议上的每个字、每句话都十分准确。一般来说，订了合同之后他们就绝对会履行，不论发生任何问题也决不毁约。

德国人的思维具有系统性和逻辑性，在谈判前往往准备得很充分、很周到、很具体。因此，德国人不太热衷于采取让步的方式，因而显得缺乏灵活性。德国人经常在签订合同之前的最后时刻试图让合作方降低价格。

日本人喜欢在晚上洽谈生意，德国人恰好相反。在德国，一般人都认为晚上是家人团聚的时间，而且他们认为你也具有相同的想法，因此他们不会在晚上约你。同样，如果你冒昧地请德国人在晚上进行商务谈判，那是不受欢迎的。

四、法国

法国的全称为法兰西共和国，"法兰西"由法兰克部落之名演变而来，意为"勇敢的""自由的"之意。法国人以法兰西人为主，约占90%，还有布列塔尼、巴斯克、科西嘉、弗拉芒、加泰隆等少数民族，语言为法语。

（一）节日

圣诞节（12月25日）是法国最为重大的宗教节日之一，与我国的春节一样，法国的圣诞节是个合家团聚的日子。加上元旦，假期可达10天左右。

复活节亦称"耶稣复活瞻礼"或"主复活节"，是为纪念耶稣复活的节日，是每年春分（3月20日或21日）月圆之后的第一个星期天，介于3月22日及4月25日之间，次日星期一放假。

7月14日为法国的国庆节，全国放假一天。

狂欢节，在3月份，按照传统风俗，节日时要穿上滑稽可笑的服装举行庆祝活动。

愚人节（4月1日），习惯上这一天可以随意编造谎言。

法国的节日和法国人的休假时节都不是进行商务会面的"黄金时间"。这里每年的8月份以及圣诞节、复活节，全国都在放假。在巴黎，除了旅游者外几乎别无他人。法国人喜欢度假，任何劝诱都无法使法国人错过一个假期。甚至在7月的最后一个星期或者9月初，法国人的心思仍在度假中。

（二）社交礼仪

法国人重视社交礼仪。无论购物还是办事，不相识的人总要先互道"您好"，笑脸相向，离开时道声"再见"。下班换班，下班的人总要一一向同事道声再见。接班的人也会依次与正在上班的同事先打招呼。

开门时，前面的人出了门，总要继续侧身用手撑着门让后面的人出来，后面的又重复同一动作，以方便他人，这是公共场所的礼貌习惯。法国奉行"女士第一"的原则，如遇女士，开门时，男士会侧身请女士先进或者先出。

社交中，习惯行握手礼，有一定社会身份的人施吻手礼。少女常施屈膝礼。男女之间、女子之间及男子之间，还有亲吻面颊的习惯。社交中不愿意他人过问个人私事。

在人际交往中，法国人对礼物十分看重，但又有其特别的讲究。喜欢具有艺术品位和纪念意义的物品，不喜欢以刀、剑、剪、餐具或是带有明显的广告标志的物品。男士向一般关系的女士赠送香水，也是不合适的。接受礼品时，若不当着送礼者的面打开其包装，则是一种无礼的表现。

法国人的时间观念强、工作计划性强。干什么事情都讲究预约：请人吃饭要预约，去银行办事要预约，修车要预约，找医生看病要预约，甚至连理发也要预约；因公登门要预约，私人拜访更要预约，而且有些约会"提前量"惊人。没有预约，你去了以后常常会吃闭门羹。

（三）服饰与饮食

法国人日常生活中的服饰比较随意，讲究舒适和突出个性，注重服饰的华丽和式样的更新。法国的时装领导世界潮流，法国的男士和女士都穿戴得极为考究。在他们看来，衣着代表一个人的修养和身份。在正式的社交场合，对着装的要求较严格。妇女视化妆和美容为生活之必需。

法国是世界三大烹饪王国之一。法国人讲究饮食与饮食礼节，就餐时保持双手（不是双肘）放在桌上，一定要赞赏精美的烹饪。法国饭店往往价格昂贵，要避免点菜单上最昂贵的菜肴，商业午餐一般有十几道菜，要避免饮食过量。

法国人喜欢吃面食，面食种类繁多。肉食上喜欢吃牛肉、猪肉、鸡肉、鱼子酱、蜗牛、鹅肝、蛙腿，不吃肥肉、肝脏之外的动物内脏、无鳞无鳍的鱼。爱吃奶酪，常用各式各样的奶酪待客。

法国人餐前喝开胃酒，吃鱼喝白葡萄酒，吃肉喝红葡萄酒，餐后喝白兰地。法国人不大欣赏鸡尾酒。在正式宴会上"交谈重于一切"，只吃不谈是不礼貌的。

（四）爱好与禁忌

法国人喜爱艺术和娱乐活动。

法国人大多喜爱蓝色、白色与红色，他们忌讳的色彩主要是黄色与墨绿色。法国人所忌讳的数字是"13"与"星期五"。法国的国花是鸢尾花（百合花）。法国人忌孔雀（祸鸟）、仙鹤（淫妇）、大象（笨汉），视菊花、杜鹃花与核桃等为不祥之物。

（五）谈判风格

法国人见面时要握手，并且迅速而稍有力。女士一般不主动向男士伸手。熟悉的朋友可直呼其名，对年长者和地位高的人士要称呼他们的姓。一般则称呼"先生""小姐"等，且不必再接姓氏。

法国人认为法语是世界上最高贵的语言，在大多数交易中，即使他们的英语讲得很好，他们往往也会坚持用法语来谈判，只有恰好是在国外而且在商业上有所要求时，才会做出让步。

约会要事先预约，准时到场，简短互致问候后，直接进入讨论要点，商业用语几乎都用法语。商业款待多数在饭店举行，只有关系十分密切的朋友才邀请到家中做客。在餐桌上，除非东道主提及，一般避免讨论业务。交谈话题可以涉及法国的艺术、建筑、食品和历史等。告辞时，应向主人再次握手道别。受到款待后，应在次日打电话或写便条表示谢意。

法国商人常用横向式谈判。横向式谈判就是先为协议勾画出一个大致的轮廓，然后再达成原则性协议，最后确认谈判协议上各个方面的内容。因此，在洽谈中常写各种书面的"纪要"或"备忘录"一类的文件，为以后的谈判及正式的协议奠定基础和基调。这与美国人逐个对议题进行磋商的谈判方式不同。

法国人一般依赖自己的力量，依靠自己的资金来从事经营，而较少考虑集团和社会的力量，因此他们办事不勉强，不逾越自己所拥有的财产范围。如果法国人在谈判时有足够的经济实力逼迫你让步，他们是不会手软的。如果协议有利于他们，他们会要求你严格遵守协议，如果协议对他们不利，他们就会一意孤行地撕毁协议。

法国人的时间意识是单方面的。在商务谈判中，他们经常迟到，却总能找到许多堂皇的理由。但是，如果你由于什么原因而迟到，他们就会非常冷淡地接待你。而且，在公共场合，如正式宴会，还有种非正式的习俗，那就是主客身份越高，他或她来得越迟。

法国人天性比较开朗，比较注重人情味。所以他们非常珍惜交易过程中的人际关系，有人说，在法国"人际关系是用信赖的链条牢牢地互相联结的"。这种性格也影响到商业上的交往。一般来说，在尚未互相成为朋友之前，法国人是不会与你做大笔生意的。当主要谈判结束后设宴时，双方谈判代表团负责人通常互相敬酒，共祝双方保持长期的良好合作关系。

五、英国

英国的全称为大不列颠及北爱尔兰联合王国，原住居民是凯尔特人（包括苏格兰人、威尔士人、爱尔兰人），是少数民族。英格兰人是主要民族。

英国是世界上向国外移民历史最悠久、移出人口最多的国家。英国的国花说法不一，有的说是玫瑰，有的说是月季，还有人说是蔷薇。其实三者同属蔷薇科，是"姐妹花"。

（一）节日

圣诞节是英国最重要的家庭节日。12月25日和26日两天是国家法定节日。在圣诞节这天，家庭会进行聚会并吃传统的圣诞午餐或晚餐。圣诞节这天没有公共交通，在12月26日这天，交通也受到限制。

每年1月1日庆祝新的一年开始。人们举办各种各样的新年晚会，女王发表新年祝词，各种教堂在除夕夜都做守岁礼拜。在苏格兰，新年前夜被看作是大年夜，甚至比圣诞节更有节日气氛。

情人节（2月14日）是3世纪殉教的圣徒圣华伦泰逝世纪念日。情人们在这一天互赠礼物，故称"情人节"。

复活节在3月末和4月中旬之间。公共假期从星期五一直到复活节后的星期一，这时又有特别的宗教活动，孩子们会收到巧克力彩蛋。在复活节当天，城镇有复活节游行。在复活节前的星期四，女王每年会访问一座不同的大教堂，送当地居民一些金钱，作为象征性的礼物。

（二）社交礼仪

英国人崇尚彬彬有礼、举止得体的绅士和淑女风度。

年长的英国人，喜欢别人称呼他们世袭头衔或荣誉头衔，至少要用先生、夫人、阁下等称呼。英国人在初次相识见面、久别重逢和将长期分别的情况下行握手礼，男子间从不相互拥抱。男女在公共场合不拉手。

尊重妇女、女士优先成为时尚，无论是同行、进门、乘车、出入电梯等都遵循女士优先的原则。若走在街上，男人应在外侧，以保护女士不受伤害。

英国人待人非常客气，即使家人也不例外，"请""谢谢""对不起""你好""再见"等礼貌用语不离口。登门访客，必须先敲门，经允许后才能入内，并敬语不离口。接受他人邀请或收到请柬，应马上有回音，若复信应寄给女主人，赴宴提前到达，不能迟到。登门访客最好备一份薄礼：一小瓶酒或一束鲜花，送贵重的礼物有行贿之嫌。不要随便更改计划。

英国人在为人处世上比较谨慎和保守；在待人接物上讲究含蓄和距离；在人际交往上崇尚宽容；在社交场合强调绅士风度。

在交往中，不打听别人的私事，如年龄、工作、家庭、信仰、党派等。忌讳在老年人面前提及年龄，轻易不上前搀扶老年人。

（三）服饰与饮食

英国人十分注重衣着，喜欢名牌商品，品牌意识很强，而且非常注重绅士派头，爱以衣帽取人，讲究衣冠楚楚。尽管如此，英国人还注意节省衣着开销，一套衣服穿上8年、10年是常事。

英国人穿西服时，双排扣的要全扣上；单排扣的平时可不扣，正式场合也只扣其中一个。衬衣的袖口要扣上。穿西装要打领带，但忌打斜条纹的领带。

在访问客人时，男人进门须脱帽，进入教堂也如此，而妇女进教堂必须戴帽或头巾，至少得有面纱。英国人只有在海滨或在家闲居时才可以穿凉鞋，否则便为不雅。英国青少年不如美国青少年那样青睐牛仔系列。

英国人在饮食上"轻食重饮",日常的伙食为面包、牛肉、火腿、土豆、炸鱼和煮菜。就餐时忌食胡萝卜。英国人视茶如命,喝红茶,先在杯中倒入牛奶,然后冲茶、加糖。有早茶和下午茶,喜欢在酒吧喝威士忌。

在英国是"注意着礼节吃",餐具也不能发出碰撞的声响,否则会带来不幸。在英国人的家宴上,除了女主人外,别人不能碰茶壶。

(四) 爱好与禁忌

英国同所有欧美国家相同,忌讳数字"13"和"星期五"。同时"3"也是个不祥之数,有一火不点三支烟的说法,忌讳"666"。

英国人偏爱蓝色、白色,厌恶墨绿色、黑色(丧服颜色)。

英国忌用山羊、大象(象征愚蠢)、孔雀(视为淫鸟、祸鸟)、黑猪(不祥之兆)、菊花(丧花)、百合花(死亡)、蝙蝠(吸血鬼的象征)图案。送礼时,也不送菊花、百合花。英国人喜爱宠物,尤其是猫和狗,但是不喜欢黑猫。

(五) 谈判风格

英国人比较讲究绅士风度,对对方的修养和风度也很关注。如果能在谈判中显示出你很有教养和风度,就会很快赢得对方的尊重,并为谈判成功打下良好的基础。英国人的等级观念非常严格,因此与英国人谈生意时,在人员选择上应注意级别对等原则,以示平等和尊重。

英国人具有绅士风度,这使得英国人善于交往、讲究礼仪、对人比较友善和容易相处,并且自信自己的行为完美无缺。但在商务谈判中,对小商人应了解其情况,谨慎从事。英国人事先的准备往往很差,这表现在英国的产品经常推迟交货。其结果使得英国人在涉外洽谈中很被动,经常不得不接受一些苛刻的交易条款。外国谈判者常常会在一份英国合同上就交货订立索赔条款,因为只有这样才可靠。同时,在谈判的关键阶段又非常固执己见,也不愿多花费力气,是一种非此即彼、不允许讨价还价的谈判态度。

英国谈判者除了说英语以外不会讲其他语言,因为很多国家都将英语作为第二语言,所以他们设想世界上其他人都会讲英语或想学会讲英语,并引以为豪。在与英国人做生意时,尽可能使用英语。

英国人在谈判中比较灵活,他们常常在开场陈述时十分坦率,愿意让对方得到有关他们的立场和观点。他们能够提出积极性意见,并对别人提出的建设性方案做出积极的反应。在洽谈中即使形势对他们不利,他们仍保持诚实。

英国商人在贸易方面的习惯主要有:购物要求物品完美无缺;询价时间较长;与英国商人进行贸易时,合同条款应十分清楚,以避免不必要的纠纷;每年8月及圣诞、新年前后是贸易交往淡季。

六、俄罗斯

俄罗斯全国有130多个民族,其中俄罗斯人占82.9%,主要少数民族有鞑靼、乌克兰、楚瓦什、巴什基尔、白俄罗斯、摩尔多瓦、日耳曼、乌德穆尔特、亚美尼亚、阿瓦尔、马里、哈萨克、奥塞梯、布里亚特、雅库特、卡巴尔达、犹太、科米、列兹根、库梅克、印古什、图瓦等。高加索地区的民族成分最为复杂,有大约 40 个民族在此生活。俄语是俄罗斯联邦全境内的官方语言,各共和国有权规定自己的国语,并在该共和国境内与俄语一起使用。俄罗斯主要少数民族都有自己的语言和文字。

(一)节日

洗礼节是俄罗斯东正教节日,在公历 1 月 19 日。这一天往往是基督教的入教仪式,新生儿在命名日受洗。在洗礼节那天人们除去教堂祈祷外,还要到河里破冰取"圣水"。

1 月 18 日晚是占卜日,女孩子会在这一天晚上占卜自己的终身大事。

谢肉节是一年中最热闹的节日之一。时间在复活节的第 8 周,一共 7 天,每一天都有不同的名称,第 1 天为迎节日,第 2 天为始欢日,第 3 天为大宴狂欢日,第 4 天为拳赛日,第 5 天为岳母晚会日,第 6 天为小姑子聚会日,第 7 天为送别日。节后 7 周是斋期,不杀生,不吃荤。人们在谢肉节期间举行各种欢宴娱乐,跳假面舞,做群众游戏,等等。

(二)社交礼仪

俄罗斯的姓名包括三个部分,依次为名、父称、姓。女人结婚后一般随男人姓,有的保留原姓。在俄罗斯人当中,不同的场合不同对象有不同的称呼。在正式公文中要写全称,非正式文件中一般写名字和父称缩写。表示有礼貌和亲近关系时,用名和父称。平时长辈对晚辈或同辈朋友之间只称名字。在隆重的场合或进行严肃谈话时,用大名。平时一般用小名,表示亲近时用爱称。对已婚妇女必须用大名和父名,以示尊重。俄罗斯看重社会地位,可以称呼姓和职务、学衔、军衔。现在也流行"先生""小姐""夫人"等称呼。

迎接客人的礼节:捧出"面包和盐"来,是向客人表示最高的敬意和最热烈的欢迎,铺着绣花的白色面巾的托盘上放上大圆面包,面包上面放一小纸包盐。

亲吻礼:在比较隆重的场合,男人会弯腰吻妇女的左手背,以表示尊重。长辈吻晚辈的面颊 3 次,通常从左到右,再到左,以表示疼爱。晚辈对长辈表示尊重时,一般吻两次。妇女之间好友相遇时拥抱亲吻,而男人间则只互相拥抱。亲兄弟姐妹久别重逢或分别时,拥抱亲吻。在宴会上喝了交杯酒后,男方须亲女方的嘴。

俄罗斯人的文明程度较高,不仅家里比较整洁,而且很注意公共卫生,极少有人在公共场所乱扔果皮,偶尔为之,不仅会受到谴责,还会被罚款。

(三)服饰与饮食

俄罗斯人讲究仪表,喜欢打扮。正式场合穿西装或套裙,妇女有时穿连衣裙。衣服上所有纽扣都系好。敞开衣服不系纽扣,或者拿在手上、系在腰间等是不文明的行为。俄罗斯人在公共场合比较注意举止,从不把手插在口袋或袖子里,也不轻易脱下外衣。

俄罗斯人日常以面包为主食,鱼、肉、禽、蛋和蔬菜为副食。他们喜食牛、羊肉,但不大爱吃猪肉，偏爱酸、甜、咸和微辣口味的食品。俄罗斯人的早餐较简单，吃上几片黑面包、一杯酸牛奶就可以了。但午餐和晚餐很讲究，他们要吃肉饼、牛排、红烧牛肉、烤羊肉串、烤山鸡、炸马铃薯、红烩的鸡和鱼等。俄罗斯人在午餐和晚餐时一定要喝汤，而且要求汤汁浓，如鱼片汤、肉丸汤、鸡汁汤等。凉菜小吃中，俄罗斯人喜欢吃生西红柿、生洋葱、酸黄瓜、酸奶渣以及酸奶油拌色拉等。进餐时，吃凉菜的时间较长。俄罗斯人不吃海参、海蜇、黄花菜、木耳。

俄罗斯人喝啤酒佐餐，喜欢喝高度烈性的"伏特加"和"格瓦斯"饮料，也喜欢喝我国产的"二锅头"，而且酒量也很大。俄罗斯人在喝红茶时有加糖和柠檬的习惯，通常不喝绿茶。俄罗斯妇女和儿童喜欢吃冰激凌、酸牛奶、果子酱。

（四）爱好与禁忌

俄罗斯人有"四爱"，即爱喝酒、爱吸烟、爱跳舞和爱运动。俄罗斯人爱喝酒，男人们几乎没有不喝酒的，女人中喝酒的人也不少，而且大都喝烈性酒。俄罗斯人吸烟也很普遍，而且爱吸烈性烟。跳舞是俄罗斯人的爱好，每个人都有一两项体育专长。

俄罗斯人特别忌讳"13"这个数字，认为它是凶险和死亡的象征。相反，认为"7"意味着幸福和成功。俄罗斯人不喜欢黑猫，认为它不会带来好运气，也不喜欢兔子玩具和图案。俄罗斯人不喜欢黑色，认为黑色象征死亡，酷爱红色。

俄罗斯人认为镜子是神圣的物品，打碎镜子意味着灵魂的毁灭。但是打碎杯、碟、盘则意味着富贵和幸福，因此在喜筵、寿筵和其他隆重的场合，他们会特意打碎一些碟盘表示庆贺。

俄罗斯人通常认为马能驱邪，会给人带来好运气，尤其相信马掌表示祥瑞，认为马掌既代表威力，又具有降妖的魔力。

俄罗斯人遇见熟人不能伸出左手去握手问好，学生在考场不用左手抽考签（左手凶，右手吉）。

（五）谈判风格

俄罗斯人在商务谈判中，比较欣赏对方友好的仪表，如果你不修边幅来进行洽谈，会使他们反感。

俄罗斯人虽有拖拖拉拉的作风，但在谈判桌前绝对精明，他们常常是经过充分准备的，热衷于向对方索要资料，而在介绍自身时却很消极。而且谈判时对对方的产品，在技术、产品的通用性、可靠性、质量上审查十分认真。

俄罗斯人善于讨价还价，不接受对方的第一次报价。他们深深懂得如何在交易中以少换多。为了压低价格，他们一般采取"欲擒故纵""降价求名""虚张声势"的方法。

俄罗斯人善于在文字上做文章，签订合同时，他们会做到滴水不漏，对对方要求极为严格，善钻合同的空子，对合同的索赔条款非常重视。需要注意的是，俄罗斯人经常不能按约定的时间、质量、数量交货。

第三节　国际商务礼仪危机处理

礼仪小故事

一次，周总理设宴招待外宾。上来一道汤菜，冬笋片是按照民族图案刻的"卍"字，"卍"字在汤里一翻身恰巧变成了法西斯的标志"卐"。外客见此，不禁大惊失色。周总理对此也感到突然，但他随即泰然自若地解释道："这不是法西斯的标志，这是我们中国传统中的一种图案，念'万'，有'福寿绵长'的意思，是对客人的良好祝愿！"接着他又风趣地说："就算是法西斯标志也没有关系嘛，我们大家一起来消灭法西斯，把它吃掉！"话音未落，宾主哈哈大笑，气氛更加热烈，这道汤也被客人们喝得精光。——在外交场合出现法西斯的标志很容易引起外交纠纷，尤其是曾经遭受法西斯铁蹄踩躏的国家，他们看见这种标志是很反感的。周总理的解释及时解除了他们的误会，更令人叫绝的是周总理借题发挥，号召大家一起来消灭法西斯，把那个菜吃掉。一场意外的礼仪危机，经周总理反意正解，反倒起了活跃宴会气氛的作用。

在国际商务社会活动中，商务礼仪危机的存在是不可避免的，它潜伏在商务活动中，可以被解释、阐明、利用，但不能被消除和撤销，如果策略得当，可以化解礼仪危机。

一、国际商务礼仪危机处理原则

（一）客观性原则

在国际社会交往中，由于人们来自不同的地区，不同的文化背景，其风俗习惯、思维方式等有很大差异，这种差异必然要导致文化冲突，因此礼仪危机是客观存在的，潜伏在社会交往中，是不可避免的。

在国际社会交往中，为了成功达到沟通目的，要客观看待礼仪危机，正确认识礼仪危机的存在，尽量避免其发生。一旦发生危机，处理时要客观看待礼仪危机的发生，了解发生礼仪危机的原因，遵循客观事实，及时处理。

（二）尊重原则

在国际社会交往中，每个人成长的文化环境决定了他的行为和思维方式，要想与不同文化背景的人交流，达到有效沟通，就必须尊重对方的文化意识、思想感情和风俗习惯。

因此，在社会交往中，要尊重对方，克服本民族的优越感，深刻认识到不同文化在沟通中的差异，避免习惯性思维。当交往对象的服饰、风俗习惯等与本民族不同时，要尊重对方，不瞎猜，不作评。

（三）理性原则

在国际社会交往中，礼仪危机一旦发生，要理性对待。面对礼仪危机要冷静、沉稳，不能烦闷。只有冷静、沉稳，才能分析礼仪危机产生的原因：是有意导致的，还是文化冲突无意识产生的，这样才能在处理过程中有针对性，应付自如，左右逢源。本节开始的礼仪小故事是服务员无意识导致的危机，周总理幽默化解了礼仪危机。面对有意产生的危机则要理智处理，针锋相对。

例如，在日内瓦会议期间，一个美国记者先是主动和周总理握手，周总理出于礼节没有拒绝，但这个记者刚握完手，忽然大声说："我怎么跟中国的好战者握手呢？真不该！真不该！"然后拿出手帕不停地擦自己刚和周总理握过的那只手，然后把手帕塞进裤兜。这时很多人在看周总理如何处理。周总理略略皱了一下眉头，他从自己的口袋里也拿出手帕，随意地在手上扫了几下，然后走到拐角处，把这个手帕扔进了痰盂。他说："这个手帕再也洗不干净了！"——尽管中美当时处于敌对状态，但周总理一贯的思想，还是把当权者和普通美国民众分开。在谈判桌上横眉冷对，那是一点情面也不讲的。但会场外，他可是统战高手，尽量做工作，力图潜移默化。他对普通美国民众一直是友好的，包括新闻记者在内。所以，在那个美国记者主动要和周总理握手时，周总理没有拒绝。但这个记者的目的使周总理难堪，否则不会自己主动握手，然后又懊悔不迭地拿手帕擦手。周总理在他擦手之前，也没有意识到他会这样做。当时大堂里人很多，都在看周总理下不下得了台。所以周总理也拿出手帕擦手。请注意两人做法的不同之处：记者擦完手后仍把手帕塞回裤兜，而周总理是擦完手后把手帕扔进了痰盂。周总理的意思是：你的手帕还能用，我的手帕因为擦手以后沾染了你这无耻小人的病菌，再也不可能洗干净使用了，所以我就把它扔到痰盂里去。

资料来源：http://zhidao.baidu.com/link?url=xnJEzFTDKELp4yKYlUfdmMTykz6rN_IJEnLEnXPPNxtt1b02Ef_ZfSiK0PvbimG3B2UJ5m_Yy-bxrwMyWjTpsK。

（四）灵活性原则

国际社会处在多元文化交融的环境，面对随时可能产生的礼仪危机，要灵活处理。

灵活性原则一方面表现在商务交往中，跨文化沟通时，要认识到自己的价值观念和行为习惯受本民族的影响，交往对象不一定能理解和接受，要随时准备改变自己的做事方式和行为；另一方面表现在社会交往中，礼仪危机一旦产生，随着情况的发展会不断地发生变化，如果原定的预防措施或抢救方案考虑不周到，为使危机不再进一步恶化，处理工作要根据具体情况灵活运作。

二、国际商务礼仪危机处理措施

（一）及时有效沟通

高效率工作是快速反应不可缺少的条件，礼仪危机处理的目的在于最大限度地努力控制事态的恶化和蔓延，把因危机事件造成的损失减少到最低限度。因此，在危机发生后的第一时间，要实施有效的沟通措施，以避免造成更大的损失。企业发生危机时就像堤坝上的一条裂缝一样，马上修补可以避免很多损失，如果速度迟缓，几十分钟就可以发生溃坝，危机吞噬的是企业、品牌的信誉。如果没有引起重视或缺乏危机处理经验等，而错过了最佳处理时机，导致事件不断扩大与蔓延，就会产生巨大损失，甚至导致企业破产。及时有效的沟通能使企业在最短时间内重塑或挽回其良好声誉及形象，赢得了时间就赢得了形象，就能尽快迅速恢复良好的商务氛围。

（二）利用好传播媒介

危机发生后，要掌握对外报道的主动权。传媒本身就是信息，要善于利用传播媒介与公众进行沟通，以控制危机产生的不良后果。因此，必须第一时间向媒体提供真实的事件情况，并随时提供事件发展情况，如果不主动公布消息，媒体和公众就会去猜测，而猜测推断出的结论往往是负面的。这个时候消费者很敏感，信心也很脆弱，看到负面的消息后很容易相信，甚至会放大这个消息的危害程度。所以，这个时候必须及时坦诚地通过媒体向大众公布信息与事件处理的进展，这样可以有效地填补此时舆论的"真空期"，因为这个"真空期"你不去填补它，小道消息、猜测，甚至是竞争对手恶意散步的消息就会填满它。而后就是与政府及相关部门进行沟通，得到政府的支持或谅解，甚至是帮助，这对控制事态发展有很大的帮助。同时也要与企业的合作伙伴（如供应商、经销商等）进行沟通，以免引起误解及不必要的恐慌。还要尽快挖掘正面报道，如公司正采取什么措施进行补救。这样，利用媒介扭转不利局面，通过宣传把损失降低，避免陷入新闻危机。通过媒介了解组织的公众，倾听他们的意见。化被动为主动，利用媒介调整宣传内容，重点强调公司是如何消除危机影响的，并确保危机不再发生。在媒介的参与监督下邀请权威机构来帮助解决危机，以恢复社会公众对公司的信任。

（三）全面准确处理危机

危机事件发生后，一方面，尤其是初期，由于种种原因，信息传播容易失真，为了避免误解和造谣引发新的危机，要及时准确传递有关信息，不隐瞒省略某些关键细节。另一方面，危机事件可能会涉及或影响企业内部和外部各个方面。在处理危机时，既要考虑内部，又要考虑外部；既要注意现在的影响，又要注意未来潜在的影响。这就要求企业要全面准确处理危机。

（四）态度诚恳，勇于承担

有些企业发生危机时，若自身没有问题，通常都会撇清关系，急于跳出来反驳，与媒体、消费者，甚至政府打口水仗，这样的结果往往是即使弄清楚了事实的真相也适得其反，失去了公众对其的好感，更容易导致事件的扩大，扩展到企业诚信问题、社会责任问题等方面。

正确的做法是：危机产生后，言语要委婉，态度要诚恳，虚心接受公众的批评，给公众留下良好的印象。在没有查清事实真相前，要以积极的态度配合调查，对媒体及公众的质问不要过多地表态，要马上请第三方权威部门介入，让权威部门为自己说话，有了证据之后再主动联系媒体，让媒体为自己说话，必要的时候再让消费者为自己说话，但尽量自己不要在事件还未明朗、大众存在误解的时候去说话。如果自己确实有责任与过失，要主动道歉，勇于承担责任，不做更多解释，只说："对不起，我们承担全部责任"，以赢得公众的谅解。事后，发布企业的改正进程、赔偿措施，这样有利于消除消费者的不满情绪，博取同情，而后尽快让事件过去。

1. 简述引发影响商务礼仪危机的因素。
2. 分析美国、英国、法国、德国、俄罗斯在节假日和民俗禁忌上的相似之处和不同点。
3. 简述与日本贸易时在商务礼仪上应注意的事项。
4. 简述化解国际礼仪危机的原则和措施。

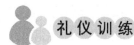

1. 学生3~4人为一组，全班分成偶数组，两组为一大组，模拟不同国家在见面礼仪、座次礼仪、拜访礼仪、馈赠礼仪、用餐礼仪、通信礼仪以及洽谈礼仪等方面的不同礼俗特点。

2. 国际商务礼仪危机处理情境剧。学生6~8人为一组，自主设计国际商务礼仪危机处理的剧本和情境，小组成员分配角色演绎情境剧。小组成员应呈现在何种情境下出现了何种国际商务礼仪危机，以及采取了何种措施来妥善处理危机。情境剧由教师和学生共同点评。

1. 我国的一家外贸公司与印度的一家商贸公司做成了一笔生意。为表示合作愉快，中方决定向印方赠送一批具有地方特色的工艺品——皮质相框。中方向当地的一家工艺品厂订制了这批货，这家工艺品厂也如期保质保量地完成了生产。当赠送的日子快要临近时，这家外贸公司一位曾经去过印度的职员突然发现这批皮质相框是用牛皮做的，就及时制止他们，又让工艺品厂赶制了一批新的相框，并在原材料的选择上特地考察了一番。最后，将礼品送给对方时，对方相当满意。

分析与思考：

（1）如果选用牛皮做的相框会发生什么情况？为什么印度商人不愿意接受牛皮做的礼品？

（2）如何避免商务礼仪危机？

2. 在一家涉外宾馆的中餐厅里，正是中午时分，用餐的客人很多，服务员忙碌地在餐台间穿梭着。有一桌的客人中有好几位外宾，其中一位外宾在用完餐后，顺手将自己用过的一双精美的景泰蓝食筷放入了随身带的皮包里。服务员小王在一旁将此景看在眼里，不动声色地转入后堂，不一会儿，捧着一只绣有精致花案的绸面小匣，走到这位外宾身边说："先生，您好，我们发现您在用餐时，对我国传统的工艺品——景泰蓝食筷表现出了极大的兴趣，简直爱不释手。为了表达我们对您如此欣赏中国工艺品的感谢，餐厅经理决定将您用过的这双景泰蓝食筷赠送给您，这是与之配套的锦盒，请笑纳。"这位外宾见此状，听此言，自然明白自己刚才的举动已被服务员小王尽收眼底，颇为惭愧。只好解释说，自己多喝了一点，无意间误将食筷放入了包中，感激之余，更执意表示希望能出钱购买这双景泰蓝食筷，作为此行的纪念。餐厅经理亦顺水推舟，将其按最优惠的价格记入了主人的账上。

分析与思考：

（1）分析小王的做法，有利之处在哪里？他运用了哪些礼仪危机处理原则？

（2）如果直接指出会是什么结果？

参 考 文 献

[1] 陈薇薇,吴肇庆. 国际商务礼仪[M]. 成都:四川大学出版社,2016.
[2] 冯莉. 商务英语写作[M]. 长春:吉林出版社,2010.
[3] 胡爱娟,陆青霜. 商务礼仪实训[M]. 4版. 北京:首都经济贸易大学出版社,2018.
[4] 胡英坤,车丽娟,李明媚,等. 现代商务英语写作[M]. 大连:东北财经大学出版社,2004.
[5] 金正昆. 国际礼仪金说[M]. 北京:世界知识出版社,2008.
[6] 金正昆. 商务礼仪教程[M]. 5版. 北京:中国人民大学出版社,2016.
[7] 李嘉珊. 国际商务礼仪[M]. 2版. 北京:电子工业出版社,2011.
[8] 李晶. 现代国际礼仪[M]. 武汉:武汉大学出版社,2008.
[9] 林慧. 商务礼仪[M]. 北京:中国财富出版社,2015.
[10] 王玉苓. 商务礼仪[M]. 2版. 北京:人民邮电出版社,2018.
[11] 尹小莹,杨润辉. 外贸英语函电:商务英语应用文写作[M]. 4版. 西安:西安交通大学出版社,2008.
[12] 余少杰,李元杰,倪丽琛. 商务礼仪[M]. 北京:清华大学出版社,2017.
[13] 翟文明,夏志强. 每天学点礼仪学大全集[M]. 北京:中国华侨出版社,2010.
[14] 张晓艳,黄冲. 商务礼仪[M]. 北京:北京航空航天大学出版社,2017.
[15] 赵春漫. 外贸英语函电[M]. 北京:北京大学出版社,2011.
[16] 朱力. 商务礼仪[M]. 北京:清华大学出版社,2016.